民國歷史與文化研究

十八編

第 13 冊

胡先驌年譜
（第三冊）

胡 啟 鵬 著

花木蘭文化事業有限公司

國家圖書館出版品預行編目資料

胡先驌年譜（第三冊）／胡啟鵬 著 -- 初版 -- 新北市：花木
蘭文化事業有限公司，2024〔民 113〕
目 4+248 面；19×26 公分
（民國歷史與文化研究 十八編；第 13 冊）
ISBN 978-626-344-642-7（精裝）
1.CST：胡先驌 2.CST：年譜
628.08   112022508

ISBN-978-626-344-642-7

9 786263 446427

民國歷史與文化研究
十八編　第十三冊　　　　　　ISBN：978-626-344-642-7

胡先驌年譜
（第三冊）

作　者　胡啟鵬
總 編 輯　杜潔祥
副總編輯　楊嘉樂
編輯主任　許郁翎
編　輯　潘玟靜、蔡正宣　美術編輯　陳逸婷
出　版　花木蘭文化事業有限公司
發 行 人　高小娟
聯絡地址　235　新北市中和區中安街七二號十三樓
　　　　　電話：02-2923-1455／傳真：02-2923-1452
網　址　http://www.huamulan.tw 信箱 service@huamulans.com
印　刷　普羅文化出版廣告事業
初　版　2024 年 3 月
定　價　十八編 22 冊（精裝）新台幣 55,000 元　　版權所有・請勿翻印

胡先驌年譜
（第三冊）

胡啟鵬　著

目

次

民國二十一年壬申（1932）　三十九歲

1 月 5 日，胡先驌致龍雲信函。靜生所派蔡希陶到雲南省採集生物標本時，望得到雲南省政府大力關照和支持。

敬啟者：

敝所成立有年，以調查及研究全國生物為職責，年來迭次派員赴各省採集動植物標本，東至於海南及粵桂，北蒞遼吉，西入川康，幸得各方贊助，始獲稍有成績。

嘗念貴省天產豐富，前英人之亨利和來斯脫等人，俱一再深入貴省採集多次，而我國反無人注意，反客為主，言之愧惡。以是敝所定於今春二月組織滇省生物調查團，特派採集員蔡希陶、唐善康等，率動植物採集隊，攜帶獵槍一支、子彈二千發，及一切採集用具，由川南來貴省各區從事採集，擬以三年為期，切實調查，冀得稍有結果。惟茲事艱苦異常，況深入蠻夷土司麇集之區，所在無不戒心，應請貴省政府繕發特別護照，並先期通令各縣，縣政府，於蔡君等行抵該縣之時，酌派軍警與以旅行及運輸上一切便利。

久仰貴政府關懷庶政，當此訓政期間，建設肇端，想對於此種科學工作，諒必樂於贊助。即敝所將來調查研究所得，編為報告，亦願供貴省建設上他山之助。為此備文前來，一面令蔡君等於到達貴省省會之後，晉謁親領護照，務祈賜予接洽，妥籌保護之法。至紉公誼。

此致
雲南省政府主席龍

靜生生物調查所所長　胡先驌
中華民國二十一年一月五日〔註402〕

1 月，靜生所組織了「雲南生物採集團」，由最年輕的科研人員蔡希陶帶隊，率領陸清亮、常麟春和邱炳雲等人，進行了長達 3 年的採集活動，是我國近代生物史上歷時最長的一次採集活動。共得植物標本萬餘件，發現多個

〔註402〕旭文、王振淮、曉戈著《蔡希陶傳略》，國際文化出版公司，1996 年版，第26 頁。

新種。

1月，為譯、哈第著《世界植物地理》撰寫序言。

原著內容豐富，著眼全世界，對我國的植物地理學沒有詳細論述，胡先驌利用自己研究本國的成果，將關於我國部分大面積補充。原書第一章講歐洲植物地理，第六章亞洲，而在譯著中，把順序作調整，特意將亞洲作為第一章，歐洲為第二章，並在中國一節中分為六大部分，包括蒙古、新疆、西藏青海與西康、東三省、中國北部、中國南部等等，具體是增加了河北、安徽、浙江、江西、貴州、廣西等省區的植物種類。

譯訂者序言

吾國治自然科學甚晚，近年對於植物分類學漸有重要之貢獻，然對於吾國之植物地理學，尚未能有深刻之研究，關於歐西此項書籍亦無從事翻譯者。然在英文之書籍中，昔日亦無適用之作；除英譯之辛拔（Schimper）氏之植物地理學巨著不易翻譯外，直至近年始有哈第博士（Dr. Marcel Hardy）之植物地理學（The Geography of Plants）出版。哈第之作雖篇幅不多，而內容異常豐富；故迻譯之以餉國人。惟其書著眼於全世界，對於吾國之植物地理學自不能詳述，即氏亦知之不詳。故譯者為吾國學者之便利計，不得不將關於中國部分，大為擴充，有時取材於他書，而每每加入個人歷年研究之所得，如廣西貴州江西浙江安徽河北諸省之植物種類，多有為近十年中國植物學者所發現公布者。譯者甚望此種改訂雖不免使原書各部分變為不平均之譏，而對於中國喜研究植物學者則，反有稗益也。

迻譯時對於原書之次序亦略有變更，即將原書第六章之歐洲改為第二章，位於亞洲之後，蓋歐亞本為一洲，原書之編次，略有不盡適當之處。在原著者以其書為供歐洲讀者之用，故於敘述各洲之後，再述其本洲，使讀者可以互相印證。為吾國讀者計，則無此項需要，故改置之。又書中不甚緊要之語亦時有略去之處；地圖照相亦未加入；為初學計，有此敘述即足矣。

民國二十一年一月 胡先驌序於北平。

哈第原著，胡先驌譯訂《世界植物地理》，不同版本

3月，Rehdereodendron, A New Genusof Styracaceae from Szechwan（木瓜紅屬，中國安息香科新屬）刊於 Bull. Fan Mem, Inst. Biol.《靜生生物調查所彙報》，（第3卷第5期，第77～82頁）。

4月，靜生生物調查所派員進行動物標本採集。

> 《第四次年報》：四月間由壽振黃君同唐善康君赴沙城採集鳥類，五月壽振黃君又同清華大學生物系助教杜增瑞君赴白洋湖採集，八月至九月又曾赴西陵、淶水、塘沽、唐山、碑家店各處採集及觀察。張春霖君時在北平附近採集爬蟲、兩棲及魚類。沈嘉瑞君於夏秋赴中國南部採集蟹類及魚類。何琦君在北平附近採集昆蟲標本，得麻蠅約三千頭。閻敦建君於春間赴塘沽採集，七月間復往廈門、福州採集，所得均甚豐富。南開大學教授熊大任君赴江西代本所採集昆蟲、魚類、兩棲類不少。唐瑞玉君春間在福州、掛整採集鳥類、哺乳類、爬蟲類、兩棲類亦甚多。〔註403〕

5月3日，胡先驌致胡適信函。

> 適之吾兄惠鑒：
>
> 　　積日不晤，近來健康已完全恢復否？茲有啟者：友人陳君清華（現任國立中央銀行監察長），對於經濟學研究極深（尤長於經濟學說），劬學不倦。去年曾譯有《中央銀行概論》，已由商務印書館出

〔註403〕《靜生生物調查所第四次年報》。胡宗剛著《靜生生物調查所史稿》，山東教育出版社，2005年10月版，第82頁。

版，後又譯奧人 Spann 所著《經濟學》已脫稿惟因商務停業，一時尚不能出版。彼擬翻譯 Max Weber General Economic History，囑弟與吾兄接洽，不知基金會欲購此書否？如有此意，請即示知，以便轉告。陳君月入甚豐，想可不必預支稿費，於編譯會之預算當不至發生何等影響也。

　　專此即頌

臺安

弟　先驌　拜

五月三日（1932 年）

　　昊煒《廬山志》不知能否設法代為抄得否？吳靄林先生曾以此見託也。〔註404〕

5月21日，蔡希陶致胡先驌信函。

　　步曾老師鈞鑒：

　　重慶曾上一稟，又其後連致諸同人函，想俱已收到。生等四月八日抵鹽津，為入滇第一縣。在近郊採集數日，十二日入驪山。山高海拔六千尺，入夜大霧，生等折枯枝為火，九時始宿山頂小廟。途中之風激，叢林作鳴，熊豹腳跡，比比皆是，同行十餘人，莫不毛管直豎，所謂心慌腳亂之狼狽狀態，至此畢呈。又遇雷雨，隆隆之聲，如發於耳濱。生衣單，遂病困於此窮山之中，第四日下山，體熱如焦，寸步不舉，只得任人捆紮，以木架背下。今病已痊癒，然猶遺有咳症，晨夕必發。二十二日抵昭通，過莊溝村，為趙雅珍君遇害之地，因感人類生命之渺小。小住後即西進直抵金沙江，該地高出海拔一萬尺，為滇東惟一高原，苗、夷、漢等民族雜處其間，秩序尚佳，蓋主席龍雲之故鄉也。考夷人即涼山玀玀之支脈，因玀字從犬，故自稱夷。渡金沙江，即四川涼山，有女英雄龍雲之妹為酋首，勢力頗大。生等本擬深入採集，奈金沙江兩岸已五月未雨，遍山不見青草，遂作罷論。統觀滇東地高氣寒，植物之稀少，一如北方，本可略去，然生等此次既受命對滇省作全省之採集，故又不

〔註404〕胡維平先生提供，胡啟鵬輯釋《胡先驌墨蹟選》（初稿），2022 年 2 月，第 69～70 頁。

能不加以搜索。生等日內即出發赴鎮雄一帶調查黔滇二省交界之生物，以後再南下過東川入昆明。夫子如有所囑，遙投昆明郵政總局轉交可也

專此謹稟，敬請

大安

生　蔡希陶　上

五月二十一日（1932年）〔註405〕

6月18日，胡先驌致傅斯年信函。

孟真先生臺鑒：

敬啟者頃准中央研究院自然歷史博物館錢天鶴先生函稱，查有美國人藍佑晉等假調查甘肅青海二省民族及採集植物標本為名，不由我中央政府發給護照，擅自攜帶大批槍械，勾結駐軍旅長馬梅珊潛往包頭等地等情，請電外、教兩部，轉電綏遠、甘肅、青海三省政府查明，勒令限期出境，並沒收其無照槍械，並擬就電稿一紙等由。准此查此事不特與我國中央威信及民族體面攸關，且與我國歷史文化科學等項關係至巨，自應依照錢君來函辦理，以廣聲援。素稔貴所對於我國歷史文化的保存不遺餘力，此件諒荷贊同。茲特檢同錢君原函及電稿附陳一閱。除另函件馬叔平先生外，擬懇臺端領銜拍電，倘荷慨允，敬希示復，以便將尊銜列入致電外、教兩部耳。此項電文是否適用，電費甚多可否用快郵代電之處，敬侯卓裁。並祈示復為禱。

此頌

公綏

弟　胡先驌　拜

六月十八日（1932）〔註406〕

6月20日，胡先驌致致傅斯年信函。

孟真先生惠鑒：

〔註405〕 蔡希陶致胡先驌，1932.5.21，南京：中國第二歷史檔案館，609（28）。胡宗剛著《靜生生物調查所史稿》，山東教育出版社，2005年10月版，第70頁。

〔註406〕《胡先驌全集》（初稿）第十七卷下中文書信卷，第388頁。

奉手示肯予列入，不勝歡迎。古物保管委員會以及錢天鶴先生
皆列銜加入。承囑貴所有官電紙即乞賜下一二張，以便拍發。如有
剩餘，當即送還。

此頌

刻安

胡先驌 啟

六月廿日（1932）〔註407〕

6月21日，與馬衡、傅斯年、錢天鶴、秉志等五位致行政院信函。

（電報）南京行政院、軍事委員會、軍政部、外交部、教育部公鑒：

美國人藍佑晉等往甘肅青海二省調查民族及採集植物標本一
案，前大部以藍氏等資格不合，未曾允許。茲聞藍氏已偕其夫人及
另一美國人名陸根者，於五月中旬攜帶大批槍械子彈，隨同綏遠駐
軍旅長馬梅珊潛往包頭鎮，擬由包頭再往五原寧夏五佛寺蘭州涼州
西寧肅州及都蘭寺等處。請速電請綏遠甘肅青海三省政府查明，勒
以限期出境，並沒收其無照槍械以保存中央威信，而免開外交惡例。
其擅自勾結外人馬旅長亦請革職嚴辦以儆將來為禱。

古物保存委員會 馬衡

國立中央研究院歷史語言研究所 傅斯年

自然歷史博物館 錢天鶴

靜生生物調查所 胡先驌

中國科學社 秉志

廿一（1932.6）〔註408〕

6月1日～14日，第五次太平洋科學會議在加拿大多倫多舉行，出席代
表以有論文者為限，茲推定翁文灝、秉志、錢崇澍、胡先驌、李濟、竺可楨、
蔣丙然、沈宗瀚、凌道揚等九人。胡先驌提交《中國紅豆杉和針葉樹的分布》
（Distribution of Taxads and Conifers in Chian）英文論文，收錄在《第五次太平
洋科學會議論文集》（Proc. 5th Pacific Sci. Congress Canada），1933年由多倫多
大學出版社出版（Univ. of Toronto Press, 3273～3288）。

〔註407〕《胡先驌全集》（初稿）第十七卷下中文書信卷，第389頁。
〔註408〕《胡先驌全集》（初稿）第十七卷下中文書信卷，第387頁。

6 月，Plante Tsiangianae: Corylaceae（蔣氏貴州榛科植物誌）刊於《中央自然歷史博物館彙報》（第 3 卷第 2 期，第 79～93 頁）。

7 月，陳兼善編，胡先驌校《新中華生物學（高中用）》，上海中華書局初版。9 月再版。

8 月 14 日上午 8 時，參加在陝西西安民政廳訓政樓舉行中國科學社第十七屆年會社務會議，當選理事。

> 十四日上午八時仍在訓政樓開社務會議，由社長王季梁主持。出席者有李儼、路敏行、李協、壽天章、楊鶴慶、沈良驊、陳燕山、周仁、徐乃仁、葛綏成、余謙六等三十餘人。首由路敏行代表總幹事報告，次由路敏行代表生物研究所報告。本年研究之結果，著成論文計有二十八篇。與國外交換之機關已增至五百餘處。報告畢，揭曉本年度選舉理事之結果。當選者為任鴻雋、秉志、竺可楨、丁文江、王璡、周仁、胡庶華、孫洪芬、李協、胡先驌。次選舉司選委員由葛綏成、徐乃仁、李樂知當選。查帳員何德奎、顧翊群當選。編輯員李協、李儼、竺可楨、葛綏成、沈良驊、趙修鴻、蕭純錦、楊叔吉等當選。王璡當選為總編輯。〔註 409〕

8 月 14 日上午 8 時，參加在陝西西安民政廳訓政樓舉行中國科學社第十七屆年會社務會議，以 59 票當選理事。

> 上午八時在訓政樓大禮堂開社務會議，出席者社員十二人，列席來賓五人。由社長王璡主持，並報告開會程序。……報告畢，揭曉候選理事選舉結果。共收到選舉票 160 張，當選者計：任鴻雋 135 票，秉志 127 票，竺可楨 126 票，丁文江 120 票，王璡 111 票，周仁 86 票，胡庶華 76 票，孫洪芬 74 票，李協 67 票。次多數：胡先驌 59 票，錢崇澍 51 票，曹惠群 50 票，黎照寰 50 票，曾昭掄 50 票，高君珊 37 票，丁緒賢 36 票，宋梧生 36 票，蔣丙然 34 票，董時進 32 票，李熙謀 31 票，錢寶琮 31 票，朱庭祜 20 票。〔註 410〕

〔註 409〕王良鐳、何品編注中國科學社檔案資料整理與研究《年會記錄》選編，上海科學技術出版社 2020 年 12 月版，第 206～207 頁。

〔註 410〕王良鐳、何品編注中國科學社檔案資料整理與研究《年會記錄》選編，上海科學技術出版社 2020 年 12 月版，第 218 頁。

8月28日，《與汪敬熙先生論中國今日之生物學界》文章在《獨立評論》雜誌（第15期，第14～21頁）發表。摘錄如下：

汪敬熙先生在《獨立評論》第十二號《中國今日之生物學界》文中以為「在中國現在生物學界中最惹人注意的一件事，就是太偏重分類學和形態學」；以為如果照現在這樣的做下去，不但是難於追上歐美生物學的進步，而且甚難使生物學和民生經濟發生關係。汪君在北平科學界頗負時望，雖為心理學家，對於生物學亦有相當之深造。其立論如此，不能不與之為詳切之討論。

在學術落後之中國，幾可云無一種科學不重要。苟有適當之人才，即須設法使其所治之學發榮滋長；而不可以局外人之眼光，輕為論列，孰為首要，孰為次要，孰宜獎勵，孰須節制。蓋在今日之中國無論何種科學皆感人力與財力之缺乏，雖急起直追，猶不能追蹤歐美也。尤不可以功利主義以繩科學。中國之無科學，純為數千年來功利主義與玄學所賜，汪君乃科學家，寧不知之？苟梏於此兩種見解，則晚近十五年中國提倡之科學研究泰半可以中輟，如天文學、海洋學、古生物學、人種學、考古學、語言學等等，與民生經濟有何關係？而所以不惜以人力財力提倡之者，無亦因其有適當之人才，即設法使其所治之學發榮滋長乎？

汪君謂在中國現在生物學界提倡分類學與形態學，「是恰恰與世界生物學界近四十年的趨勢相反」。今且就提倡分類學而論，汪君亦知此為在中國不可避免之途徑乎？嘗謂中國生物學不能發達之原因有三：（一）研究理化者輕視生物學。……（二）生物學 Biology 一名詞之貽害。……（三）研究分類學之困難。……

中國地大物博，號為天府，而農業為中國立國之基礎，此盡人所能言者也。惟其如是，則分類學在中國最為重要。吾人僉知森林事業之重要矣，而中國治森林學者雖多，認識中國樹木者，就曾留學外國者而言，不過五六人，其他則皆此五六人之學生也。……他如經濟動物學，如海產動物，有益與有害之鳥獸之調查，莫不以分類學為基礎。何可言治分類學與民生經濟難發生關係乎？

就分類學之本身立論，斯學為生物學之鼻祖。神農嘗百草之神話無論矣。……以美國而論，紐約植物園規模最大，哈佛大學之格

雷植物標本室歷史最久，且另有阿諾德森林植物園以研究中國木本植物最為知名。……

反而觀諸吾國，一萬五千種之顯花植物，皆外人所發現，然即此前人已經發現者，雖費五十年之努力，未必能完全採得。……以人材論，柏林植物園一處有專家二十餘人，合吾國全國之分類學家尚不及此數。至今不但無全國植物誌，即一省之植物誌，亦無一冊。而編纂植物誌之困難，又非內行人不知。……試問為中國植物學與農林園藝各學科，及中小學教師之指導及學術通俗化計，植物誌是否須編纂？是否中國之植物，始終須仗外人研究？今以三數分類學家之努力，外人漸覺中國植物可任中國人自行研究。然國內知識階級，已有人非議研究分類學機關過多，經費過多，為一種偏枯的病象，何中國學者眼光如此其短，常識如此其缺乏也！

至於中國之隱花植物，只有蕨類植物，中國有一專家曾為極詳盡之研究外，其餘各支，皆茫無畔岸，較顯花植物之研究，落後最少五十年。而菌類之研究，關係於民生者最大，無論何大國，至少皆有二三十專家。在中國則能為菌學研究者，不過二三人，圖書之簡陋，尤無論矣。至於藻類植物，在中國學業成就者只有一人。治苔蘚學者則無人焉。

至於中國動物分類學之研究，又較植物分類學落後，而成功亦倍難。……在中國今日研究動物分類者，只有三機關，而無一有充分之人力財力可組織一博物院者？此非偏枯之病象歟？

汪君謂分類學家「非生物死了製成標本之後是不發生研究的興趣的」，「分類學家所得的結果，只是一本分項的生物總帳」。汪君為堂堂國立大學有名之科學教授，何輕於下斷語如此！……中國之分類學方在萌芽之際，百廢待舉，未能兼及，非僅注重死的生物，而忽略更有趣的活生物問題也。

至於謂「研究分類學最大的目的，似乎應該是求做出一個中國所有的動植物的分類的總帳簿」，「分類學家是應該合作」。誰曰不然？……此外尚與其他大學生物研究室交換標本，互相討論，書札甚勤，汪君從何知中國分類學家不合作耶？

　　至謂分類學家以改正前人之錯誤及發表新種為目的，此亦隔靴搔癢之說。夫前人有錯誤，自不得不改正之，自己有錯誤，亦莫不然。此為求真之精神，在分類學如此，在其他科學亦莫不如此。

　　此種錯誤可分為三類：（一）從前分類學無專門學者時，國人之定動植物名稱，咸抄襲日本之書籍，以訛傳訛，由來已久。……（二）國外專家鑒定標本之錯誤。……（三）專家所發表之錯誤新種。……中國分類學家職責既在整理中國之分類學，則安能聽其謬種流傳，不加糾正？至於發表新種，苟誠為新種，安可不發表？此為研究分類學之職責，並非有意出風頭也。……吾人寧不知之，而待汪君指點耶？

　　至於形態學之為生物學之根本學科，亦難否認。以形態學之研究，天演之學說，益多證據。古生物學完全為形態學與分類學，而所研究者，又皆為死生物也。然則何以北京猿人之發現，聳動全世界之觀聽？……植物形態學教材，亦莫不如是。

　　抑汪君知否中國數生物學研究機關，並不只研究分類學與形態學也。北平研究院之天然博物院，除動植物兩研究所外，尚有一生物研究所，其研究多為關於生理方面者。靜生生物調查所與自然歷史博物館本為調查機關，其偏重分類學自不待言。然靜生生物調查所亦頗注意植物生態學與分布學之研究，而尤以研究中國木材為己任，以求與民生發生關係。此數年來念念不忘求在北平設一植物園，亦即此意。又於研究鳥類學時，尤知注重其生態，此亦研究活的生物也。苟非為性質所限，何難延聘專家為生理學與遺傳學之研究？至於科學社生物研究所，汪君亦知在中國最先研究遺傳之論文，即在該所刊布乎？該所此外亦有與生理有關之形態學研究論文，其所中研究員在國外研究生理學而成名者有三人。汪君之責言，寧非不察事實乎？然正有其他著名科學家以中國目前亟宜注重分類學，而責生物研究所不專從事於分類學研究也！汪君亦知主持，此三所之人，皆曾習農林學，其一人且在美國刊布有植物生理學研究論文乎？曾習農林學與曾研究生理學之人，當然知實驗生物學之重要，與生物學與民生之關係，固不待汪君指點也。其必從事於分類學之研究，必有其故，即以在中國目下情形，決不可不從此類基本研究入手也。

　　總而論之，在中國無論何種科學皆當提倡。而某種科學之發達
與否，全視治斯學者之努力。社會人士但當視其努力之結果如何，
而與以獎掖與輔助，決不可有先入之見，妄為軒輊，而有偏枯之說；
而已非內行，不知甘苦，尤不宜輕加批評。汪君學者，或不以斯言
為河漢歟？〔註411〕

　　8月，Notulae Systematicae ad Floram Sinensem IV（中國植物分類小誌四）
刊於 Journ. Arn. Arb，《花木栽培雜誌》（第12卷第4期，第333～336頁）。
　　8月，中國科學社生物研究所概況（第一次十年報告），對研究所工作進
行介紹。

自萌始迄創立

　　民國十一年夏，秉農山博士歸國任教東南大學既二年，間嘗循
海採集動物，而胡步曾博士又嘗遣人遠旅青藏，以搜求奇花異卉。
所獲動植物標本，蓋已蔚然爛然矣。乃謀於科學社曰：海通以還，
外人競遣遠征隊深入國土以採集生物，雖曰致志於學術，而藉以探
察形勢，圖有所不利於吾國者，亦頗有其人。傳曰，貨惡其棄於
地也，而況慢藏誨盜，啟強暴覬覦之心。則生物學之研究，不容
或緩焉。且生物學之研治，直探造化之秘奧，不拘拘於功利，而
人群之福利實攸繫之，進化說興，舉世震耀，而推原於生物學。
蓋致用始於力學，譬若江河，發於源泉，本原不遠，雖流不長。
向使以是而啟屬學之風，惟淬志於學術是尚，則造福家國，寧有
涯際。至於資學致用，進以治菌蟲藥物，明康強衛生之理，免瘟
癀疫癘之災，猶其餘事焉。社中同人，咸感於其言，眾議僉同，
即推秉胡及楊杏佛三君擘畫生物研究所事。是年八月十八日，生
物研究所行開幕體於南京中國科學社。名賢畢集，一時稱盛。有
記事，載科學中。

十一年迄十五年

　　生物研究所既啟幕，以秉君農山為所長。創立之先，頗多假許，
而於時率皆不應。徒託空言，終無依助。中國科學社又艱窘不能有

〔註411〕張大為、胡德熙、胡德焜合編《胡先驌文存》（下卷），中正大學校友會出版
　　　　發行，1996年5月，第113～122頁。

所借益。僅於社之南樓，榜其楣曰生物研究所而已。秉胡兩君，乃請分南樓二小室，為研治藏修之所。社中又勉撥二百四十元，藉資常年經營。於是常繼先君遂來所任職。常君日赴東南大學習剝製標本之法，夜則宿所中治理雜事。秉胡及東南大學生物系他教授，常來所就南樓小室，研治所學，皆不計薪也。已而又從科學社乞得南樓下兩大室，即布陳標本其中。雖所展列，都屬尋常，而以國內向無公開之博物館，倡立新異，觀者盈途。於時東南大學以講學馳名大江南北，言教育者多來南都觀摩，過南都者幾莫不過生物研究所之標本室，皆詫異歎服而去。於是江蘇省執政者亦知重視此所。明年秋，省庫月撥本所三百圓，乃增聘王仲濟君為研究員，陳長年君與常君分任動植物標本採集員，社中又盡撥南樓北向屋為本所治學之所。時胡步曾教授已赴美，秉君約東大陳煥鏞、陳席山兩教授來所分主動植物學兩部事，各出所藏書，儲諸所中，胡步曾陳席山兩教授亦出所蓄以公眾覽。本所之有圖書室，此蓋為其嚆矢。東南大學主政者，又惠許資借儀器藥物，始稍稍具規模。該校生物系曾巍夫，孫稚蓀，喻慕琦諸君，亦俱來所資用便利，進求所學。蓋已純志為學，不事功利之風焉。其年夏，秉教授率東大學生往海濱採集，北至芝罘，南至甌越，秋初始歸。以其所獲，積與常君南京附近所得，動物標本，已頗豐多，苦於隘逼，無能整治。冬間，社中復撥北樓下南隅一小室為製造標本之用，於是陳列室所展布者，益以增多。十三年之夏，常君又隻身遠旅海南，獵鳥獸魚介之屬。其時科學社在南京舉行十周紀念年會，名賢碩學，一時俱至，於生物研究所，頗有獎許。已而江浙戰起，江南騷然，而所內研究工作，未嘗少懈。方當盛夏，炎暑鬱蒸，瀝汗透裳，而治學不輟，未嘗分志於近郊之烽驚。一所感奮。而所外人士，觀於設備之簡陋，文籍之貧乏，治學者之寡少，薪給又菲薄，以為不能有所成就，將僅為展陳標本之處所而已。然而期年而後，成績斐然，發刊成帙，為本所論文第一卷，凡五篇；此他發刊國外雜誌者，又三篇。其成效遠軼擁華夏著虛名者之上，不假借於外力，惟奮勵以自進，於是向以為不能有所成就者，刮目以視，為之嗟歎。中華教育文化基金董事會既聞知其成業，欲有所資助以勸學。本所執事，因繕陳事蹟，請

與濟助。書既入,即得如所請,年給萬伍千圓,又撥助設備費伍千圓。

十五年迄十八年

十四年春,王仲濟君赴美留學,即以張震東君抵補其缺。十五年秋,既得文化基金會之補助,於是復增聘張真衡君為動物學研究員,耿仲彬君為植物學研究員,胡步曾博士又自美國歸來,與秉農山教授分主動植物部事。所中經費既較前略裕,因各取半俸以明其職守,所中負責人員,至是乃增益至六人,而工作亦踵事增繁。秋冬之間,動物部人員偕東大生物系師生,共赴廈門,搜羅海陸動物標本。十六年春,又赴青島芝罘,以考察海濱產物狀況。植物部則致力於浙江四川兩省之採集。既彙集所得,而以文獻缺陋,不得不寄送國外,求專家為之鑒定。乃感典籍之不可不備也,因斥鉅款以購求名貴書報。所資付往往非財力所能任,則損薪以償。而研究論文之付印,亦需款不貲,勉力支付,發刊五篇。其他述作,則送所外雜誌,以節需耗。十六年秋,動植物部又增研究員方質之君金維堅君各一人,以國內產物宏富,品種萬匯,而調查與記載,闕無志考,故於標本之採集,深予注意。日常勤於南京附近採獵,又斥資派遣秦仁昌、鄭萬鈞、金維堅三君,深入浙省,留天目山者匝月,迤邐衢嚴,以迄仙霞關;又囑方植夫君上下川康萬山間,考察西陲植物;秉農山教授歸自廈門,攜鳥獸蟲魚之類凡三千許。留所人員,則勤治形態,生理,遺傳,生態諸學;既有所得,輒以發刊。時國外學術機關,亦漸知有中國科學社生物研究所,標本書物,頗有贈答。舊有房屋,既無所增加,積聚諸室,盈架充棟,蓋已不勝積疊矣。十七年春,國民政府組織中央研究院自然歷史博物館,即擬遣隊入黔桂,從事採集,急求應援。秉胡兩君,既為規畫館事,又為派方質之、常繼先兩君遠征廣西。會東南大學改組,向時執事者多離去。舊借自東大事物,全須璧還。歷年所耗於採集者已不貲,至是乃節約用款,釀金添購儀器藥物,稱所需要,凡顯微鏡,解剖刀剪,器用什物,蓋於是乃始自置備焉。十八年春,方常二君既歸而受博物館之聘,陳長年君亦去之博物館,因聘王以康、劉其變兩君補其缺,雖人員更迭,財用匱乏,而學術之研究,則曾不少懈。論

文發刊者，仍合五篇成一卷，未嘗有省略。自受款補助以來，學人盡其力，財用盡其利，三年之間，終始努力。中華文化基金董事會深為嘉獎，以為難得。

十八年迄二十一年

十八年春，國外派遣來華之採集團，數倍於往昔，頗有異志，而皆託辭於研討學術，益感國內動植物品種調查之不容或緩。本所就域內地勢，分為八區，擬先成長江下游及東南沿海兩區之考查。顧以研究人員之寡少，殊不足以肩荷此任。因聲敘原委，詳陳規畫，欲事增張，上書中華教育文化基金董事會，又荷惠許，年給費四萬圓。於是增聘執事，添購書物；所中職員，即驟增至十八人，計專家三人，研究員八人，採集員三人，助理三人，繪圖員一人；又頗有所外學人，資本所便利，來作研究。於是依所規畫，分功邁進，以赴所期。採集員足跡所至，北及齊魯，南抵閩粵，西迄川康，東至於海；而江，浙，皖，贛，往返尤頻，奔走跋涉，往往經年。凡所採獲，亦不復寄送國外，率由所內諸人，分任鑒別。期年，所得研究論文，數倍於往昔。舊時篇幅，不復可容，動植物部乃分別付刊，各成專系。蓋自十八年秋迄十九年冬，總成論文二十五篇。雖曰研習者勤勞所致，要攸賴於財力之補助。向使無中華教育文化基金董事會之資惠，雖有實物，而證考無人；就令研幾有得，亦無從措資發刊也。當時所中先進人員，又努力提攜後學，苟可以助益學子，靡不唯力是視。蓋受之於社會者既厚且重，又自念負荷之艱巨，則可以傚力於社會者，自亦勇勵以赴之。中華教育文化基金董事會既習知其事，因邀所長秉君組織靜生生物調查所於北平。凡所擘畫，一循舊規。惟南北奔走，兼理兩所，卒卒少暇，苦無治學之時會，乃邀胡步曾君北上襄治，共持所務；而南京本所植物部事，則延錢雨農教授主理之。舊時本所研究員，又多以其學績，得各方遴選，留學異國。以是所中職員，頗有更迭。瓜代者繼承前跡，踔屬奮揚，益以堅進。故所論著，愈以精豐。投寄國外，馳譽異域；以求贈貽，頗有瓊瑤。圖書室之收藏，乃漸漸豐盈。而標本之採集，亦復重疊往復，期其詳備。自十八年迄二十年，三年之間，凡四赴齊魯，經濟南，青島，登萊，芝罘，龍口諸處；三至浙省，歷寧，紹，杭，湖

諸郡，又循海過舟山，石浦，以迄甌江；深入川康者三；循江上下，
跋涉浙，鄂，皖，贛者二；而南京附近之採集不論焉。動植物標本，
前後所獲，逾十萬枚。科學社盡以南樓相讓，繼又分北樓之一部；
十九年十月，上海明復圖書館建立，科學社總部遷而之滬，舉南京
社所相予，猶不足以容所積聚。且研究人員既多，又各有專業，而
雜沓斗室，深感局促。其年冬，中華教育文化基金董事會約中國科
學社總部，各捐款數萬元，釀金制地，鳩工度材，建新廈於社西平
原。二十年三月，既告成功。崇樓矗立，輪奐精美；骨鋼挺實，水
泥堅厚；免水火之災，有深固之安。總分兩層，凡三十六室。乃遷
書籍標本儀器於其內。向時重疊積壓者，至是皆度藏有所，鋪陳有
序；而研究之須有精微設備，若組織學，生理學，試驗胚胎學等，
以新廈光線充足，溫度適宜，亦俱能如所指度，愜心以從事。研學
者既無所紛煩於措備，成效遂日以顯著。凡有論述，頗受稱許。學
術機關之願以刊物交益者，國內外凡六百餘處。負挾以趨，生物科
學乃為國人所重視，而北平靜生生物調查所，長足展進，成績卓著，
與本所互相提攜，亦復載譽於域內。〔註 412〕

8 月，中國科學社生物研究所概況（第一次十年報告），對研究所書籍工
作進行介紹。

本所成立之時，初無生物書籍。期年，秉農山胡步曾兩君以其
私人藏蓄，儲貯本所，以資公用，始有圖書室。其後每年續有添購。
十九年十月，科學社總社既遷上海，於是南京乃別立生物圖書館。
雖比年金價飛漲，匯率奇高，而研究習所需，未或減省，書庫所藏，
年有增益。海外學社，又頗有贈貽。名典要籍，大率粗備。故所積
儲，差有可觀。計雜誌三百五十二種，書九百二十二卷，共藏書九
千餘冊，分列於本書之後，藉供參考。（見附錄一圖書目錄）〔註 413〕

8 月，中國科學社生物研究所概況（第一次十年報告），對研究所研究論

〔註 412〕林麗成、章立言、張劍編注《中國科學社檔案資料整理與研究——發展歷程
史料》，上海科學技術出版社 2015 年版，第 248～252 頁。
〔註 413〕林麗成、章立言、張劍編注《中國科學社檔案資料整理與研究——發展歷程
史料》，上海科學技術出版社 2015 年版，第 261 頁。

文進行介紹。

當本所成立之初，研學者各以其志趣而異其所研求之科目，凡形態、生理、境緣、分類、胚胎諸學，靡不相及。十六年以始，感於本國生物品種調查之不容或緩，略側重於分類學。歷年以來，其由本所自行發刊者凡九十八篇，其由國內外及他雜誌發刊者，復有七十二篇。

本所刊行之論文篇目

Vol. I.（1925）

NO.1. 陳楨，金魚之變異

NO.2. 胡先驌，中國植物之新種

NO.3. 王家楫，南京原生動物之研究

NO.4. 秉志，鯨魚骨骼之研究

NO.5. 陳煥鏞，樟科研究

Vol. II.（1926）

NO.1. 秉志，虎骨之研究

NO.2. 孫宗彭，南京蜥蜴之調查

NO.3. 魏岩壽，一種由蔗糖滓中提取精蔗糖之生物學方法

NO.4. 張景鉞，蕨莖組織之研究

NO.5. 胡先驌，中國東南諸省森林植物初步之觀察

Vol. III.（1927）

NO.1. 錢崇澍，安徽黃山植物之初步觀察

NO.2. 伍獻文，鯊魚胃中之新圓蟲

NO.3. 秉志，白鯨舌之觀察

NO.4. 伍獻文，幼水母之感覺器

NO.5. 胡先驌，中國樞屬之研究（附秦仁昌，分布及產地之紀述）

Vol. IV.（1928）

NO.1. 胡先驌，桤桄木，中國南部安息香科之新屬

NO.2. 謝泌成，螞璜之解剖

NO.3. 徐錫藩，水母之新種

NO.4. 張春霖，南京魚類之調查

NO.5. 方炳文，鱘鰱鰓棘之解剖

Vol. V.（1929）

NO.1. 張宗漢，福州之新龜

NO.2. 伍獻文，新種且新屬之蛙

NO.3. 嚴楚江，梧桐花之解剖及其兩性分化之研究

NO.4. 伍獻文，廈門魚類之調查（第一卷）

NO.5. 胡先驌，中國植物長編

Vol. VI. Zoological Series.（1930）

NO.1. 徐錫藩，夾板龜之新變種

NO.2. 王家楫，腹毛蟲新種之記載

NO.3. 徐錫藩，廈門巨蛙

NO.4. 方炳文，中國平鰭鮡類之新種屬

NO.5. 伍獻文，長江上游數種類魚類之研究

NO.6. 伍獻文，福州海魚之一新種

NO.7. 張春霖，白鼠之生活史

NO.8. 徐錫藩，三身雞胎之研究

NO.9. 方炳文，四川爬岩魚之一新種

NO.10. 王家楫，兩種新纖毛蟲

Vol. VII. Zoological Series.（1931）

NO.1. 伍獻文，福州魚類之調查

NO.2. 方炳文與張孟聞，南京雙棲類誌

NO.3. 陳義，四川陸地寡毛類及數新種之記述

NO.4. 秉志，南京動物志略

NO.5. 戴立生,透明金魚及雜斑金魚發生期中返光質之變化

NO.6. 伍獻文與王以康，長江上游魚類小誌

NO.7. 崔芝蘭，蛙腎臟四季之變遷

NO.8. 張宗漢與方炳文，南京蛇類及龜類之調查

NO.9. 方炳文與王以康，石虎屬魚類全誌

NO.10. 鄭集，鯽魚胃部之變遷

Vol. VIII. Zoological Series.（1931～1932）

NO.1. 伍獻文與王以康著：煙台四新種魚

NO.2. 張孟聞，四川爬蟲類略述

NO.3. 秉志，半指蜥蜴舌部之解剖

NO.4. 王家楫，南京之變形蟲

NO.5. 張孟聞與徐錫藩，四川兩栖類略記

NO.6. 倪達書，南京湖蛙腸內之纖毛蟲

NO.7. 張孟聞，浙江兩栖蠑螈記

NO.8. 方炳文，王以康，山東沙魚誌

NO.9. 王家楫與倪達書，廈門海產原生動物之調查

NO.10. 伍獻文，王以康，平胸扁魚唇部之觀察

Vol. VI. Botanical Series（1930～1931）

NO.1. 戴芳瀾，三角楓上白粉病菌之一新種

NO.2. 鄭萬鈞，中國松屬之研究

NO.3. 錢崇澍，浙江蘭科之三新種

NO.4. 鄭萬鈞，西康雲杉之一新種

NO.5. 裴鑒，中國馬鞭草科之地理分布

NO.6. 汪燕傑，南京玄武湖植物群落之觀察

NO.7. 錢崇澍與鄭萬鈞，中國植物數新種

NO.8. 錢崇澍，中國蘭科植物之研究一

NO.9&10. 鄧叔群，稻之黑穗病胞子發芽之觀察棉病之初步研究

Vol. VII. Botancial Series（1932）

NO.1. 鄭萬鈞，貴州鐵杉之一新種

NO.2. 孫雄才，南京唇形科植物

NO.3. 鄧叔群，中國西南部真菌之記載

NO.4. 鄧叔群，南京真菌之記載一

NO.5. 沈其益，中國二屬半知菌之研究，一

NO.6. 方文培，中國槭樹科之初步研究

NO.7. 錢崇澍，南京鍾山之森林

NO.8. 裴鑒，中國馬鞭草科之補述

NO.9. 錢崇澍，南京鍾山山頂石植物之觀察

NO.10. 孫雄才，貴州唇形科植物之記載

Vol. VIII. Botancial Series（1932～1933）

NO.1. 鄧叔群，中國西南部真菌之增誌，

南京真菌之記載，二，

浙江真菌之記載，一，

鄭萬鈞，浙江木本植物之二新種

NO.2. 裴鑒，南京植物記載，一，

錢崇澍，豆科三新種，

鄧叔群，凌立，真菌類數新種，

鄧叔群，浙江真菌記載，二，

廣東真菌類，

鄭萬鈞，浙江新植物

沈其益，南京真菌記載，三，

方文培，中國槭樹科二志

凌立，北京大學植物標本室真菌之記載〔註414〕

　　8 月，中國科學社生物研究所概況（第一次十年報告），對研究所學術機關之聯給工作進行介紹。

　　　　本所自倡立之始，即得各方之贊助，其關係尤為密切者，厥為後起之北平靜生生物調查所。其在本京，則本所技師，常兼受中央大學之聘，設教授課，以啟迪後進。該校年費鉅萬，藏書甚多，儀器藥物，亦略有設備，時得資借，頗與本所研究以利便。該校師生與中央研究院自然歷史博物館技師，亦常來本所資假標本，參考圖籍，以研討學術，已略見前述。此外本京及附近諸省之中學校生物學教員，假期中亦時時有來所與研究人員朝夕切磨以增求新智者。本所每週或隔周，輒有生物研究討論會，述說業績，質問疑難，金陵大學金陵女子大學中央大學各校師生，亦常來參與此會，共為研討。本所研究人員，既常為所外機關鑒定標本，又時時乘採集之便

〔註414〕林麗成、章立言、張劍編注《中國科學社檔案資料整理與研究——發展歷程史料》，上海科學技術出版社 2015 年版，第 262～266 頁。

利，為各處搜羅遠省花木之種苗，若中山陵園，江蘇造林場，浙江西湖博物館，四川中國西部科學院等，俱曾資此利便，以為彼用。至若以既得標本互相交贈者，則關涉尤多。就國內而言，有北平靜生生物調查所，開封河南博物館，四川成都大學，中國西部科學院，南京自然歷史博物館，中央大學，金陵大學，上海聖約翰大學，浙江西湖博物館，廣東中山大學，嶺南大學，與香港之香港大學；國外有美國自然歷史博物館，杜達雷植物標本所，安諾德植物院，英國倫敦博物院，德國麥格達堡博物館諸處。凡此皆舉其著者而言之，此他繁瑣，不復贅陳。而本所發刊之研究論文，常年寄發遍國內外，不僅為廣播聲氣計，抑且以邀其投贈也。凡所寄貽，約七百許，列舉於附錄三。〔註415〕

8 月，中國科學社生物研究所概況（第一次十年報告），對研究所職員進行介紹。

現在本所研究之客員名錄

姓名	字	現任職務	研究部門
孫宗彭	稚蓀	中央大學教授	動物生理學
伍獻文	顯聞	中央研究院自然歷史博物館技師	動物分類學
方炳文	質之	中央研究院自然歷史博物館技師	動物分類學
常繼先	麟定	中央研究院自然歷史博物館研究員	鳥類學
王守成	志稼	前中央大學生物系教授	藻類學
楊虎	浪明	國立編譯館編譯員	原生動物學
吳功賢		中央大學生物系助教	神經學
徐鳳早		中央大學生物系助教	無脊椎動物學
苗久棚	雨膏	前河南大學助教	魚類學
陳邦傑		常州中學教員	
萬宗玲		常州中學教員	
凌立		中央大學畢業生	菌類學
沈其益		中央大學畢業生	菌類學

〔註415〕林麗成、章立言、張劍編注《中國科學社檔案資料整理與研究——發展歷程史料》，上海科學技術出版社 2015 年版，第 266 頁。

前任本所職員名錄

姓名	字	在所職務	現在職務或通訊處
胡先驌	步曾	植物部主任	北平靜生生物查調所所長兼植物部主任
陳楨	席山	動物學教授	北平清華大學生物系主任兼動物學教授
陳煥鏞		植物學教授	廣東大學農科植物系主任兼教授
孫宗彭	稚蓀	研究員	南京中央大學生物系教授
曾省	巍夫	研究員	青島山東大學生物系主任兼教授
張春霖	震東	研究員	北平靜生生物調查所動物部技師兼北京大學師範大學生物系教授
伍獻文	顯聞	研究員	南京國立中央研究院自然歷史博物館動物學技師
方炳文	質之	研究員	南京國立中央研究院自然歷史博物館動物學技師
張宗漢	真衡	研究員	上海國立醫院生物學教授
喻兆琦	慕韓	研究員	法國巴黎自然歷史博物館研究員
歐陽翥	鐵翹	研究員	德國柏林大學
陳義	宜丞	研究員	美國費城大學
徐錫藩	溪帆	研究員	北平協和醫學校寄生蟲學系助教
崔之蘭	友松	研究員	德國柏林大學
謝泖成	維成	研究員	德國弗蘭克佛大學
鄭集	禮賓	研究員	美國敖海歐大學
秦仁昌		植物部採集員	北平靜生生物調查所植物部技師
汪燕傑	振儒	研究員	北平清華大學生物系助教
常繼先	麟定	動物採集員	南京中央研究院自然歷史博物館動物部研究員兼採集員
曲桂齡	仲湘	研究員	河南輝縣百泉鄉村師範學校
郝世襄	佑甫	研究員	河南省立醫院
馮澥	澄如	繪圖員	北平靜生生物調查所繪圖員
金維堅		研究員	杭州浙江大學生物系助教
耿以禮	仲彬	研究員	美國華盛頓斯密爽尼學院研究員

| 王錦 | 素芬 | 植物標本室 | 浙江天台 |

助理員

劉其燮　　植物採集助理員江西南昌

陳長年　　植物採集助理員中央研究院自然歷史博物館植物助理

（已故）〔註416〕

8月，范罕為《懺庵詩稿》作序。

> 余與胡君步曾相交在八年前，而相聚僅旬日。此旬日中胡君既盡讀予詩，且贈五言一章置卷首。時余旅過金陵，比歸，語故弟彥翷曰：胡君新詩人也。予弟曰然，亦舊詩人，今之同學輩殆無與匹者。予友陳師曾序予詩有云：時世日新，後之詩人諷人對物，必大異乎昔之所謂新與舊也。予自與胡君款契，頗感故友及吾弟之言。以胡君譽我過，而胡君所蘊藏未發者，必什百於予所著。而此旬日中，既未能遍讀奇作，別後復無緣一伸微尚，又以胡君怪我深也。此八年中，予弟亡故，予家難叢出，昔時朋舊，大半相繼物化。予離群索居，而精力亦稍稍胜矣。乃不復以詩自困，因搜集歷年存稿，並刪舊刊本十之三四，重新付梓，以事結束。而故人中能序予詩者，至此已寥寥，於是追懷往跡，檢讀胡君舊贈之句，信非胡君不能序我詩矣。胡君得予書，逾月以跋來，且言結束舊稿，亦命予序焉。噫，予疏荒已久，然卒得胡君一言，今且序胡君詩，豈不樂哉！胡君來書詳述近年功力所至，且云譯成蘇詩，於明年攜往歐洲，以餉西方人士，語雄而志得。吾國人以提倡國詩為標誌者，不能不讓胡君為巨擘矣。師曾、彥翷之言猶可味也，胡君行勉之哉。
>
> 　　　　　　　　　　　　壬申秋八月南通范罕序〔註417〕

8月，靜生生物調查所云南生物採集團蔡希陶團長致雲南教育廳信函。

> 頃接本所轉來貴廳第三一九號公函，敬希一切，本團此次到滇

〔註416〕林麗成、章立言、張劍編注《中國科學社檔案資料整理與研究——發展歷程史料》，上海科學技術出版社 2015 年版，第 270～27 頁。

〔註417〕胡先驌著、錢鍾書選編《懺庵詩稿》，張效彬題簽書名，黃曾樾為扉頁題簽，第 2 頁。熊盛元、胡啟鵬編校《胡先驌詩文集》（上下冊），黃山書社出版，2013 年 8 月版，第 3 頁。

採集，完全為中國科學前途計，且亦為人民應盡之天責，今蒙貴廳謬讚，益覺汗顏。本團於本年二月二十九日由平出發，一行四人，植物組蔡希陶、陸清亮，動物組常麟春、李元，經西抵渝，蒙重慶中國西部科學院院長盧作孚先生熱心贊助，與以經濟上之援助，並派有周承烈、楊宏清二位隨同採集。入滇路線，取道鹽津、大關而抵昭通。四月二十三日安抵昭城，即赴附近各鄉區採集，費時一月始告完成。返昭後，覺一路工作時間均不經濟，故改變方針，分途採集。蔡君率領常楊二位赴永善、綏江、大關一帶詳細調查；清亮偕李周二位赴彝良、鎮雄、畢節、威寧等地工作。清亮等費時三月返昭，始悉蔡君探得大涼山為中外採集專家從未到過，並動植物非常豐富，盡力設法得當地凌局長之助，已冒險入內工作矣。約須九月底返昭，故預計抵省時期，約在十月十日左右。相應函復，特此奉告。（《週刊》，1932 年第二卷第 21 期）〔註 418〕

9 月 8 日，胡先驌致劉咸信函。

仲熙老弟惠鑒：

　　九月四日手書備悉。論地位與機會，中大自較青大為佳（昔日亦曾為代謀），惟青大方面，驌與曾省之商聘在前，該校盼望慇切。前數日曾省之尚有函來詢行蹤，足下又已覆電應允，則為友誼計與個人信用計，亦必在青大教授一年。羅志希既有意相挽，明年再往中大亦不為晚。足下明達，當以驌言為然也。此復，即頌

臺祺

先驌 拜啟

〔廿一年〕九月八日

（何日蒞青，盼示知。）

　　另有啟者：前與足下所談，舍親已與方千里結婚。現有丁在君先生之姨妹史久莊女士（江蘇人），曾在中大生物系畢業，研究植物學，現在此間任職。人極端重，年約廿六七，弟與之相處一年，頗喜之。曾與在君先生談及足下，在君先生頗盼此事可成。到青島後，

〔註 418〕胡宗剛著《蔡希陶赴雲南採集由川入滇若干史實更正》，公眾號註冊名稱「近世植物學史」，2022 年 07 月 08 日。

如能約期抽暇來北平一遊，以便介紹為要。又及。

〔史女士亦東大生物系畢業，後嫁吳定良為妻〕〔註419〕

9月21日，胡先驌致劉咸信函。

仲熙老弟惠鑒：

前函計達。所述史女士，現正因母病請假回南京，足下如有意，可從速到寧見秉農山師，以便介紹晤面，驌已函史女士在寧稍後數日也。秦子農來談及中央大學與中央研究院均有延聘足下之意，若能與中央研究院發生關係，則與專在中大者有異，機會當較往青島為佳。惟如何對青大及曾省之，措辭實在斟酌之耳。

專此即頌

秋祺

先驌 拜啟

〔廿一年〕九月廿一日

史女士此次在寧係請假歸省，不能久候。足下如以為可在寧會晤，請電告，以便告史女士為要。又及。〔註420〕

9月，Plantae Tsiangianae: Elaeocarpaceae and Betulaceae（貴州蔣氏膽八樹科及樺木科植物誌）刊於 Sinensia《中央自然歷史博物館彙報》（第 3 卷第 3 期，第 84〜90 頁）。

9月，為黃野蘿譯，英人哈欽松著《雙子葉植物分類》，中譯本作序言。

近世種子植物分類有二大系統：一為邊沁與虎克系統，一為恩格勒與柏蘭特系統。前一系統至今盛行於英法兩國，後一系統則除英法兩國外幾全用之。其所以然者，蓋邊沁虎克系統本為便利實用而非全就植物各部科之親緣加以精密之研究而設立之絕對自然系統。自裸子植物之形態與地位發明之後，此系統更遭人非難；恩柏兩氏系統則自稱為絕對自然系統，而屢有小修改以期達此目的者。其成立在後，故常能糾正邊虎系統之錯誤，如裸子植物地位之更正

〔註419〕周桂發、楊家潤、張劍編注中國科學社檔案資料整理與研究《書信選編》，上海科學技術出版社 2015 年 10 月版，第 52 頁。

〔註420〕周桂發、楊家潤、張劍編注中國科學社檔案資料整理與研究《書信選編》，上海科學技術出版社 2015 年 10 月版，第 53 頁。

其最著者也，因是人多樂從之。然以近年來形態學與古植物學之研究，發現其所持理論，有違事實。故屢有建議更改之者，即其學派之韋特士坦教授（Prof. Richardvon Wettstein）在其分類學中亦將單子葉植物置於雙子葉植物之後。惜尚無人將種子植物各科重為詳盡之研究以糾正兩系統之失。郝經生此書即以此為職志，其分類系統以邊虎兩氏之分類系統為基礎而大有更張，其各科之範圍亦較小，故分出新科頗多。其最特殊之點，厥為將各科分為草本木本二大支，認為自最初分離後即各隨其遠祖並行演進。此種主張與視柔荑花序類各科大都由現在各部科退化而來之主張，是否將為一般分類學家所承認，尚是問題。然其系統優越於恩氏系統之處固顯然也。郝氏系統在國內已有人主張且有用以著書者，且中國尚無重要分類學之譯本，故與黃君商酌迻譯而親為校改以問世。此書分類表解精審，說明明晰而簡略，而圖畫尤為精美，余知刊布之後，其嘉惠學子刺激心思者將無涯涘焉。內有穗果木部，則近年秦君仁昌在廣西發現之新科而由余立為新部也。

中華民國二十一年九月胡先驌序於北平靜生生物調查所

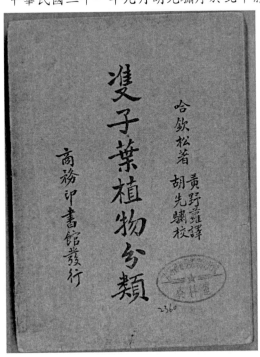

胡先驌校、黃野蘿譯，英人哈欽松著《雙子葉植物分類》

10月11日，董事會會議，遞補為本屆理事。

理事會第 103 次會議記錄（1932 年 10 月 11 日），上海本社開理事會，出席：秉農山、楊杏佛、胡剛復、王季梁、周子競、楊允中。主席：王季梁，記錄：楊允中。

會議事項：

（一）議決：愛迪生紀念獎金給獎辦法五條（附後），並推舉任鴻雋、顏任光、黃伯樵三人為愛迪生紀念獎金委員會委員。

（二）中國科學公司新建房屋擴充營業，經股東大會議決，增加新股四萬元，本社為該公司之創辦者且為大股東，此次應否酌量認股案。

議決：加認一百股，計洋壹萬元。

（三）理事秉志君任期未滿，本屆又當選為理事，應如何救濟案。

議決：援民十九先例，由得票次多數者胡先驌君遞補為本屆理事。

（四）謝家榮君重編本社叢書《地質學》一書，應如何報酬案。

議決：照竺理事藕舫之建議，請由中國科學公司出版，版稅百分之十五，著作者得百分之十，本社得百分之五。如有必要，得由本社轉請科學公司預付版稅若干於著作人，該書仍列為本社叢書之一。

（五）本社《社員分股名錄》業已編竣，是否可照印案。

議決：照印，將來每股由股員互推股長一人。〔註421〕

10月11日，胡先驌致劉咸信函。

仲熙老弟惠鑒：

十月七日手書備悉，前函亦收到。足下為事業發展計，自以到中大為佳，下學期可薦謝君沘成自代。又盧君於道現在心理研究所，亦相處不甚水乳，如謝君一時不能回，則可薦彼相代。同為舊日同門，想省之亦不堅持也。史女士品學兼優，其對於家庭觀念又如來函所云，結果必極良好，即可時常通信，期得圓成此事。寒假務乞來平與在君先生一晤，或屆時即可定局也。舍甥許重熙家貧失學，驌曾與秉師商，欲在省之處作一練習生。秉師云亦曾與足下談及，

〔註421〕何品、王良鐳編注中國科學社檔案資料整理與研究《中國科學社董理事會會議記錄》，上海科學技術出版社 2017 年版，第 172～173 頁。

望與省之商妥，早日示復，以便即日命之北來，至以為感。端此肅
復，即頌

秋祺

先驌 拜啟

〔廿一年〕十月十一日

史女士已回平，驌與之懇談一次，言下似對於足下頗為傾心，
望速與之通函。驌曾告彼夫婦間感情之損傷，常起於小故，彼此務須
相諒，而事先務須探知兩方之性情，與整個之 idiosyncrasy，尤須知兩
方之短處，須彼此直陳無隱，庶易於適合。彼殊首肯此言也。〔註422〕

10月18日，蔡希陶致龔自知信函。

逕啟者：

此次北平靜生生物調查所派本團前來貴省調查生物，擬以三年
時間在貴省作普遍之調查，將來採集所得標本檢出一份贈予貴省為
陳列之用。在採集期間，事務上及金錢上多希貴省予以幫助各情，
事前曾由北平本所函達貴廳，當蒙貴廳長熱心倡導科學，一併俯諾
在案。

茲本團已從迤東採畢來省，各方均深蒙幫助，至為感謝。現在
時屆深秋，本團擬繼續前迤西、迤南調查，所有應請幫助各事項，
目前希陶晉謁龍主席商請，當蒙贊許，並面諭希陶逕商貴廳，茲將
一應請求幫助事項臚陳於後：

一、請轉呈省政府發給隨身護照（計蔡希陶、陸清亮、常麟春、
李元、周承烈、楊宏清等六人及貴省派往隨同實習之二人，每人一
張），並通令迤南、迤西各縣局區，於希陶等臨境調查時，予以保護
及運輸上之便利（如請代為尋雇夫役船馬及代辦食宿等事項，由本
團照市給價）。

二、請酌派有生物興趣，並俱生物學基礎知識人士二名隨往實
習，並資嚮導。

三、本所經費之來源係中華文化教育基金補助，本年以國難嚴

〔註422〕周桂發、楊家潤、張劍編注中國科學社檔案資料整理與研究《書信選編》，上海科學技術出版社 2015 年 10 月版，第 54 頁。

重，政府明令停付庚款，對於本所經費不無影響。本團前來貴省調查幸蒙俯諾補助經費於先，茲出發在即，希予以充分補助，俾本團克盡全功。

上列三端是否可行，相應函請貴廳衡核指示，裨便早日出發為荷。

此致
雲南省教育廳廳長龔

北平靜生生物調查所特派雲南省
生物調查團專員　蔡希陶
二十一年十月十八日〔註423〕

10月19日，胡先驌致劉咸信函。

仲熙老弟惠鑒：

十月十五日手書奉悉。舍甥事承允轉託羅君時實，至以為感。惟彼此均係至交，則一切必須明言。舍甥性情稍有異常之處，天分並不魯鈍，而無青年人上進之精神，故只在初中畢業而已。惟近年自謂有覺悟，欲圖自立，究竟心理能否改造，驌亦不敢保證。是在至交，念彼一孤露之人，愛屋及烏，諒為援手，每月與以維持生活之費用，以觀後效。如羅君能推愛至此，則感同身受矣。溯自先姊丈逝世之後，於茲七年，彼母子全賴驌存活與教育。今彼若能自謀衣食，亦以減輕驌之累也。彼之為人，文理尚清通，常識頗豐富，狷介而和平，與人落落寡合，而易於相處。年二十三，宦族之裔，所能言者，如斯而已。彼現在南昌，如羅君能在南京為謀一小事，即可命之入京。此事究竟如何，尚乞早日示知為感。

關於史女士事，據驌所知，彼為人寧靜寡言笑，性情溫和質樸，然亦有相當應肆之才，不愛浮華，持身儉樸。天資甚高，中英文、科學均有根柢，能為舊詩，於中西文學尤感興趣。驌為足下兩人之幸福計，曾與作尋常人所認為不便言之深切談話，彼甚注意傾聽，亦無靦

〔註423〕蔡希陶致龔自知函，1932年10月18日，雲南省檔案館藏雲南省教育廳檔案，1012-005-00657。胡宗剛著《雲南植物研究史略》，上海交通大學出版社2018年7月版，第35～36頁。

腆厭惡之感,可見彼中心自有為良妻賢母之志願,而無時下女子之虛嬌個人主義之習氣,此驌認為擇妻最主要之點也。其身體殊健,全無主要器官病,惟稍帶貧血性,年約廿七八。驌與之言,彼此通信宜以個人之性情習慣盡情傾吐,尤宜將自己之短處盡情相告,庶幾各有準備與諒解,不致結婚之後有失望之感。驌又告彼,俟足下寒假入京時作最後之定局後,即宜赴醫院檢查身體,如有須治療之病,須在婚前治癒。凡此種種,彼皆以為然。以驌自表面觀之,彼之短處在為人不甚精細,自然秀美尚覺不足,亦嫌不甚活潑(與外人相處,當與在家中有異)。若足下不以此三者為嫌,則關於他點或無問題也。

足下可明告彼,所希望於彼者為何事,以觀其與足下之理想是否相近。尤須明告彼自身之短處,以及家庭中或有之困難,觀彼是否不以為嫌,若尚覺意氣相投,則此事八九可成矣。寒假前盼能提前早日來平,蓋驌寒假中或將南行也。專此即頌
秋祺

驌 拜啟

〔廿一年〕十月十九日

〔Received 21st Oct. 1932〕〔註424〕

10月27日,胡先驌致劉咸信函。

仲熙老弟惠鑒:

二十三日手書拜悉。舍甥承關切,至以為感,彼現寓南昌後牆六號家兄處。如女中事可成,請令妹召彼,特加訓話,視同子弟,嚴加督責。薪水不必多,而以奮勉可以加薪之語詔之,令彼漸知謀生之艱難,則有造於彼者大矣。

關於熊主席各事,似尚為一方面之說。熊銳意欲改革省政,其省政府成之倉猝,多備員之徒熊頗不滿,故有另組幕僚團之舉,蕭叔絅先生即彼屢次電邀回省任機要之人。熊自命有駕馭人之術(熊有小蔣介石之號),故用人不究既往,此或貪污,尚能在省任職之故。

〔註424〕周桂發、楊家潤、張劍編注中國科學社檔案資料整理與研究《書信選編》,上海科學技術出版社 2015 年 10 月版,第 55 頁。

彼正由蕭先生與國內各研究機關，如地質調查所、敝所、金大農科、南開大學經濟研究所、社會調查所等切實合作，以圖改革省政。又將邀周寄梅、章元善、陶孟和、鄒秉文、梁漱溟諸先生往贛觀察，討論指導一切。陳劍修之去職，由於彼為段錫朋之傀儡，盡力任用AB團，而排斥熊純老一派，為熊主席所不滿。段之組織AB團，排除異己，……曾屢次在中央黨部告純老與雨生先生為共產黨，非程天放為之剖明，將不免與三字獄矣。

沈士遠（三沈之一）為北大學閥之著名人物，其調江西亦擇肥而噬之意。熊之擋駕，或由於蕭先生致其秘書某一言之故。現蕭先生回省，即將設法使程柏盧先生回贛任教廳也。熊本武夫，不諳治道，治事不免操切。如熊某掃廁之事，驌當然不能贊同，然苟得人輔佐之，未嘗不可大有為也。李立侯蕭先生之妹作伐，為熊作妾，驌決不信有此事。熊妻顧氏病沒，為蕭妹作伐為熊妻，容或有之。然蕭叔絅先生是否贊同，尚未可知。蓋果爾，則彼反不好在江西作事矣。蕭先生（彼自主持《外交月報》後，聲譽鵲起）在北平任綏靖公署外交委員會委員兼任法學院教授，月入較回贛所能得者多出一半，故熊電數來，彼皆遲不能決其行也，驌實促之。彼在贛與熊接談多次，頗以熊有為治之心，然尚不知究竟可否在贛施展，故仍擬在贛觀察數月，如見無可施為，仍當北歸也（其眷屬仍在平）。

吾贛省政窳敗，當以大刀闊斧以廓清之，自無疑義。然因此而使浮惰之輩喪失飯碗，遂造種種蜚語，亦意中事。吾人不可輕信一方面之說，且靜觀其後可也。關於史女士事，以驌觀之，彼身體尚不算孱弱，其人非懦弱無才者，體格不得謂為短小，盼多與之通函。寒假盼能提前數日來平，蓋驌恐須南下也。此復，即頌
孿祺。

先驌 拜啟

〔廿一年〕十月廿七日〔註425〕

10月，蔡希陶率靜生生物調查所云南生物採集團赴雲南昆明。

〔註425〕周桂發、楊家潤、張劍編注中國科學社檔案資料整理與研究《書信選編》，上海科學技術出版社2015年10月版，第56～58頁。

《週刊》所載雲南省教育廳復靜生所最早之函在六月間，或者此前雲南省教育廳已代雲南省政府復胡先驌一月間致龍雲之函，此為教育廳接靜生所再次來函，懇請派學生跟隨採集及酌予補助經費而作回覆。其云：貴所公函內開，特派蔡希陶君率團來滇採集動植標本等由，一案准此。查貴所組織長期調查團，遠道徵集動植標本，實為規模宏大，計劃久遠，其於自然科學之研究，當有重大貢獻，曷勝欽佩。所商選派學生隨同採集及酌與經濟補助各節，已由本廳轉呈雲南省政府核准酌辦，俟蔡君率團到滇後，再為面商一切，酌量辦理。又蔡君何日由川啟程來滇，率有團員若干人，由川入滇取道何處，何日可抵昆明，應請貴所轉知蔡君預先通知本廳，並請蔡君在川時，向四川省政府請發沿途接替護送公文，以便保護，而利遄行。(《週刊》第二卷第 13 期）〔註 426〕

10 月，蔡希陶致龔自知信函。

一、請轉呈省政府發給隨身護照一紙，並通令迤南、迤西各縣局區，於希陶等臨境調查時，予以保護及運輸上之便利。

二、請酌派有生物興趣，並具生物學基礎知識人士二名隨往實習，並資嚮導。

三、本所經費之來源係中華文化教育基金補助，本年以國難嚴重，政府明令停付庚款，對於本所經費不無影響。本團前來貴省調查幸蒙俯諾補助經費於先，茲出發在即，希予以充分補助，俾本團克盡全功。〔註 427〕

10 月，雲南教育廳致蔡希陶信函。

一、轉呈請發護照及通令迤南、迤西各縣屬保護補助一節，已轉呈省政府發給護照八張，印就訓令三十件，俟奉到後，即行送交貴團查收。

二、派人隨往實習並資嚮導一節，已由省立第一農校高級畢業

〔註 426〕 胡宗剛著《蔡希陶赴雲南採集由川入滇若干史實更正》，公眾號註冊名稱「近世植物學史」，2022 年 07 月 08 日。

〔註 427〕 胡宗剛著《蔡希陶赴雲南採集由川入滇若干史實更正》，公眾號註冊名稱「近世植物學史」，2022 年 07 月 08 日。

生中選派倪琨、梁國賢二人，除由本廳另給該生等薪津外，應與貴團共同生活。

三、補助經費一節，本廳量力補助貴團調查經費滇票一萬元，分兩次交付，第一次交付五千元，即請貴團時派人來廳具領；第二次交付五千元，俟貴團三年調查行將竣事之時，再為具領。至於贈給本身所採標本全份，請採集整理後，即行運交本省民眾教育館內，以供陳列研究。（《週報》，第二卷第 32 期，1932 年 11 月 25 日）〔註 428〕

11 月 2 日，蔡希陶致龔自知信函。

蔡希陶在致函龔自知之同時，還曾面見龔自知，重申調查團來省調查之意義，希望得到有力之支持。……據此，教育廳再向省政府請示，辦理結果如下：一、每人發給一張護照，並刊行用印 30 份空白護照，交由蔡希陶隨身攜帶，隨時應用。二、由雲南省第一農校選派二名天資聰慧、成績優良學生隨同調查，每生每月支津貼一百元。教育廳補助調查費滇票一萬元，分兩次領取，第一次五千元，可隨時領取，第二次應等三年後調查竣事時再領。教育廳正式通知調查團，實現蔡希陶所願。但是，教育廳要求調查團在所採得的標本中，檢出一份贈予教育廳，以作酬謝。此亦合乎情理，由此開啟靜生所與教育廳長期之合作。〔註 429〕

11 月 10 日，胡先驌致劉咸信函。

仲熙老弟惠鑒：

奉到六日手書，敬悉一是，大著亦拜讀。尊著《中國民俗學論文》曾接洽出版處否？曩日商務印書館喜刊布此類著述，現在不知如何，可函詢之。此外，Relley & Welsh 似亦可刊行此書也。

得前次手書，曾摘要函詢蕭叔絅先生（當然未告以消息自弟處得來），昨得其復書，知關於渠妹事確是謠言。惟彼對熊之評語亦覺甚為失望。據云吾弟所述各節盡非虛語，但並無提教育費為保安隊

〔註 428〕胡宗剛著《蔡希陶赴雲南採集由川入滇若干史實更正》，公眾號註冊名稱「近世植物學史」，2022 年 07 月 08 日。

〔註 429〕胡宗剛著《雲南植物研究史略》，上海交通大學出版社 2018 年 7 月版，第 36 頁。

用事耳。李中襄之遭人側目，一因其為心遠係中心人物，二為彼在省辦黨，盡力清除反蔣分子，故為段錫朋派之 AB 團（亦即社會民主黨）所切齒，故不惜盡力毀其名譽。蕭先生前在贛時，曾謂彼之工作恐將來一無成績。彼云黨為至大之武器，苟不躬自操持，一入人手為害滋大。似有今日一般辦黨者騎虎難下之勢，第其人尚乾淨，不至藉黨作惡耳。蕭先生與熊尚只一面，當無暇詳為進言，惟經濟局可以成立，陶孟和、何廉兩先生今冬均將往贛計劃社會與經濟調查事。

驌前曾有一長函與熊討論改革省政事，對於彼之興瓷業產銷稅，與效馮玉祥、韓復榘懲人而不顧人之體面兩層，恰作針鋒相對之批評。此外，對於教育徹底改造，以及其他建設事業亦多有建議。據蕭先生來函云，彼對驌所陳頗表欽佩，並云將邀返省共商大政。驌關懷桑梓，如彼來約，自當一行，不過彼究能否從善如流，尚在未可知之數。彼用人不拘細行，驌根本反對，蔣介石已往之失敗，皆由於此。又彼兼教育廳後之所為，不語治道已極，於彼之聲譽殊有礙。苟反省不早，恐彼固將因以失敗，而吾贛復將返於沓冗昏昧之域，則至可痛心耳。

舍甥許君事承令妹關切，至感。如有法安插，尚乞促速為禱。關於史女士事，彼此均主慎重甚是。通函日多，相知日深，自易收水到渠成之效也。

專此，即頌

孽祺

先驌 頓首

〔廿一年〕十一月十日〔註 430〕

11 月 16 日，《政府任命翁君文灝為教育部長感言》文章在《國風》半月刊（第 1 卷第 8 號，第 35～37 頁）發表。摘錄如下：

迺者政府任命翁文灝為教育部長，翁雖不就職，然吾以此不但為國民政府成立以來可喜之一事，即自民國成立以來，亦一特可紀

〔註 430〕周桂發、楊家潤、張劍編注中國科學社檔案資料整理與研究《書信選編》，上海科學技術出版社 2015 年 10 月版，第 59～60 頁。

－531－

念之一事也。吾非謂主持今日中國之教育，捨翁君莫屬。蓋謂在今日贪競爭奪，黨同伐異，朋比為奸，政治窳敗至於極點之時，尤其在一黨專政之標幟之下，乃能念及一質樸無競，無任何黨派關係，腳踏實地之科學家，任以人所必爭之教育部長要職，乃一極可紀念之事也。在歐美各國，科學家任政府要職，固常見之事，如法國大數學家班樂衛之為內閣總理，即其著例。自民國以來，以科學家任總長之職亦有數人，然與翁君之任命有異者，即在他人皆不免有黨派關係，而亦不免有營求之心，在翁君則不然，此其所以可紀念也。國難以還，政府屢次宣布竭誠與人民合作，然惜尚無事實以證明之。任一超然之科學家如翁君者為教育部長，故無論其肯否就職，政府與民更始之信念，乃始有一證明之事實。歐美日本邦學術界知翁君者甚多，亦將以此事揣度政府之態度，而知其有改良政治之決心，故余再三認之為可以紀念之事也。

翁君在國內學術界之清望，固無煩余為之論列。然一般社會不深悉在中國創造建設事業之艱難者，或不能瞭解翁君成就之偉大。地質調查所為丁文江君所首創，然丁君中途另營他項事業。十五年來始終其事，積銖累寸，與惡劣之環境搏鬥，使中國地質調查所維持至今，耗材最少，成績最大，與歐美各國爭光媲比者，要以翁君一人之力為多。在軍閥時代，翁君一方面極力發展其事業，一方面復須與部中不學無術之長官相周旋，不即不離，恰到好處。驟觀之不過庸行，實則其苦心敏腕，我盡人所不能為焉。至國民政府成立之後，大學院與實業部咸爭此有成績之學術機關之管轄，而同時不肯與以充分之經濟以維持其事業，幾經奔走接洽始復其舊。至今仍賴中華教育文化基金會補助以鉅款，此等甘苦捨少數人外，誰復知之！至所中之行政，翁君昕夕從公，以身作則，不妄用一私人，不浪費些許國幣。政府統轄之機關，連國立各大學在內，於此數點，在全國殆無其匹。至地質調查所在學術上之貢獻，則國內國外，有口皆碑。不但北京猿人之發現，為一般社會所盛稱；其尤難能可貴者，則以翁君及調查所中諸技師之努力，已使中國在地質學上之貢獻，凌駕吾強鄰日本而上之。夫此種種亦僅學術界少數之人知之，一般社會，即欲求知之亦無從也。

翁君為人，辦事既切實，應付人事之手段復靈敏，同時不但於地質學之專門學問有極深之造就與多量之經驗，而在中國科舉時代曾取得功名，留學歐美復有多載，其專門學以外之學問與卓識，亦在儔輩之上。故翁君苟誠肯任教育總長者，必能為吾國教育開一新紀元，殆無疑義。

然自其知交之眼光觀之，翁君之不就教育部長之任實為得計。蓋斯職雖崇高，可以傚忠於國家，造福於全國教育者雖大，然一捲入政治漩渦，則易得求全之毀。余嘗謂中國無公論，在今日小人道長之世，不如明哲保身之為愈。即退一步言之，居政府要職，則精力更多耗於人事之周旋，每每事倍而功半。以視繼續維持光大其手創之事業，人莫與競，以贏得身前身後名者，優劣寧待蓍龜而後決？翁君之不就任，大亦正以此耳。

余以為政府果欲任翁君以要職者，與其任之教育部長，無寧任之為實業部、鐵道部、交通部長之為愈。蓋實業之建設在中國今日最為重要，以翁君辦事之手腕，與綜覈名實腳踏實地之治事精神，假以歲月，成實必極偉大。鐵道、交通兩部素為弊藪，興革之需要百端，尤需翁君等廉潔守正之人以徹底改革之。至於教育重任，勝任者似尚有他人焉。

總而論之，翁君此次之任命，在政府為表示其求治之態度，且可一新全國之視聽，實至可稱道之事。就任與否，於翁君之令譽初無所增減。惟至少可表視在今日之中國，公道尚未全滅。苟政府能儘量發揮此種求治之精神，須知在野而可負政府重任者，尚有人在。倘能不以黨派異同而有歧視之心，則求舉國一致，共救危亡，亡羊補牢，尚未為晚也。〔註431〕

11月18日，胡先驌致雲南省建設廳張邦翰廳長信函。

蔡希陶在昆明還與雲南省建設廳聯繫，獲悉該廳對木材研究甚有興趣，即馳函胡先驌，告知此信息。是時，靜生所已成立木材試驗室，但所研究的僅是華北所產木材，若能與雲南省建設廳合作研

〔註431〕胡宗剛撰《胡先驌先生年譜長編》，江西教育出版社，2008年2月版，第178～180頁。

究雲南木材，豈不是件好事。胡先驌不放棄任何一次可能機會，乃
致函建設廳長張邦翰。函云：「茲據敝所採集員蔡希陶君來函謂，貴
廳對於中國木材之研究深加注意，殊足慶幸。查此項研究與吾國工
程及森林上關係甚大，敝所有見及此，對於中國木材已作大規模之
採集與研究。茲奉上正確定名之河北木塊一束，華北闊葉樹木材之
鑒別論文一篇，木材之顯微照片數幅，至希查收為盼。貴省林木之
蘊藏極富，倘能及時加以研究，對於中國建設之前途，如飛機國防
等之設備關係均大。倘貴廳通飭所屬，將樹木之大枝徑四五吋一小
段，連同該樹之花或果、葉，製成蠟葉標本，每種編以同樣之號數
（蠟葉標本請郵寄），妥為裝箱轉運敝所，即可加以研究，並可以代
為鑒定物種名相告。貴廳如材料甚多，運費過巨，敝所可以擔負一
部分或全部，諸希察知為感」。胡先驌先示善意，以求合作。但此次
並未獲得建設廳積極響應，想必是建設廳沒有人才去採集木材標本。
而靜生所對雲南的木材標本之需求，只能借助其雲南生物調查團之
收集矣。〔註432〕

11月24日，《中國今日救亡所需之新文化運動》文章在南京中山書局《國
風》半月刊（第1卷第9號，第29～32頁）發表。摘錄如下：

兼弱功昧，古有明訓。夫今日之中國，弱極矣，昧極矣。弱猶
可說，昧則不可說也。苟吾國民仍酣嬉蒙昧如昔，而無大徹大悟之
覺醒，則亡國可立待。蓋以中國今日之現狀，即令吾國與強鄰易地
而處，亦必兼之攻之，斷無反顧也。

吾國國勢所以至此者有三要因：一則晚清之際，秉國鈞者無精
忠體國之誠，與洞徹內外治道之識，故不能救清室之覆亡。二則由
於辛亥以還之革命，但知求治體上之革新，而不知著眼於淑世心理
之改造。而最大之原因，厥為五四運動以還，舉國上下，鄙夷吾國
文化精神之所寄，為求破除舊時禮俗之束縛，遂不惜將吾國數千年
社會得以維繫：文化得以保存之道德基礎，根本顛覆之。夫如是，
求其政治不窳敗，人心不澆漓，國本不動搖者，未之有也。

〔註432〕胡先驌致張邦翰函，1932年11月18日，雲南省檔案館藏雲南省建設廳檔
案，77（2103）。謝立三抄錄。胡宗剛著《雲南植物研究史略》，上海交通大
學出版社2018年7月版，第36～37頁。

　　夫政治與經濟等制度固為立國之根本，然徒法不足以自行。苟人心澆漓，則一切良法美意，皆等於空論。溯吾國自庚子亂後，政權曾由預備君主立憲一變而為代議制之共和，再變而為國民黨一黨專政之黨治，所未嘗試者，共產主義與棒喝主義式之專政而已。自政治理想而言，各盡所能各取所需，或為最高尚之治體，然英美法諸大邦，在代議制之共和政體下，治績亦遠非吾國之可比。至蘇俄共產主義政制空前之大成功，與意大利棒喝黨之挽回國家之頹勢，尤為吾人所望塵莫及者也。一治一亂所以有霄壤之隔者，則由於吾國人心之澆漓。以中國如此之人心，即使共產黨一旦能奪得政權，蘇俄式建設之大成功亦必不可期，而國之元氣將摧毀無遺，吾民族亦將陷於萬劫不復之境矣。

　　吾國立國之精神，大半出於孔子之學說。老莊佛氏之學雖與之異，而時有以匡翼之。蓋孔子學說為中國文化泉源，與基督教之為歐美文化之泉源相若。然其所以較基督教為優者，則因其無迷信之要素，無時代性，行之百世而無弊也。孔子之道曰正心修身，曰忠恕，曰言忠信、行篤敬，曰無欲則剛，曰貧而樂、富而好禮。此無論在何等政治經濟制度之下，皆為人立身之大本也。苟盡人能如此，則在君主立憲政體之下，國亦可強盛，如今日之英國是也；在代議制共和政體之下，國亦可強盛，如今日法美是也；在獨裁政體之下，國亦可強盛，如今日意大利、蘇俄是也。今日中國之大病，則在士君子階級不能正心修身，言不忠信，行不篤敬，多欲而不能安貧。故居要津者賄賂公行，殖產多至千萬，窮奢極欲，匪夷所思，同時復不能忠於其職，惟知結黨以固位。甚至居清要之人師地位者，其卑鄙營苟與官僚相若，其惡影響之所及，由大學而中學，中學而小學，其毒中人之深，幾至言語道斷。夫如是求不亡國滅種可乎？吾人試一觀五四運動之結果，在政治上，雖助成北洋軍閥之顛覆，與國民黨之執政，而軍閥勢力並未剷除，政治毫未改善。徒使共產黨徒造成闖獻式之大屠殺，而並不能組成有紀律有計劃有施為之左黨，以守法之方法爭奪政權。在文化上，雖造成白話文之新文體，對於普及教育並無若何之貢獻。而文學上之成就，尤不足數。雖誘起疑古運動，對於歷史考古訓詁諸學有不少新事實之發明，然於吾國文

化之精神，並無發揚光大之處。反因疑古而輕視吾國固有之文化，以詛咒自國為趨時。雖儘量介紹歐美之思潮，然於歐西文化之精粹，並無真確之認識，哺糟啜醨，學之而病。提倡新教育，而反使人格教育日趨於破產。高等教育，已近於不可救藥，中小學教育亦每況愈下。日言社會改革，而為社會基礎之家庭先為之破壞，自由戀愛之說流行。而夫婦之道苦，首受其禍者厥為女子。此種文化運動之結果，真使人有始作俑者，百世之下，雖起其白骨而鞭之，猶不足以蔽其辜之感焉。

差幸今日秉國鈞者，已有此路不通之感。溯自北伐軍興，曾左諸人之祠廟，幾摧毀而無遺，洪楊之徒，認為革命之先進。曾幾何時，曾胡治兵語錄，已為軍人之典範矣。革命之初，孔子像屢經舁以遊街示眾，今則以巨幣修孔林矣。昔日之宗列寧而祖馬克思者，今日則幾言必稱堯舜矣。吾非謂在今日之中國，有吳佩孚式之道德救國，便可挽狂瀾於既倒。吾且主張對於政治經濟，須取徹底之社會主義式之改造，使吾國不致重蹈資本主義、帝國主義之覆轍。高尚之自由戀愛，吾亦認為在今日之中國亟應提倡。然根本之要圖，為一種較五四運動更新而與之南轅北轍之新文化運動。所謂苟日新，日日新，又日新者，以革新人心，使知人與禽獸幾希之辨，即在禽獸之行為，純為自然律所支配，而人則不為自然律之奴隸，另須遵循得以生存於文明社會之人的規律。凡食色爭奪之獸性，必須有所節制，而另求理智上道德上之安慰與愉樂。一方對於吾國文化有背於時代性之糟粕固須唾棄，而其所以維護吾民族生存至四千年之久之精神，必須身體力行，從而發揚光大之。則今日之弊政可以廓清，政法經濟上重要之改革，亦可施行而無阻。所謂可使制梃以撻秦楚之堅甲利兵，豈徒救亡云乎哉？〔註433〕

11月25日，《週刊》刊載靜生生物調查所云南生物採集消息。

聞各事業已就緒，除日前已有二人出發昆陽，前往靖邊調查外，其餘即於昨日（二十一日）分為二組，一往普寧、江川一帶，一出

〔註433〕 胡宗剛撰《胡先驌先生年譜長編》，江西教育出版社，2008年2月版，第180～183頁。

宜良，向開廣一帶，約數月後，預算於蒙自集合，將所得標本運送來省後，即往生物最富之迤西調查。本省政府對該團來滇調查，極表歡迎。……北平調查所日前曾致電教廳，申謝幫助。(《週報》，第二卷第32期，1932年11月25日)〔註434〕

12月9日，蔡希陶致龔自知信函。

蔡希陶往滇南，出發之後不久，有一函予龔自知，報告行程和途中見聞，對於良好木材未得開發利用，特加注意。此後，蔡希陶致力於經濟植物之研究，想必其來有自。其云：

仲鈞廳長鈞鑒：

在省多承指示幫助，感銘非一言可盡。上月二十日出發，經宜良、路南、彌勒諸縣，而達西紅水河之畔。沿途皆蒙團局派丁護送，進行極稱順利。西紅水河一名大河，上游即為南盤江，至阿迷始折而東順，此段滿目松林，綿亙數百里不絕，大者可數人圍。枝幹挺秀，極合普通建築之需，且水運四日即達阿迷，運輸亦不為不便，惜現時猶無人設計開採耳。

在邱北境內，擬勾留數日，即東進採集，途程以百色為止，折回時則取道文山之蒙自，自作總合。承派協助之倪梁二君，忍勞勤勉，晚實有得力補助。想異日必能成就專門人才也。

專此謹陳，敬請

鈞安

晚蔡希陶 謹上十二月九日〔註435〕

12月21日，胡先驌致劉咸信函。

仲熙老弟惠鑒：

十二月十八日手書備悉。舍甥事承羅君費心，至以為感。惟事似尚未發表，現在謀事本難，周折自不免，姑稍俟之，以觀下文。

〔註434〕胡宗剛著《蔡希陶赴雲南採集由川入滇若干史實更正》，公眾號註冊名稱「近世植物學史」，2022年07月08日。

〔註435〕希陶致龔自知函，1932年12月9日，雲南省檔案館藏教育廳檔案，1012～005-00657。胡宗剛著《雲南植物研究史略》，上海交通大學出版社2018年7月版，第37～38頁。

關於史女士事，今晨曾召之來與細談。據云關於所謂實際問題，彼與足下意見並無不合；所謂家庭中之經濟負擔，在彼全無問題，而足下再三言之，似尚不能瞭了其真意。驌常聞之丁在君先生云，史女士顧慮之一點，為其為人不善於應付，恐在大家庭中彼雖以誠待人，而時不免為瑣事而引起不快。彼對足下無不滿意之處，惟云在諸次通信中覺足下為人有點「利害」。比即告彼此種觀察，未必可靠，蓋足下深恐新女子與舊家庭不能相容，故表示己意特為明顯耳。以驌觀其為人，忠厚篤實，謹慎膽小，惟鮮應付之才，性情決不乖僻不近人情。以足下之天資，苟能處處為之維護體貼，琴瑟靜好之樂，可以斷言。彼亟盼足下來平為最後之決定。驌意足下亦不致虛此行也。秉師在陰曆年底回南，驌南下之時，在陰曆正月初一以後，盼能提前來數日為要。

蕭叔絅先生來函云，彼與熊純老極力推薦程柏盧先生長贛教廳，熊天翼已首可，惟不知彼到京後，有否變局。又云在江西辦事頗多困難，熊所用之人，人品雜糅，固不乏君子，而亦不乏小人，非盡人能以復興江西為職志也。然苟熊天翼能用柏盧為教廳，則其大公無我之心，亦可大白於世矣。

專此肅復，即頌

孳祺

先驌 拜啟

廿一日〔廿一年十二月廿四日到〕〔註436〕

12月29日，胡先驌致劉咸信函。

仲熙老弟惠鑒：

接奉手書，知不久來平，甚為欣喜。驌定陰曆元旦後南返，擬在京留一星期左右再赴贛，屆時如能同行尤佳。斛克之《喜馬拉耶遊記》，久耳其名，尚未得讀，如蒙惠贈，實所歡迎。餘容面罄不盡。

即頌

年禧

〔註436〕周桂發、楊家潤、張劍編注中國科學社檔案資料整理與研究《書信選編》，上海科學技術出版社 2015 年 10 月版，第 61 頁。

先驌 拜啟

〔廿一年〕十二月廿九日〔註437〕

12 月 31 日，靜生生物調查所第四次年報，委員會委員長：任鴻雋；書記：翁文灝；會計：王文豹；委員：丁文江、江庸、周詒春、范銳、金紹基、王家駒、胡先驌（當然）。

是年，編撰《中國松杉植物之分布》，作為第五次太平洋科學會議論文。
去歲曾被第五次太平洋科學會議邀請編撰《中國松杉植物之分布》一文，稿已寄送。〔註438〕

是年，與胡經甫當選北京博物學會副會長，為期 1 年（1932～1933），會長何博禮。〔註439〕

唐燿對木材研究回憶。
唐燿到靜生所研究木材。在《自傳》中回憶這段歷史：「我到北平以後，胡師告余，木材研究在科學意義上和對經濟上都有很大的前途，囑我好好地準備。當時並借我一本美國耶魯大學雷高德教授（Samuel J. Record）在一九一八年所著的參考資料。此外，所中還藏有一批日本寄來的木材標本。至於如何去研究木材的性質和用途，似乎卻無徑可循了。」〔註440〕

是年，蔡希陶在雲南採集標本。
《靜生生物調查所第五次年報》記載甚詳，摘錄如下：（一九三二年）本年本所動植物部合組雲南生物採集團，由蔡希陶君率領陸清亮、常麟春等前往。蔡君等於二月離平入川，先在川滇交界作精

〔註437〕周桂發、楊家潤、張劍編注中國科學社檔案資料整理與研究《書信選編》，上海科學技術出版社 2015 年 10 月版，第 62 頁。

〔註438〕《社友》第 27 號 1933 年 1 月 20 日消息。張劍、姚潤澤編注中國科學社檔案資料整理與研究《社友》人物傳記資料選編，上海科學技術出版社 2020 年版，第 79 頁。

〔註439〕孫承晟著《萬利普與北京博物學會》，《自然科學史研究》第 34 卷，第 2 期（2015 年），第 191～193 頁。

〔註440〕唐燿，《自傳》，昆明：中國科學院昆明植物研究所檔案。胡宗剛著《靜生生物調查所史稿》，山東教育出版社，2005 年 10 月版，第 47 頁。

密之調查,後至昭通,當分東西兩隊,由陸清亮向東繞入黔境而赴
昆明;蔡君則與猓夷交涉,得其諒解,自率大隊深入大小涼山,歷
險採集,經時兩月,歷程千里,而達建昌,所經區域為以向中外採
集者所未至,搜得植物標本甚豐。八月中旬蔡陸兩隊俱安抵昆明,
與滇省當局重行商洽保護事宜,並得教廳捐款及派員相助,現又赴
滇省東南部,廣西與安南邊境一帶採集,此區為熱帶區域,所得當
亦豐富也。〔註441〕

秉志科研精神值得繼承與弘揚。

　　秉志雖不再任靜生所所長,但他在任幾年所表現出的科學精神
及對事業的敬謹誠篤的態度,乃具極大魅力,繼任者胡先驌皆為之
傳承。為更加瞭解秉志其人,在此再引一段靜生所委員會另一委員,
地質學家翁文灝對秉志的介紹。「如果中國有科學家,立身行己,處
事接物,表現出真正科學精神,足以引起社會的景仰與效法,他的
影響是很大而很好的。中國科學興起甚晚,這樣的人物當然還不容
易產生,但是我們也不是沒有很可佩的人。例如秉志先生,不但是
生物學著作等身,而且二十年來忠於事業,從不外騖。學校散了,
沒有薪水,他一樣的努力工作;經費多了,他也是這樣的努力工作。
標本所得,他便盡力研究,研究有所獲,他從速發表。他的工作只
求一點一滴的進益,並不追求鋪張揚厲的虛聲。這都是真正科學家
的態度。他對於後起的學者,不但盡心指導,而且盡力地拿好的材
料給他做,甚至分自己的薪水幫助他。因為有他這樣的人格,所以
養成中國許多動物學家,莫不仰為宗匠。」〔註442〕

　　是年,派北平靜生生物調查所採集員蔡希陶到雲南的文山、馬關、河口、
鎮雄、靖邊、畢節、巧家採集1800號植物標本。「一九三二年在文山、馬關、
河口、鎮雄、靖邊,畢節、巧家等地採得植物標本一千八百號。」〔註443〕

〔註441〕胡宗剛著《靜生生物調查所史稿》,山東教育出版社,2005年10月版,第72
　　　　～73頁。
〔註442〕翁文灝,《中國的科學工作》,《獨立評論》,1933,34。胡宗剛著《靜生生物
　　　　調查所史稿》,山東教育出版社,2005年10月版,第26頁。
〔註443〕胡先驌著《植物分類學簡編》,高等教育出版社1955年3月版,第4頁。

胡先驌 1932 年主持北平靜生生物調查所時留影

是年，擔任北平靜生生物調查所所長。「後來秉志因為不能兼顧南北兩所，辭去所長，由我繼任。我任此職直至北京解放，靜生生物調查所為中國科學院接收，改組為植物分類研究所為止（在抗日戰爭期間，我雖出任中正大學校長，並未辭去該職，抗戰勝利後仍回該所任所長）。靜生生物調查所在當時是全國規模最大的生物學研究機構。」〔註444〕

是年，蔡希陶在雲南植物採集獲得重要成果。

關於蔡希陶此次雲南之行的收穫，《靜生生物調查所年報》記載甚詳，有云：

本年本所動植物部合組雲南生物採集團，由蔡希陶君率領陸清亮、常麟春等前往。蔡君等於二月離平入川，先在川滇交界作精密之調查，後至昭通，當分東西兩隊，由陸清亮向東繞入黔境而赴昆明；蔡君則……自率大隊深入大小涼山，歷險採集，經時兩月，歷程千里，而達建昌，所經區域為一向中外採集者所未至，搜得植物標本甚豐。八月中旬蔡陸兩隊俱安抵昆明，與滇省當局重行商洽保

〔註444〕胡先驌著《自傳》，1958 年。《胡先驌全集》（初稿）第十五卷人文科學文章，第 656～659 頁。

護事宜，並得教廳捐款及派員相助，現又赴滇省東南部、廣西與安南邊境一帶採集，此區為熱帶區域，所得當亦豐富也。〔註445〕

是年，汪振儒回憶 1932 年中國植物學會成立前的經過。

此前經過一段怎樣醞釀階段，胡先驌未曾寫下緣起之類文字，在 1983 年中國植物學會成立五十週年，在太原召開年會並予以紀念，胡先驌入室弟子戴蕃瑨、汪振儒在一起回顧植物學會成立之前之醞釀過程，汪振儒將其記錄如下：事情發生在 1929 年夏季，秦仁昌當時在中央研究院自然歷史博物館任職，並將出國參加世界植物學大會，戴蕃瑨從東南大學生物系畢業，應陳煥鏞之招，將赴廣州中山大學植物研究所工作，還有左景烈當時也在準備去廣州工作（左景烈係秦仁昌先生內兄，曾在東南大學畢業，去中大植物所工作，後赴英國愛丁堡植物園進修，歸國因精神錯亂而死）。一日相晤於南京八府塘左景烈家中，談論中提及在中國也應及早成立植物學會，以便與國際間的同名學會相互交流學術。戴蕃瑨在去廣東任職時，即將此議告知陳煥鏞先生，徵求意見。陳先生當時正準備去英倫開會，當即說等他開完會回國後再詳細商談如何進行。1930 年暑假，左、戴兩人回南京探親，見到胡先驌先生，也將此意向胡報告，徵求意見。約在 1931 年或 1932 年汪振儒在北京清華大學生物系任助教，因看到鄰國日本已有植物學會組織，並刊有《植物雜誌》連續出版，在世界植物學界頗有聲譽，因而有感而寫信給當時主持靜生生物調查所的胡先生，提出在我國也應從速成立類似的學會，並創刊類似植物雜誌，以利植物科學的發展與推廣。後經李繼侗先生轉告汪，說胡先生收到此信後極表同意，並已積極進行籌備工作，不久當可實現。這是我所知植物學會成立前一點醞釀情況。（原件似為草稿，筆者過錄之時對個別文字作了修改）〔註446〕

編年詩：《呈柏廬丈》。

〔註445〕 《靜生生物調查所第四次年報》，1932 年 12 月。胡宗剛著《雲南植物研究史略》，上海交通大學出版社 2018 年 7 月版，第 30 頁。
〔註446〕 胡宗剛著《胡先驌與中國植物學會之成立》，公眾號註冊名稱「近世植物學史」，2022 年 11 月 01 日。

民國二十二年癸酉（1933） 四十歲

1月7日，董事會會議，當選本年新理事，任期二年。

　　理事會第105次會議記錄（1933年1月7日），本社明復圖書館開理事會，出席者：任叔永、竺藕舫、楊杏佛、胡剛復、周子競、王季梁、楊允中。列席者：路季訥。主席：王季梁，記錄：楊允中。

　　一、討論第二案——科學教育。

　　議決：（1）由本社派員先考察蘇省各中等學校科學教育狀況，以資研究。

　　（2）明復圖書館三樓設立博物院，陳列本國動、植、礦標本及其他參考品（但以目前平津危急，文化機關都預備南遷，應暫留三樓地位，供危險區域各文化機關寄儲重要標本及古物之用），推定秉農山、李仲揆為徵集陳列標本委員。

　　（3）各地採集標本，得送本社代為鑒定。

　　（4）本社生物研究所及其他研究所、調查所如有剩餘標本，請其整理送社，委託科學公司發售。

　　二、第三案——社員分股辦法。

　　議決：將《社員分股名錄》分送各社員，每股如何組織，暫緩辦理。

　　三、本年新理事任期問題案。

　　楊允中說明：本年度起已實行修改章程，理事名額自十一人增至十五人，故本年度除改選五人外另加四人，共計舉出新理事九人。若照每年改選七人之規定，則其中七人之任期應為二年，二人應為一年，可否即以抽籤法定之。

　　議決：用抽籤法，並指定竺藕舫、楊允中當眾代行抽籤。其結果如下：

　　任期二年者：丁在君、李儀祉、胡步曾、胡庶華、任叔永、王季梁、周子競。

　　任期一年者：竺藕舫、孫洪芬。〔註447〕

〔註447〕何品、王良鐳編注中國科學社檔案資料整理與研究《中國科學社董理事會會議記錄》，上海科學技術出版社2017年版，第176～178頁。

1月10日，胡先驌致劉咸信函。

仲熙老弟惠鑒：

　　六日手書拜悉。此間以榆關陷落，一時謠言蜂起，遷徙者頗眾。然華北將領確已決定抵抗到底，灤河、熱河一帶以及平市防務均極周密。據外交界西人觀測，兩月內必無他虞，故足下此時來平，甚為妥當。驌舊曆年初須南下。南下之前甚欲將此事得更前進一步也。秉師已南歸，並聞。專此，即頌

春禧

先驌 拜

〔廿二年〕一月十日〔註448〕

1月17日，初步提出盧山森林植物園的設想。

　　胡先驌所長在靜生生物調查所委員會第十一次會議上，提出議案：「華北情勢終難樂觀，擬先在盧山籌建分所，以作將來遷徙基礎。」有委員認為遷所尚未至其時，故未將提案議決。此為胡先驌在正式場合下，首次提出在盧山建設植物園之議，雖未議定，但絲毫沒有影響其決心。〔註449〕

1月17日，丁文江認為將靜生生物調查所重要物品轉移。

　　丁文江於中基會事務所出席該會靜生生物調查所委員會會議。會議主要討論在目前華北局勢緊張的形勢下，該所重要儀器、標本是否有必要轉移的問題。丁文江認為可將貴重物品裝箱保存，以備萬一。〔註450〕

1月17日，江西省政府主席熊式輝邀請胡先驌等江西籍國內著名專家商討江西發展大計。胡先驌認為江西及全國都是農業為主，農業又和人們生活、生產密切相關，應該加強農業方面的研究。雖然我國古代農業發展取得輝煌成

〔註448〕周桂發、楊家潤、張劍編注中國科學社檔案資料整理與研究《書信選編》，上海科學技術出版社 2015 年 10 月版，第 63 頁。

〔註449〕《靜生生物調查所委員會議記錄》，中國第二歷史檔案館，609（3）。胡宗剛著《盧山植物園最初三十年》，上海交通大學出版社，2009 年 7 月版。第 13～14 頁。

〔註450〕宋廣波編著《丁文江年譜》，黑龍江教育出版社，2009 年版，第 387 頁。

績，在農業研究方面也有巨著出版。隨著世界科技突飛猛進，農村要發展，必須依靠現代農業技術推廣和應用，這樣才能讓農民有飯吃、有衣穿，物質豐富，人民才能安居樂業。江西應該成立以農業行政、農業研究、農業推廣、農業教育為一體的綜合性機關，這一建議得到熊式輝主席認可。經過多次醞釀，成立江西農業院，並設有理事會，聘國內農學著名專家為理事。胡先驌也擔任理事。

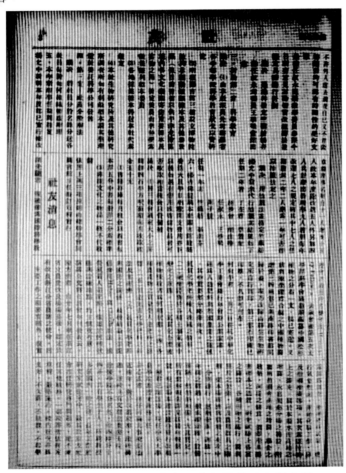

胡先驌被舉為國際科學教授會評議員並名譽會員

1 月 20 日，被舉為國際科學教授會評議員並名譽會員。「胡先驌君：現被舉為國際科學教授會評議員並名譽會員（Honorary Fellow）。」〔註451〕

〔註451〕 《社友》第 27 號 1933 年 1 月 20 日消息。張劍、姚潤澤編注中國科學社檔案資料整理與研究《社友》人物傳記》資料選編，上海科學技術出版社 2020 年版，第 79 頁。

1月20日，《中國植物圖譜》第三卷書稿存商務印書館，商務印書館因火，書稿被燒毀，好在留有備用稿，沒有造成毀滅性破壞，改由靜生生物研究所自行刊印。「又前與陳煥鏞君合編之《中國植物圖譜》第三、四卷已與商務印書館同歸於盡，現乃改歸由靜生生物研究所自行刊印，第三卷石印圖已印畢，不久即可刊布。」〔註452〕

1月，譯、哈第著《世界植物地理》，共213頁，王雲五主編《百科小叢書》，商務印書館初版。

目次

〔註452〕《社友》第27號1933年1月20日消息。張劍、姚潤澤編注中國科學社檔案資料整理與研究《〈社友〉人物傳記》資料選編，上海科學技術出版社2020年版，第79頁。

静生生物調查所所長，美國哈佛大學科學博士胡先驌和國立中山大學農林植物研究所所長，美國哈佛大學森林學碩士陳煥鏞編纂《中國植物圖譜》，1927 年第一卷、1929 年第二卷商務印書館出版；1933 年第三卷、1935 年第四卷、1937 年第五卷静生生物調查所出版。

　　1月，與陳煥鏞編撰《中國植物圖譜》（Icones Plantarum Sinicarum）（第三卷），共50頁，有50圖版，靜生生物調查所印行。封面從右到左，上下排，印倆位著者工作單位，職務及畢業大學，專業，學歷等，與第二卷封面著者工作單位、植物有所不同。靜生生物調查所所長、美國哈佛大學科學博士胡先驌；國立中山大學農林植物研究所所長、美國哈佛大學森林學碩士陳煥鏞編撰。

　　2月10日，倪琨、梁國賢致李澍信函。

　　　　工作三月後，百元不夠應用，旅次文山時，倪琨、梁國賢聯名致函農業學校校長李澍稱：「生等此次奉派參加補助調查工作，雖備歷艱苦，在所不計，惟主要在採集標本，實地調查，勢必登山越嶺，深入澗谷，荊天棘地，衣服不保，鞋襪更費，其餘一些用度力行節儉，而每月計算，每人非二百元不敷。生等離家太遠，匯兌無方，現向團中各借用二三百元，究非長遠之策，處此困難情形，惟有請鈞長轉請教育廳，俯念下情，每月每人增加津貼百餘元，以資補助，而免受累。」校長認為兩名學生所呈各節，尚屬實情，擬請教育廳同意所懇。於是，教育廳增加津貼每人每月50元滇幣。一年期滿後，每人每月又增加100元，合計250元。〔註453〕

　　3月1日，蔡希陶致龔自知信函。告知植物標本採集情況：

　　　　「自客歲在省垣蒙貴廳派員助資慨加補助以來，本團即分組向迤南出發。植物組甲隊歷經宜良、路南、彌勒、邱北、文山、馬關諸縣，沿途發現森林頗多，且皆為以前中外採集隊所未至者，故獲得新穎標本不少；乙隊經晉寧、江州、華寧、通海、建水、靖邊等縣，對於靖邊之大圍山調查尤詳。計二隊所得共蠟葉標本800餘號，木材標本20號。動物組專在江川、通海、建水、石屏一帶，長駐採集，獲魚類2000號、鳥類200號。現在蒙自採集已盡大半，約於三月底可運輸標本回省清理，完結當以一全份贈交貴廳民眾教育館陳列，以答貴廳扶助本團自然科學之盛意。唯此次在迤南採集，因各地生活程度昂高異常，一切耗資皆超出預算倍餘，本團存省款項各組支取應用，迄今接得報告謂全數已將告罄，對於本團日後開支勢

〔註453〕轉引自李澍呈教育廳函，1933年2月10日，雲南省檔案館藏教育廳檔案，1012-005-00657。胡宗剛著《雲南植物研究史略》，上海交通大學出版社2018年7月版，第38頁。

將不能維持。除立電北平本所續匯接濟外,唯恐途遠郵匯不及濟急,特函請鈞廳將慨蒙補助之尾數提前發給,以資急用而利工作,實沾公便,如蒙允諾,即請發交鈞廳周雲蒼君代領為荷。」〔註454〕

3月1日,胡先驌致劉咸信函。

仲熙老弟惠鑒:

手書敬悉,當即持示史女士,彼亦覺釋然,度不日仍有函奉復也。北平科學社社友會分會提議改良《科學》雜誌,以驌與任叔永、翁詠霓、葉企孫、唐擘黃、曾昭掄諸先生負責,每人擔任編一期,最早一期歸驌擔任,五月底集稿。擬請足下與曾省之各作文一篇。足下可作一文,論近來歐洲研究民物學之趨勢與方法(每文題目之下,請列現在所任之職名),及中國研究此種學問之必要,與如何下手之方,及應注意之問題。省之之文請彼先述西人研究中國產寄生蟲學之歷史,及中國學者研究斯學之現況,以及將來在中國研究應取之何種方針。現壽理初、張震東所擔任魚類、鳥類兩篇皆用同樣之編制法,其他群動物亦將覓人作同樣之文,將來可匯為專書,亦啟迪後進之要著也。

尊著務請於五月底寄下,省之之文如能早寄最好,然稍遲些時亦無大礙。請即轉達,恕未專懇。

專此,即頌

春祺

先驌 頓首

〔一九三三年三月〕一日〔註455〕

農曆3月1日,北平靜生生物調查所特組雲南調查團主任蔡希陶致龔自知信函。

〔註454〕 蔡希陶致龔自知函,1933年3月1日。轉引自浙江省東陽市委員會文史資料委員會編:《東陽文史資料選輯‧蔡希陶史料專輯》第10輯,1991年11月,第222頁。胡宗剛著《雲南植物研究史略》,上海交通大學出版社2018年7月版,第38~39頁。

〔註455〕 周桂發、楊家潤、張劍編注中國科學社檔案資料整理與研究《書信選編》,上海科學技術出版社2015年10月版,第64~65頁。

敬啟者：

自客歲在省垣蒙貴廳派員助資概加補助以來，本團即分組向迤南出發，植物組甲隊歷經宜良、路南、彌勒、邱北、文山、馬關諸縣，沿途發現森林頗多，且皆為以前中外採集隊所未至者，故獲得新穎標本不少；乙隊經晉寧、江川、華寧、通海、建水、靖邊等縣，對於靖邊之大圍山調查尤詳，計二隊所得共臘葉標本八百餘號，木材標本二十號。動物組專在江川、通海、建水、石屏一帶、長駐採集，獲魚類二千號，鳥類二百號。現在蒙自道採集已盡大半，約於三月底可運輸標本回省清理，完結當以一全份贈交貴廳民眾教育館陳列，以答貴廳扶持本國自然科學之盛意。惟此次在迤南採集，因各地生活程度昂高異常，一切耗資皆超出預算倍餘，本團存省款項各組支取應用，迄今接得報告謂全書告罄，對於本團日後開支勢將不能維持。除立電北平本所續匯接濟外，惟恐途遠郵匯不及濟急，特函請鈞廳將概蒙補助之尾數提前發給，以資急用而利工作，實沾公便，如蒙允諾，即請發交鈞廳周雲蒼君代領為荷。

此致

雲南教育廳廳長冀

北平靜生生物調查所特組雲南調查團主任　蔡希陶

民 22 年 3 月 1 日〔註 456〕

3 月 18 日，新修《廬山志》完稿。時年 81 歲的陳三立為新志撰序，著名學者、思想家章炳麟為新志題詞。新編《廬山志》最顯著的特點，在於運用了科學觀點和現代科學技術，對廬山的自然環境進行科學的描述；體例上有很大的創新；借鑒前人成果時既有承繼，又不拘泥。吳宗慈修編的《廬山志》是廬山歷史上地方志修編最科學、最完整的一部，其中的地質篇由李四光撰稿，植物篇由胡先驌撰稿。〔註 457〕

3 月 9 日，胡先驌致劉咸信函。

仲熙老弟惠鑒：

〔註 456〕旭文、王振淮、曉戈著《蔡希陶傳略》，國際文化出版公司，1996 年版，第26 頁。

〔註 457〕資料來源：2022 年 8 月 12 日廬山之家網。

　　三月五日手書奉悉。史女士之行為甚為可惜，然凡事似有命定，不可強求也。承允作文，至感。《歐戰後生物學之進步》尤為有趣味之題目，盼能整理後寄下。惟一期中生物文字不能過多，仍請盡先作一關於人類學文，以供驌所編之一期之用也。省之允作文，至感。

　　蔡作屏不能久留，自無問題。郭任遠現有長浙江大學之訊，蔡恐隨之而往，則中大生物系自當改組。孫本文既相邀，驌意可允之，最好能開一社會人類學系，庶幾名義較正。驌近與湯佩松博士數數通函，知為中國植物生理學家第一。驌曾為之謀任北大研究教授講席，以北大經濟無辦法而中止。前聞胡剛復先生重任中大理學院長，乃作一長函介紹，孰知彼尚未到校。驌此時又不欲致函羅志希，茲特將致胡先生原函（附函二）寄上，請轉致孫本文（驌未曾與之謀面），看彼能與羅相商談決定聘請否。如能聘湯君者，請彼電覆，以便與湯君通函也。平津形勢危如累卵，敝所現正籌處變辦法，故行期尚未定。即便南行，恐亦無暇往青島也。

　　　　專此，即頌

緘祺

　　　　　　　　　　　　　　　　　　　　　　　驌　拜啟

　　　　　　　　　　　　　　　〔一九三三年三月〕九日〔註458〕

3月12日，胡先驌致劉咸信函。

　　仲熙老弟惠鑒：

　　　　前復一函，計日已達。茲有懇者，舍親桂秉華女士，撫州人，今年在中央大學物理系畢業。其天資極高，對於無線電學頗有研究，下年度頗欲在大學任助教，不知吾弟能代為介紹至青大物理系否？如荷玉成，感且無既也。

　　　　專此，即頌

緘祺

　　　　　　　　　　　　　　　　　　　　　　　先驌　拜啟

　　　　　　　　　　　　　　　　〔廿二年三月〕十二日

〔註458〕周桂發、楊家潤、張劍編注中國科學社檔案資料整理與研究《書信選編》，上海科學技術出版社2015年10月版，第66～67頁。

　　大著《論盤瓠》文拜讀，甚喜。所舉 Shaka 是畲客否？畲本作
輋，王陽明在贛南、湘南、粵北所征服之三峒即此輋。現浙江麗水、
景寧、雲和、遂安、平陽一帶皆有之，且已移徙至蘭溪。以居麗水、
景寧者為最野，居雲和、遂安者為最文明，占雲和居民三分二。在
前清有中鄉舉者，藍絢即畲人也。惠州、潮、梅一帶之客家，恐亦
為此民族，或雜有南宋時代自北方遷居之漢族，然客家恐非純粹漢
族也。左景烈在平時，驌曾與之相商談，請彼為領導者組織海南動
物採集隊，足下如能偕行為民俗學研究，所獲必多，幸加以圖之。
又及。〔註459〕

　　3月14日，建議創辦江西省農業院，正式成立，推薦董時進當院長。宗
旨為「謀江西全省農業技術之改進，與農村生活之改善，主管全省之農業試驗，
農業推廣與農業教育」。辦公地址在南昌縣蓮塘伍農崗。統一負責全省農業科
研、教育、農業技術推廣等工作，也是全國最早建立農業科研機構之一。

　　　　熊式輝便請籌劃設立江西省立農業院，幾經波折，農業院算是
成立了。熊式輝本來要我擔任院長，我因鑒於地方情形的複雜，又
不肯丟掉靜生所的事業，我便介紹董時進去做院長。〔註460〕我與鄒
秉文等任該院理事。〔註461〕後來又與農業院合作創辦廬山植物園。
這種關係是後來熊式輝推薦我為中正大學校長的一種原因。〔註462〕

【箋注】

　　董時進（1900～1984），四川省墊江縣（現屬重慶市）人，1924年獲美國康奈爾
大學農業經濟學博士。1925年回國，擔任北平大學、四川大學等校農學院教授及院長，
主編《現代農民》月刊，創辦重慶大新農場，發起成立中國民主同盟，創建中國農民
黨。1949年12月，董時進曾誠懇上書毛澤東勸阻土改。然而，他對中國土地經濟和

〔註459〕周桂發、楊家潤、張劍編注中國科學社檔案資料整理與研究《書信選編》，上
　　　　海科學技術出版社2015年10月版，第68頁。
〔註460〕胡先驌著《對於我的舊思想的再檢討》，1952年8月18日。《胡先驌全集》
　　　　（初稿）第十五卷人文科學文章，第641～646頁。
〔註461〕胡先驌著《自傳》，1958年。《胡先驌全集》（初稿）第十五卷人文科學文章，
　　　　第656～659頁。
〔註462〕胡先驌著《對於我的舊思想的檢討》，1952年8月13日。《胡先驌全集》（初
　　　　稿）第十五卷人文科學文章，第629～640頁。

農村社會另闢蹊徑的分析和精準概括的結論，被今天的中國政府一一重新認可。1950年到香港，1957年到美國，1984年在美國去世。著《農業經濟學》《中國農業政策》《國防與農業》。

3月15日，胡先驌致劉咸信函。

　　仲熙老弟惠鑒：

　　　　大示敬悉。關於湯君入中大事，誠有如所云者，然湯君並非東大生物系舊人，蔡作屏或不至固拒，且其學問卓越如是，彼或不便作拒絕之語。鄙意此函可發，至少令孫君與羅志希心目中有此人也。古北口又陷，平津局面不知如何，殊令人心痗。喜峰口之勝不知果如報上所說否。覆巢之下無完卵，亦只有聽之而已。

　　　　專此，即頌

　　孌祺

先驌　頓首

〔廿二年三月〕十五日〔註463〕

3月，赴江西，討論江西農業院方案諸事。

3月，當選北京博物學會會長。

　　胡先驌君：三月間應江西省熊主席之請赴南昌，代擬組織江西農林院計劃。現已事畢回北平，近被舉為北京博物學會會長。〔註464〕

胡先驌君：去歲春應江西熊主席之請，赴南昌商議組織江西農業院。〔註465〕

4月3日，董事會會議，加推胡先驌為年會籌備委員會委員。

　　理事會第107次會議記錄（1933年4月3日），明復圖書館會議室開理事會議，出席者：王季梁、周子競、胡剛復、楊允中。主

〔註463〕周桂發、楊家潤、張劍編注中國科學社檔案資料整理與研究《書信選編》，上海科學技術出版社2015年10月版，第69頁。

〔註464〕《社友》第32號1933年5月10日消息。張劍、姚潤澤編注中國科學社檔案資料整理與研究《〈社友〉人物傳記》資料選編，上海科學技術出版社2020年版，第93頁。

〔註465〕《社友》第37號1934年1月25日消息。張劍、姚潤澤編注中國科學社檔案資料整理與研究《〈社友〉人物傳記》資料選編，上海科學技術出版社2020年版，第112頁。

席：王季梁。

（一）楊允中報告：

1. 北平地質調查所贈送本社中國猿人頭骨模型一具。

2. 生物研究所新屋，前託慎昌洋行重做油毛氈屋頂，業已完成，但以屋頂圍牆不佳，仍有漏水，近又託該行拆砌，牆下亦鋪油毛氈，以資完密。滬社老屋全部屋頂，依據上次議決案，由慎昌包工重做油毛氈，亦已完工矣。

（二）中華留德機械電工學會來函，該會發行期刊絀於經費，擬與本社合作，每年四月、十一月二期《科學》作為該會專號，由該會負責編輯，由本社出版發行。是否可行，請公決案。

議決：歡迎合作，其辦法如下：（1）每年預定兩期作為工程專號，每期中指定一大部分專登該會文稿，並於封面上注明「本期編輯與某某學會合作」字樣。（2）稿件應經本社審閱，最後取捨之權屬於本社編輯部。

（三）加推胡先驌為年會籌備委員會委員。〔註466〕

4月25日，胡先驌致劉咸信函。

仲熙老弟惠鑒：

回平後得讀手書，備悉一切。在京時，晤見嚴楚江，知中大一切仍是不振作。生物系主任若不得人，終不能恢復昔日之盛況也。聞秉師云青大生物系精神極佳，吾道其東乎？一笑。史女士衷懷褊狹，殊非所期，結果如此，未始非足下之福。王女士方面可成就否，便中乞示。

此次在贛得晤令妹，惜無暇參觀女校。前足下允為《科學》撰稿，望速惠寄，蓋手中一期之稿只得其半數篇幅，所缺尚多也。在贛晤熊天翼，其勇於任事與明斷之識力，極可佩。驌與之會晤只兩次，而徹底改革江西農業之計劃已通過，將以二十五萬元設立一農林院，聘趙連芳博士與馮澤芳主持其事。苟無意外阻礙，七月必底於成，江西之農業始有希望。蕭叔絅先生與熊甚為水乳，熊已薦為

〔註466〕何品、王良鐳編注中國科學社檔案資料整理與研究《中國科學社董理事會會議記錄》，上海科學技術出版社2017年版，第181～182頁。

省委矣。此次抵贛，始知蕭實中（叔絅先生之長兄）為人多可議，謠諑之興，或此公所召，然絕非事實。蕭妹驌正為楊俊階（東大生物系同學）作介紹也。

夏間驌將命吳長春來青研究矽藻，渠在此研究淡水矽藻，成績頗佳，將來大有成功之希望也。餘容後陳。

即頌

犖祺

先驌　拜啟

〔廿二年〕四月廿五日〔註467〕

4月28日，胡先驌致陸文郁信函。

辛農先生惠鑒：

久別為念，自贛北歸，接讀手教，並收到《植物名匯》稿第六冊，敬悉一是。敝所南遷之說早成過去，近惟靜觀形勢，至必要時以重要書籍標本遷至安全地方耳。所需《彙報》茲特檢寄，並將秦君新著之《中國蕨類研究》一冊亦寄上，價目另開，即希察知。《廬山志》正在印刷中，出版後即將奉寄也。

此復即頌

臺安

胡先驌　拜啟

四月廿八日（1933年）〔註468〕

5月17日，胡先驌致盧作孚信函。

作孚先生惠鑒：

擬於七月初旬或中旬入川，俞季川君想已奉到，屆期貴公司直航船有何艘，約在何日在南京與漢口起碇，望示知。並將半價證寄下為要（內人、小兒擬偕行）。所談惲君以妻病，不能來川，驌又詢問前東大植物系畢業李君鳴岡，不知彼肯擔任此事否。李君本在金

〔註467〕周桂發、楊家潤、張劍編注中國科學社檔案資料整理與研究《書信選編》，上海科學技術出版社2015年10月版，第70頁。

〔註468〕胡宗剛撰《胡先驌先生年譜長編》，江西教育出版社，2008年2月版，第186頁。

大林科肄業有年，後轉東大，從驌習植物分類學，曾任江西廬山林場職，現任瀋陽某中學校長，人極精幹，學問卓有根底。彼有不願留瀋之意，如彼肯入川，必能為西部科學院一重要人物也。詳情俟得渠復書再告。

專此敬頌

臺安

弟　胡先驌　頓首

五月十七日（1933 年）〔註469〕

5 月 23 日，胡先驌致劉咸信函。

仲熙老弟惠鑒：

接奉手書，備悉一是。令妹之事大白，聞之極喜。贛省學政黨派傾軋，可悲亦可笑也。散原丈題簽已寄來，今寄上，乞查收。今年庚款停付問題尚未解決，即不停付，然去年以停付關係致有虧累，故聞基金會今年政策，除舊有補助事業外，凡新事業概不補助，至明年再說。故貴校海濱生物研究所今年請款恐不能通過，然今年正有科學社生物研究所與敝所合作之議，將來基金會補助下生物學研究事業或有在一委員會指導之下進行之可能，則貴校海濱生物研究所亦正有得基金會補助之可能，尚望積極進行為要。

專此肅復，即頌

攣祺

先驌　拜白

〔廿二年〕五月廿三日

省之同此，不另。〔註470〕

5 月 24 日，蔡希陶致胡先驌信函。

步曾夫子函丈：

連日採集大滿人意，烤製不暇。滇南天氣較熱，雨水豐多，山谷中木本植物叢生，競著美麗之花果。生每日採集時，回顧四周，

〔註469〕黃立人主編《盧作孚書信集》，四川人民出版社，2003 年版，第 75 頁。
〔註470〕周桂發、楊家潤、張劍編注中國科學社檔案資料整理與研究《書信選編》，上海科學技術出版社 2015 年 10 月版，第 71 頁。

美不勝收，手忙足亂，大有小兒入糖果鋪時之神情。預計今歲總可獲六千號左右也。

屏邊開化較晚，除 Augustine Henry 昔日曾來此小遊外，其他洋人採集員罕有蒞臨者，是故此間或能多得新奇之品種也。前在昆明郵寄標本，海關需要海關監督之准許書，於是經過幾番轉諮之等因，惟此耽擱十餘日，始得寄出。今歲標本更多，應由所內請發財政部免稅獲照，說明於今年內由生隨時交蒙自或昆明海關驗明發還，不必書明投寄次數與包裹數目，俾生隨時可郵寄包裹回平。種子到底應如何著手採集，秦子農先生猶未見來信示知。蕨類已儘量搜集，惟較大者，殊難收拾，根部實更難顧全，不知宜如何處置。

肅此謹稟，敬頌

鈞安

生　蔡希陶　稟

五月二十四日（1933 年）〔註471〕

5 月，生物學博士黎國昌著，國立中山大學生物學主任董爽秋博士校，北平靜生生物調查所所長胡先驌博士校，博物學教員陶履通校，《新編初中生物學》，依據部定教材大綱和應定教學進度，6 月初版，廣州市天香書屋印行。1936 年依照教育部修正課程標準改編，1936 年 4 月第 7 版。

5 月至 11 月，派靜生所蔡希陶再次赴雲南西北部及西部高山區域調查採集，至怒江及瀾滄江流域的大理、上帕等地，共計臘葉標本 3500 餘號，35000餘份，木材標本 70 種。

6 月 7 日，召開中基會靜生生物調查所委員會會議。

會議在討論該所研究方向時，有人提議因中基會補助之款有限，該所應注重有實用性的研究工作，以此爭取社會的經濟幫助。翁文灝表示：「科學研究雖不能不顧及實用，但亦不可捨棄純粹研究而專求實用，每每實用之結果，即由純粹研究得來，故二者皆須顧及。」〔註472〕

〔註471〕胡宗剛撰《胡先驌先生年譜長編》，江西教育出版社，2008 年 2 月版，第 187～188 頁。

〔註472〕李學通著《翁文灝年譜》，山東教育出版社，2005 年 10 月版，第 90 頁。

6月9日，胡先驌致劉咸信函。

　　仲熙老弟惠鑒：

　　　　六月五日手書，並《歐戰後生物學之進步》一文已收到，謝謝！惟其中不無可商之處，擬擅自修改，再行寄出。東大出《大學叢刊》甚佳，惟盼對於稿件詳加抉擇，勿蹈武大、粵大《理學叢刊》之弊為要。

　　　　專此奉復，即頌

　　瑑祺

先驌 拜啟
〔廿二年〕六月九日〔註473〕

　　6月，Distribution of Taxads and Conifers in China（中國紅豆杉和針葉樹的分布）刊於 Proc. 5th Pacific Sci, Congress (Canada)《第五次太平洋科學會議論文集》，Univ. of Toronto Press，（多倫多大學出版社）1933版，第3273～3288頁。

　　夏，江西省農業院成立，當選理事。「夏間農業院成立，理事中另有社員程時煃、蕭純錦、鄒秉文、謝家聲、趙連芳諸人。」〔註474〕

　　夏秋，靜生生物調查所派員進行動物標本採集。

　　　　《第五次年報》：唐善康君於今年夏秋二季赴河北省西部及南部採集，共得脊椎動物八百餘件；張春霖君則在北平附近採集魚類、兩栖類；何琦君於五六月間赴浙江採集昆蟲，七月中又赴青島、濟南採集，所得昆蟲標本亦多。閻敦建君於五月中出發至浙江鎮海、寧波、定海、普陀、象山、南田、玉環、溫州、瑞安、平陽、金鄉、炎亭以及與福建交界之鎮下關等處採集軟體動物標本，後更轉赴廣東之香港、九龍、澳門、江門、陽江、水東以及廣州灣等處採集，於十月返所，所得標本亦多。〔註475〕

〔註473〕 周桂發、楊家潤、張劍編注中國科學社檔案資料整理與研究《書信選編》，上海科學技術出版社2015年10月版，第72頁。

〔註474〕 《社友》第37號1934年1月25日消息。張劍、姚潤澤編注中國科學社檔案資料整理與研究《〈社友〉人物傳記》資料選編，上海科學技術出版社2020年版，第112頁。

〔註475〕 《靜生生物調查所第五次年報》。胡宗剛著《靜生生物調查所史稿》，山東教育出版社，2005年10月版，第82頁。

　　7月，胡先驌與鄒秉文、洛夫、謝家聲、吳愷、王枕心、黃文植、許調履等擔任江西農業院理事，熊式輝為理事長，程時煃、龔學遂、文群、蕭純錦、趙連芳、董時進等為常務理事。

　　以熊式輝為首的江西省政府秉承意旨，將農業院的設立提上了議事日程，召開了省政府會議，討論並通過了《改進江西農業計劃大綱》，不久省政府聘請了洛夫、鄒秉文、趙連芳、胡先驌等農業專家和政府官員組成農業院籌備委員會，並由省政府發出聘書，聘請熊式輝擔任理事會主席，蕭純錦等 15 人擔任理事。〔註476〕

　　7月，A Review of the Genus Carpinus in China（中國鵝耳櫪屬的綜述）刊於 Sunyatsenia《中山大學學報》（第 1 卷第 2、3 期，第 103～120 頁）。

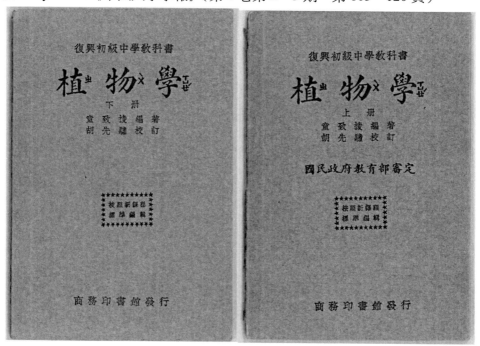

童致棱編著，胡先驌校訂，復興初級中學教科書《植物學》（上下冊）

　　7月，童致棱編著，胡先驌校訂，復興初級中學教科書《植物學》（上下冊），上冊共 130 頁，下冊共 224 頁，商務印書館初版，8 月第 20 版，10 月第50 版。12 月，本書於 1933 年 10 月經國民政府教育部審定，領到教字第 6 號

〔註476〕鄭瑤著《繼往開來貴在斯——國立中正大學農學院研究（1940～1949）》，2019年江西師範大學碩士研究生學位論文，第 12～13 頁。

執照，按照新課程標準編輯，第 65 版。1934 年 12 月第 90 版。1935 年 1 月第 95 版。全書分為上下兩冊，共 10 萬字，分 12 章，附有漢英名詞對照表。前八章敘述高等植物的形態，生理，生態等，包括緒論、植物的基本構造、根、莖、葉、花、果實、種子等。使學者對於植物的生活原理和繁殖方法有充分的瞭解。後四章敘述植物界的大概情形，如藻菌植物、苔蘚植物、蕨類植物、種子植物等。「1936 年，南京國民政府教育部頒布了《修正中學課程標準》，正式規定初中開設植物學課程。這是在我國的中學階段，系統講授植物學知識的開端。當時在國內生物學者編寫的不同版本的植物學教科書中，由童致棱編著，胡先驌校訂的《復興初級中學教科書‧植物學》最受歡迎。該教科書在編寫內容上比較系統和全面，附有插圖 182 幅，被業界認為是當時編寫水平最高的教科書之一，也是當時全國各地採用最多的教科書」。〔註 477〕

8 月 7 日，胡先驌致劉咸信函。

> 仲熙老弟惠鑒：
>
> 　　七月卅日手書備悉，以赴川期迫，遂未即復。桂女士事，蒙鼎力相助，至以為感。足下與王女士婚事，中經波折，幸底於成，幸福無量，可為預卜。青大生物系由足下主持，省之專營海濱生物研究所，可謂二難並，前途發展必無限量也。李君良慶到青，諸承照拂，至以為感。李鳴岡前本允赴西部科學院任主持植物園事，四川已寄旅費，今乃就青大職，一面失卻一難得之事業，一面致驌對盧作孚先生失約。過於計算，反至弄巧成拙，殊為不知也。驌今日到漢，明日登輪入川。九月中旬始回平，屆時當再奉訊。致省之與倪尚達君各一箋，乞轉達。
>
> 　　專此，即頌
>
> 夏祺
>
> 　　　　　　　　　　　　　　　　　　　　　先驌　拜啟
>
> 　　　　　　　　　　　　　　　　〔廿二年〕八月七日〔註 478〕

〔註 477〕馮永康著《緬懷中國現代生物學的開山宗師胡先驌——寫在國立大學第一個生物學系創建 100 週年之際》，2021 年 10 月 8 日。

〔註 478〕周桂發、楊家潤、張劍編注中國科學社檔案資料整理與研究《書信選編》，上海科學技術出版社 2015 年 10 月版，第 73 頁。

8月9日，參加在四川重慶舉行中國科學社第18屆年會，南京、武漢社員在漢口集合，一同乘船社員72人。

　　王璡、周仁、秉志、唐鉞、楊孝述、胡剛復、胡協淵、胡先驌、伍連德、慈綏成、何德奎、劉夢錫、丁燮林、孫昌克、楊石先、丁佶、張鴻基、戴芳瀾、李永振、李振翽、傅耀誠、區國著、顧鼎梅、沈叔遠、葉善定、周格仙、許萱伯、陳丕先、張道宏、陳燕山、杜長明、裴鑒、張凌高、方文培、馬壽微、盛紹章、沈同洽、沈夫人、曾吉夫、曾夫人、張洪沅、張夫人、陶英、陶金鑒、陳邦傑、陳萬宗玲、黃鈺生、黃梅美德、柳無忌、柳高蕩鳴、徐南驥、徐夫人、盧於道、盧邵靜容、楊允中夫人、楊姮彩、楊臣勳、楊臣華、於吟詹、劉思蘭、馬心儀、郭美瑞、張湘紋、葛成慧、朱昌臣、郭鳳鳴、張端珍、歐世璜、許植方、柳大綱、朱振鈞、姚國珣。〔註479〕

8月12日，參加董事會會議，決定愛迪生紀念獎金委員會諸多事項。

　　理事會第110次會議記錄（1933年8月12日），赴年會途中民貴輪內開理事會，出席者：胡步曾、秉農山、楊允中、周子競、王季梁、胡剛復。主席：王季梁。

　　（一）愛迪生紀念獎金委員會任叔永君，交來對於應徵人王邦椿所著《豆腐培養基》一文暨審查意見書二件，提請討論案。

　　本文附有本品原液一瓶，審查者為曾昭掄、吳憲二君，細菌學專家李振翽亦附有意見。

　　大眾意見對於王君之實在貢獻可無問題，惟其論文應加以補充修正，以資完美。

　　議決：請王君對於《豆腐培養基》一文，參考此審查意見加以補充，再提會討論。

　　（二）通過下列十一人為普通社員：

　　區國著（土木）、杜長明（化工）、張凌高（教育）、郭鳳鳴（教育）、馬心儀女士（植物）、朱昌亞女士（醫）、張湘文女士（醫）、馬壽征（農）、彭家元（土壤）、許引明女士（動物）、林紹文（昆蟲）。

〔註479〕　王良鐳、何品編注中國科學社檔案資料整理與研究《年會記錄》選編，上海科學技術出版社2020年12月版，第232頁。

又下列二人為仲社員：

歐世璜（植物病理）、孫克明（無線電）。

（三）議決：以後通過新社員取嚴格主義，凡有請求入社者，應先加以調查。

（四）仲社員陳可培建議：本社編輯西文雜誌，工作繁重，可與中華醫學會合作，以期早觀厥成，並可向中華文化基金會或羅氏基金會請款協助。

議決：照辦，並向中山文化館請款協助。〔註480〕

1933年8月17日，中國科學社十八次年會合影，前排右12胡先驌

8月16日～21日，參加在四川重慶舉行中國科學社第18屆年會。

本年年會到會社友共計一百十八人，又省外來賓三十二人，姓名列下：甘典夔、黃元貫、楊芳、曹玉冰、鄧永齡、張精一、唐建章、羅淑斌、鄭莫歐、柯堯放、曾自強、熊春膏、涂承繼、費宗之、羅伯剛、何應樞、王國源、唐世承、林恕、白美勳、任錫朋、連鼎祥、馮永年、羅紹傑、鄭獻征、丁秀君、漆公毅、楊達權、唐子謙、羅竟忠、羅世裏、王嘉猷、顧鶴皋、袁樹聲、張國權、李鬵儀、周君適、曾健民、左紹先、喻正衡、岳尚忠、羅業廣、汪敷昇、王介祺、張俊如、朱世通、司子和、王德熙、郭谷初、劉伯量、曹伯禹、陳行可、李之郁、熊學慧、賈志欽、李世希、金初銳、胡家榮、楊世才、唐幼峰、胡學淵、曾廣銘、徐修平、陳思明、沈問梅、黃次咸、王季剛、劉嘯松、劉文章、柳高藹鴻、黃鈺生、張洪沅、楊紹曾、丁佶、葛成慧、張鴻基、周子競、陳燕山、李永振、葛綏成、許植方、秉農山、唐鉞、顧鼎梅、周榕仙、張凌高、馬壽征、盧於

〔註480〕何品、王良鐳編注中國科學社檔案資料整理與研究《中國科學社董理事會會議記錄》，上海科學技術出版社2017年版，第199頁。

道、徐乃仁、楊允中、葉善定、胡剛復、劉夢錫、胡博淵、王季梁、馬心儀、劉恩蘭、裴鑒、戴芳瀾、郭鳳鳴、方文培、孫昌克、丁巽甫、何德奎、伍連德、李振翩、張湘文、胡步曾、朱昌亞、杜長明、盛紹章、陳邦傑、陶英、歐世璜、區國著、張道宏、陳宗鎣、曾吉夫。省外來賓：柳無忌、黃鈺生夫人、張洪沅夫人、張端珍女士、於吟詹女士、柳大綱、沈器達，盧於道夫人、徐南驥夫人、楊允中夫人，楊姮采女士、朱振鈞、裴玉芬女士、陳邦傑夫人、陶英夫人、李正蒙、賀劍英女士、傅耀誠、許萱伯、楊臣勳、曾吉夫夫人、楊臣華。〔註481〕

8月16日～21日，參加在四川重慶舉行中國科學社第18屆年會，當選年會委員會、演講委員會等委員。

中國科學社第十八次年會紀事錄，本社第十八次年會，於二十二年八月十六日至二十一日在四川重慶舉行，閉會後並赴成都、峨眉等處遊覽考察。年會職員如下：

年會名譽會長：劉湘。

年會委員會：盧作孚（會長）、曾義（秘書）、季叔平（會計）、胡先驌、何魯、段調元、傅有冑、任鴻雋、溫嗣康、曾德鈺、楊孝述。

論文委員會：秉志（委員長）、竺可楨、翁文灝、饒育泰、王璡、鍾心煊、張雲。

會程委員會：周仁（委員長）、吳有訓、胡剛復、錢崇澍、盧於道、丁燮林、何德奎。

招待委員會：甘典夔（委員長）、何北衡（副委員長）、張德敷、鄭獻征、傅有周、段調元、何文俊。

交際委員會：張表方（委員長）、溫嗣康（副委員長）、吳蜀奇、陳學池、劉航琛、楊懋實、裴鑒。

演講委員會：何魯（委員長）、竇維廉、稅西恒、周君道、王璡、胡先驌、徐乃仁。

〔註481〕王良鐳、何品編注中國科學社檔案資料整理與研究《年會記錄》選編，上海科學技術出版社2020年12月版，第242頁。

本屆年會，經各委員會長時間之籌備，尤以四川社友之努力，川省軍政當局與社會人士之熱忱贊助，得以成功，且為空前之盛舉。各地赴會社員於八月四日集中上海，乘民生實業公司特派年會專輪「民貴」號出發。沿途在南京、大冶、漢口、宜昌、夔府、萬縣、酆都各埠停靠，上岸遊覽，南京、漢口兩埠均有社員加入赴會。〔註482〕

8月17日，參加在四川重慶舉行中國科學社第18屆年會，作《四川農村經濟復興問題之討論》演講。

下午四時，同時分三處演講。一處在青年會，伍連德博士講《生活、健康與財富》，姓員馬心儀博士講《植物與人生》。第二處在總商會，胡步曾博士講《四川農村經濟復興問題之討論》。第三處在川東師範學校，秉農山博士講《生物與科學教育》。每處聽講者各有五六百人，極形踴躍。川中人士對於科學之興奮，於此可見一斑。〔註483〕

8月19日上午，建議在四川縉雲山周邊成立高山植物園的建議。

1933年8月19日上午，全體參會社員分20組分乘120架肩輿，遊覽有「川東小峨眉」之稱的縉雲山。……據說這次登覽「為縉雲山第一次的盛況」。在遊山過程中，中國西部科學院農場負責人與生物專家胡先驌談起高山植物園經營情形，於是胡先驌經過考慮提出了一個關於在縉雲山紹隆寺附近初步劃地1000畝建立高山植物園的較為詳細的計劃。〔註484〕

8月19日下午2時，參加在四川重慶舉行中國科學社第18屆年會第二次社務會議，當選下年度《科學》雜誌編輯。

下午二時即在縉雲寺大講堂開第二次社務會。選出：（一）唐鉞、何魯、劉夢錫三人為下屆司選委員；（二）何德奎、顧季高二人為下年度查帳員；（三）王季梁為下年度編輯部長，何魯、任鴻雋、伍連

〔註482〕 王良鐳、何品編注中國科學社檔案資料整理與研究《年會記錄》選編，上海科學技術出版社2020年12月版，第239頁。
〔註483〕 王良鐳、何品編注中國科學社檔案資料整理與研究《年會記錄》選編，上海科學技術出版社2020年12月版，第245頁。
〔註484〕 《胡先驌談高山植物園的計劃》，《嘉陵江日報》1934年8月27日。張守廣著《盧作孚年譜》，重慶出版社2005年8月版，第148～149頁。

德、胡先驌、徐乃仁、劉夢錫、葛綏成、盧作孚八人為編輯。〔註485〕

8月19日下午2時，在四川重慶舉行中國科學社第18屆年會第二次社務會議，以68票當選生物科學組《科學》雜誌編輯員。

下午二時，即在寺內大講堂開第二次社務會，出席社員八十八人，王季梁主席，楊允中紀錄，討論議案如下：

1. 選舉下屆司選委員三人。開票結果何魯62票，劉夢錫43票，唐鉞38票，三人得票最多當選。次多數為伍連德33票，胡博淵31票，楊紹曾17票，陸費執8票。

2. 選舉查帳員。陳宗鎣提議推舉前任查帳員顧季高、何德奎二人連任，裴鑒附議，眾請付表決，全體舉手通過。

3. 選舉《科學》編輯員。一致推舉王季梁連任編輯主任，並無第二人提出，主席付表決，全體通過。次主席聲明《科學》編輯員由大會推舉八人，其餘一半由理事會聘任。楊孝述提議照本社所分物質科學、生物科學、工程科學、社會科學四大組，每組先各推候選人四人，再於每組四人中推舉二人。對於分科問題略有討論，嗣以此問題太複雜，仍照本社習用之分科辦法，眾無異議，赴表決通過。主席指定龍正善、裴鑒、杜長明、楊孝述四人為監選員。選舉結果：

物質科學組由任鴻雋61票、何魯47票當選，次多數趙宗堯26票，劉恩蘭14票。

生物科學組由胡先驌68票、伍連德48票當選，次多數何尚平30票，陳宗鎣8票。

工程科學組由徐乃仁47票、劉夢錫37票當選，次多數張洪沅30票，李書田27票。

社會科學組由葛綏成46票、盧作孚47票當選，次多數蔡子民39票，何德奎19票。

4. 理事會提議修改社章案，由總幹事楊孝述代表說明，謂本會鑒於理事散處各方，開會不易，且社章中向無開會法定人數之規定，

〔註485〕王良鐳、何品編注中國科學社檔案資料整理與研究《年會記錄》選編，上海科學技術出版社2020年12月版，第227頁。

往往感覺困難。〔註486〕

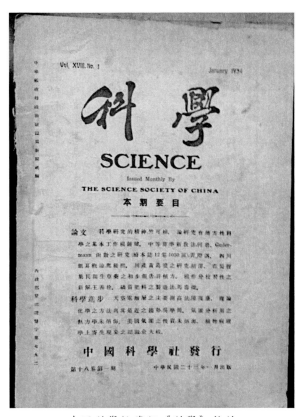

中國科學社發行《科學》雜誌

8月19日下午2時，參加在四川重慶舉行中國科學社第18屆年會第二次社務會議，討論社員提案，提「建議四川當局組織四川富源調查利用委員會案」，經細密討論後通過。

討論社員提案共六件。一、胡先驌提胡博淵等十三人連署「建議四川當局組織四川富源調查利用委員會案」，經細密討論後通過。二、曾吉夫、陳宗鎣提馬心儀、秉志等十六人連署「河南大學理學院生物系奉部令停辦請予援助案」，經長時間討論後，推出代表三人辦理此案。三、伍連德提秉志等七人連署「請政府對於全國醫藥須用純粹科學人才改進及整理案」，通過。四、葉善定提李振翩等八人連署「請本社聯合中華醫藥學會等團體創辦國產藥物研究所案」，通

〔註486〕王良鐳、何品編注中國科學社檔案資料整理與研究《年會記錄》選編，上海科學技術出版社 2020 年 12 月版，第 247 頁。

過。五、盛紹章提孫昌克等四人連署「提出成渝鐵路計劃書擬請由中國科學社建議四川當局採擇修築案」，通過，計劃書交代表面致。六、馬壽征、陳燕山、李永振提議「中國科學社應組織農業委員會應用科學方法推進中國農業案」，通過，推舉委員三人與本社理事會接洽組織辦法。又通過贈送西部科學院永久紀念物。〔註487〕

四川成都華西大學歡宴會社員，二排右 3 胡先驌

8月19日下午2時，參加在四川重慶舉行中國科學社第18屆年會第二次社務會議，討論提「建議四川當局組織四川富源調查利用委員會案」，具體實施名稱提交情況。

下午二時，即在寺內大講堂開第二次社務會，出席社員八十八人，王季梁主席，楊允中紀錄，討論議案如下：

建議四川當局組織四川富源調查利用委員會案，提議人胡先驌，連署者孫昌克等十二人。（提案修正文見後。）

先由提案人說明意見與辦法，將來聘請委員時，本有職務者酌給旅費，特聘者給俸薪。何德奎主張省政府名義有問題，此案不必正式成立，恐怕引起嫌疑，由私人向當局表示意見為善。喻正衡、

〔註487〕王良鐳、何品編注中國科學社檔案資料整理與研究《年會記錄》選編，上海科學技術出版社 2020 年 12 月版，第 227～228 頁。

曾義均主張成立，惟改省政府名義為當局二字，胡剛復主提案中「若蒙下問可由本社介紹」一段刪去。楊孝述主張本案應照何、喻、曾、胡諸君所發表之意見，修正文字，正式將提案通過，以示同人對於川省貢獻之熱忱，一面由大會委託提案人，以大會名義，口頭向川省最高當局建議。周仁贊成楊說。主席以楊孝述之提議付表決，以62 票通過。〔註488〕

8 月 20 日，《論博士考試》文章在《獨立評論》雜誌（第 64 號，第 13～15 頁）發表。後收錄楊毅豐、康蕙茹編《學衡派》，李帆主編《民國思想文叢》，長春出版社，2013 年 1 月版，第 240～241 頁。摘錄如下：

　　報載教育部有舉行博士考試之議，年試一次，每次以十人為限，及第者得稱某科博士。在外國得有博士學位而未與國家博士試者，只許稱為某國某校某科博士，而不得僅稱某科博士。某科博士之榮名，惟應國家博士試及第者為能享之。此誠學術界盛事，教育部能見及此，亦可謂差強人意之事也。吾國辦大學歷三十餘年矣。然關於頒給學位，教育部始終持慎重之態度，不但不敢授與博士學位，（惟北京大學曾授歐美學者數人以榮譽學位），即大學畢業生亦僅「得稱學士。」吾國名器素濫，於此抑又何嚴也。實則學位不過一種學業之證明，固不容輕視，亦不可過於重視，至學子無以獎勵。至於學士學位尤非甚崇，以擬舊日科名，不過秀才而已。驟視之，學士之名甚高，實則秀才之名又何嘗不高。在科舉時代，秀才之多如鯽，在美國學士之多又何嘗不如鯽？故前此教部始終不令大學畢業生正式稱為學士者，實失之過於謹慎也。

　　吾國大學畢業之後，除得稱學士外，更無較高之學位。在成績優良之大學，教授能指導學生施行研究者，學子除得求學之志願外，並無得更高學位之機會。欲求與昔日科舉時代孝廉相若之榮銜尚不可得，更無論金馬玉堂之翰林學士矣。在篤學之士，固不斤斤計較此種虛榮，然為國家宏獎學術計，則不可不有此種學士以上之碩士博士學位也。且教會所立大學，皆授與碩士學位，而國立大學如清

〔註488〕王良鐫、何品編注中國科學社檔案資料整理與研究《年會記錄》選編，上海科學技術出版社 2020 年 12 月版，第 248 頁。

華大學所辦之研究院,雖在其中研究三年,不但不得博士學位,甚且不得稱為碩士,將何以獎勸篤學之士乎?吾國大學畢業生有特殊研究成績者固不多,然出類拔萃者亦大有人在;如以身殉學之趙亞曾,使生在外邦或曾一度出洋留學,則早膺博士之榮銜矣。又有某國女士某,從北京大學地質學教授葛拉包研究古生物學,在理可得博士,而以中國無此學位,乃返其祖國以取得此學位,此非國家之損失乎?此外研究有特殊成績而無緣得碩士博士學位者當非少數,除治自然科學者外,治國學有特殊成績者亦大有人在,如羅福萇王靜如之治西夏文,顧頡剛之治古史,蕭一山之治清史,其著例也。凡此諸學者,在外國早得有博士學位矣,在中國則除在大學占一教席外,社會上無所獎勸,則何怪吾國學術之事之落後乎?

教育部所擬博士考試制度,殆取法法國與日本。法國有所謂大學博士與國家博士之別,日本素來惟國家能給與博士學位,至近年大學始有授博士學位之權。此種從嚴之意甚善,至若干年後,大學研究院程度已提高,學術權威已樹立,再自授博士學位尚不為晚。惟似宜授已辦研究院之大學以授碩士學位之權,蓋碩士學位本不崇高,初不至於過濫也。

與此相關者另有一事,教部似宜注意;即對於學術界有地位之學者,將如何以獎勸之也。考諸外邦各大學皆有榮譽學位之贈與,凡著名學者或大政治家或於社會有大貢獻者,雖與該大學無淵源,皆得贈與榮譽法學博士文學博士哲學博士科學博士等。教育部今擬重視博士考試,凡未經此試而僅在外國得有博士學位者,不得獨稱為某科博士。似此輩得有國外最高學位者,尚須經本國博士考試始能得最高之榮名,初意未嘗不善;蓋國人在外邦每有欺騙外人獵得學位者,如某文學博士至以陳衍與陳三立為一人,即其著例也。然我國學者在國內學術界已有特殊之貢獻而為斯學之權威者,將謂彼等尚肯應教育部之博士試乎?若不然者,則在外邦尚享有特殊之尊崇者(如胡適、林可勝、李濟、柯劭忞、羅振玉、王寵惠、陳錦濤等)國人乃漠視之乎?又如舊日耆宿,如陳三立、柯劭忞、章炳麟、陳衍、陳曾壽、趙熙,皆吾國文史之光榮;而社會事業家如陳嘉庚,

張伯苓不皆國人之模範，亦宜由國家或大學頒以榮譽學位者也。前此在舉國大學不授博士學位時，可不置論；今既試博士，則榮譽學位制亦宜定之也。

　　抑尤有進者，在外國除榮譽博士外，尚有學士院或國家學會，凡舉為學士院或某國家學會之會員者，其榮譽尚在榮譽博士上。如英法德奧俄意諸邦所稱學士院會員（Member of Academy）或皇家學會會員（F. R. S），其尊榮殆等山中宰相。近年各國又有國家研究評議會（National Research Council），廁身其間者亦為莫大之光榮。吾國中央研究院之西文名為 Academia Sinica 其義似為學士院而實際不過中央研究院所直轄諸研究所之總稱。在此諸研究所任職諸學者，未必皆為國人治斯學之最有成績者，則除中央研究院外，尚宜另設中國學士院與中國國家研究評議會，一為學術上之崇德報功之所，一為國家科學研究最高之指導機關，庶能網羅眾彥，發揚國光，其重要又在博士考試之上。至於詳章如何，各國自有先例，可以參訂，毋庸辭贅。〔註489〕

8月24日，在四川重慶舉行中國科學社第18屆年會期間，與四川領導人暢談四川建設計劃，並致答謝詞，對於四川省之急宜科學化與建設。

　　二十四日本社理事胡步曾、秉農山、周子競、王季梁與社員何伯衡、盛紹章諸人代表本社往訪劉甫澄督辦、楊子惠軍長等，暢談四川建設計劃。楊軍長對於本社事業尤極注意。中午華西大學歡宴本社同人於理學院。該晚又有成都二十九機關團體聯合歡宴本社同人。成都社友會並以祝詞銀盾見贈，女子師範博物教員某君並以桐花鳳標本贈與本社，由胡步曾君答謝，對於四川省之急宜科學化與建設，三致意焉。〔註490〕

8月25日，在四川重慶舉行中國科學社第18屆年會期間，接受四川大學宴請，並在該大學作演講。

〔註489〕張大為、胡德熙、胡德焜合編《胡先驌文存》（上卷），江西高校出版社，1995年8月版，第333～335頁。

〔註490〕王良鐳、何品編注中國科學社檔案資料整理與研究《年會記錄》選編，上海科學技術出版社2020年12月版，第229頁。

二十五日四川大學歡宴本社同人於大學之大禮堂。堂為舊王城貢院之至公堂。由王校長、向院長及鄧主任等引導參觀，並致歡迎詞。由李鷺賓代表本社答謝，正當賓主舉杯酬酢之時，忽起地震，梁瓦有聲，同人俱起，趨至屋外。待定後仍入席，固已飽受虛驚矣。是日下午本社社員何奎垣、胡博淵、胡步曾、秉農山、何德奎、王季梁諸人至春熙舞臺及大學等處作通俗演講，藉以答各界歡迎之厚意。晚間劉甫澄督辦歡宴本社同人於俞園，座中並有川中之五老七賢，席間有劉軍長代表及楊子惠軍長諸人演說。〔註491〕

8月27日，在四川重慶舉行中國科學社第18屆年會期間，參觀廣安新建設，並致答謝詞。

二十七日本社理事會同人本擬至廣安參觀楊子惠軍長在彼處之建設，乃前晚與本晨俱大雨滂沱，公路濘渟，勢難行車，乃決定坐木船至嘉定，借作峨眉之遊。晚間四川大學、華西大學在華大開會與本社同人話別。由王宏實、張凌高二校長致詞，社員何伯衡、何奎垣、胡步曾、秉農山、盛紹章、王季梁諸人相繼談話，俱以努力科學相勉勵。至十時後方散。〔註492〕

8月30日～31日，在四川重慶舉行中國科學社第18屆年會期間，遊覽峨眉山。

三十日外省社友及重慶社友約五十人俱乘人力車出發過夾江縣，渡雅江，行約百餘里始至峨眉縣，天色已晚，加以陰雲四合，大有雨意，入城寓書院街小學校內，席地而眠。徹夜雨聲如注，溝澮皆盈。同人皆以為山神不做美，大有辜負此行之慨。乃三十一日天氣轉佳，同人俱精神煥發，分乘滑竿背椅上山。雖山路尚濕，溪水奔流，而同人勇氣不為稍減。年長如沈心工先生，亦跋涉至萬年寺。而胡剛復、張端珍女士等且直上金頂。如記者之不良於行，亦且步且息，遍遊報國寺、伏虎寺、神水閣、大峩寺、雙飛礄、純陽

〔註491〕王良鐳、何品編注中國科學社檔案資料整理與研究《年會記錄》選編，上海科學技術出版社2020年12月版，第230頁。

〔註492〕王良鐳、何品編注中國科學社檔案資料整理與研究《年會記錄》選編，上海科學技術出版社2020年12月版，第230頁。

殿、白龍寺、金龍洞等處而宿於萬年寺磚殿。其植物專家如馬心儀女士、胡步曾諸人，則至初殿。其餘個人所至所見亦各不同。〔註493〕

8月，中國科學社在四川重慶召開年會，由胡先驌牽頭，辛樹幟、李繼侗、張景鉞、裴鑒、李良慶、嚴楚江、錢天鶴、董爽秋、葉雅各、秦仁昌、錢崇澍、陳煥鏞、鍾心煊、劉慎諤、吳韞珍、陳嶸、張珽、林鎔等十九名植物學者為發起人，在四川重慶北碚中國西部科學院召開了「中國植物學會」成立大會。成大會通過學會章程及發刊中文《中國植物學》雜誌等提案，雜誌以登載純粹、應用植物學以及植物學教學法等文章。學會由董事會、本會職員、評議會和委員會組成。本會設立評議會，決議本會重要事務，由評議員若干名人組成，除會長、副會長、書記、會計為當然評議員，其他人員開常年大會時選舉，選舉得連任。選舉本年第一屆董事：蔡元培、朱家驊、秉志、翁文灝、任鴻雋，丁文江、馬君武、鄒秉文、周貽春；第一屆評議員：錢崇澍，陳煥鏞、張景鉞、秦仁昌，鍾心煊、李繼侗、劉慎諤；並推舉胡先驌、辛樹幟、戴芳瀾、馬心儀四人為司選委員。總編輯：胡先驌；編輯：張景鉞等十六人。學會地址設在北平文津街靜生生物調查所。學會會員分為普通會員、特會員、機關會員，名譽會員、贊助會員、永久會員和仲會員等7種。擁有會員105人，具有博士、碩士、學士學位的會員分別為29人、17人和42人。

8月，《中國植物學雜誌》介紹中國植物學會成立消息。

　　1934年出版之《中國植物學雜誌》刊載一條植物學會會務消息，於學會緣起云：「近年以來，國人研究植物學者漸眾，然因散處各地，聲氣鮮通，既少情感之聯絡，復乏學術之切磋，工作不免雷同，效力自多減少，且我國地大物博，植物學問題至為繁雜，非分工合作，恐難收集腋成裘之效果。各地先進同志，均同此意，爰於二十二年仲夏發展組織中國植物學會，以為互通聲氣之機關，且以普及植物學知識於社會，以收致知格物，利用厚生之效。」〔註494〕

8月，裴鑒對1933年中國植物學會成立進行介紹。

〔註493〕 王良鐳、何品編注中國科學社檔案資料整理與研究《年會記錄》選編，上海科學技術出版社2020年12月版，第230～231頁。
〔註494〕 胡宗剛著《胡先驌與中國植物學會之成立》，公眾號註冊名稱「近世植物學史」，2022年11月01日。

　　裴鑒於 1948 年曾作文介紹中國植物學會在北碚成立情形，其云：在民國廿二年國內研究各部門植物學的人士十九人發起組織中國植物學會，以求進一步的發展和同道的相互切磋砥礪。廿二年的仲秋，中國科學社得川省人士的邀約，赴重慶開該社年會。赴會社友中從事研究植物學的人很不少，同時也都得到植物學會發起人的禱託，藉此機會胡先驌便邀約植物學的同人商議植物學會的組織。粗坯方成，在廿二年八月二十日那天，由胡先驌召集開中國植物學會的成立大會於重慶北碚中國西部科學院。在這個成立大會時候，到會的人數很少，有胡先驌、裴鑒、何文俊、馬心儀、俞德濬、陳邦傑、劉振書、李振翩等，對於草章及工作僅稍有討論。議決案中最主要者為立即編印中文植物學季刊；當時同人推定胡先驌為該季刊總編輯。因為到會人數過少，一切的職員選舉也不能立刻產生。同人等議決推舉胡先驌、辛樹幟、戴芳瀾等四位會友為司選委員會委員，辦理選舉第一屆董事會評議員及總編輯事宜。〔註495〕

8 月，中國植物學會成立進行備案。

　　至此組織成立植物學會已相對完備，於是中國植物學會向國民黨北平市黨部呈請備案。經該黨部審查後，將其轉報轉為管理文化團體組織之中央民眾運動指導委員會備案。其函云：案據中國植物學會呈送該會章程、會員職員名冊暨《中國植物學雜誌》各一份，懇請轉請貴會備案等情。據此，查該會確於二十二年八月二十日在重慶西部科學院成立，並推舉蔡元培等九人為董事，錢崇澍等七人為評議員，會址現設北平文津街靜生生物調查所。該會經費除由會員繳納會費外，尚有中華文化教育基金董事會固定津貼，分子多生物學者，組織尚屬健全，現刊行《中國植物學雜誌》，一種，對學術上貢獻頗多。茲據前情，相應檢同原件各一份，函請貴會查照，准予備案。

　　由此可悉民國時期政府對學術團體管理之方式，並不是放任不管，但也不是嚴加限制。至此，中國植物學會成為合乎國家文化團

〔註495〕胡宗剛著《胡先驌與中國植物學會之成立》，公眾號註冊名稱「近世植物學史」，2022 年 11 月 01 日。

體組織規則之學術團體。〔註496〕

9月16日，楊允中主持理事會、編輯部聯繫會議，決定參照英美《科學進步》《自然》等雜誌改革《科學》內容，減少長篇論文篇幅，增載世界及本國科學進步、新聞、書評、科學潮流等欄目，由專家分門擔任編輯，胡先驌、伍連德為生物科學，任鴻雋、何魯為物質科學，劉夢錫為工程科學，葛綏成、盧作孚為社會科學等等。

秋19日，胡先驌致劉咸信函。

> 仲熙老弟惠鑒：
>
> 十七日手書備悉。左景烈任植物系講師，已定奪，甚慰。至海南採集動物，驌決以全力促成之。足下如能前往，貢獻必大，青大酌出一二千元即可敷用。惟此舉關鍵，全在景烈一人。景烈不往，則驌不敢貿然派隊前往，蓋運輸、治安、衛生各問題皆全賴景烈指導也。景烈北來後，務代促成其行為要。經費方面，哈佛大學或能幫忙也。桂女士事將再託倪尚達。
>
> 關於任系主任事，如曾省之相強，似不必固拒。赫胥黎亦人種學家先進，足下生物學根柢甚佳，又何必自外（足下以留青為最宜，在他校與同事相處，未必能如在青水乳無間）。惟所應暫時顧慮者，為是否不妨害往海南研究耳。省之來函與秉師，欲聘喻慕韓兼任青大教席，驌亦首肯。明年請沈嘉瑞，甚佳。惟沈之為人，私心極重，與之共事，極宜留意。彼與省之為好友，此語不可為省之道也。
>
> 楊杏佛被刺，顯有政治背景。然此君之必凶終，早在意料之中。自此南北兩生物研究機關少一心腹之患矣。
>
> 專此肅復，即頌
>
> 擘祺
>
> 　　　　　　　　　　　　　　　　　先驌 頓首
>
> 　　　　　　　　　　　　〔廿二年秋〕十九日〔註497〕

〔註496〕胡宗剛著《胡先驌與中國植物學會之成立》，公眾號註冊名稱「近世植物學史」，2022年11月01日。

〔註497〕周桂發、楊家潤、張劍編注中國科學社檔案資料整理與研究《書信選編》，上海科學技術出版社2015年10月版，第74頁。

10月1日，《蜀遊雜感》（上）文章在《獨立評論》雜誌（第70號，第13～17頁）發表。摘錄如下：

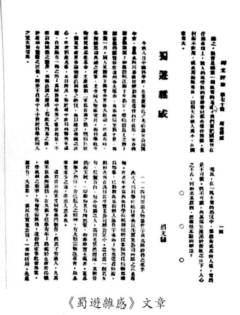

《蜀遊雜感》文章

今秋八月中國科學社，在重慶附近之北碚溫泉公園開年會，會畢承四川善後督辦劉湘電邀會員往成都，至各機關參觀講演；嗣復沿岷江而下至嘉定，攬峨眉烏尤之勝；歸途復得縱覽敘府瀘州各大都市，舟車所居至數千里，為期幾一月。同人足跡所至備受各界盛大歡迎，抵成都時，各團體郊迎典禮之隆重，尤令同人慚感交並。而科學社生物研究所募集基金，尤蒙楊劉二軍長首為之倡，慨捐鉅款，備見軍政界各領袖提倡科學之熱忱，與以建設救國之決心。作者躬逢其盛，耳目所及，對於蜀中政局利弊興革諸端，自謂頗有一得之愚；為酬答蜀中各界之盛意起見，不惜以極誠懇之態度，為無忌諱之陳述；苟此文刊布之後，於蜀局有幾微之匡救，則亦不負蜀中人士對於科學社同人之重大期望焉。

（一）四川傑出人物盧作孚及其所經營之事業

此次入川科學社社員皆乘民生實業公司所派之民貴專輪。作者年來為西部科學院組織植物採集隊聘任植物部職員等事，已數數與其創辦人盧作孚通函；至與盧君晤面，則初次尚在漢口民生實業公

司辦公室中。盧君為一貌若五旬，鬢鬚蒼白，短小瘦弱之人，其目光冥然而遠，其聲音清而尖銳，一望即知其為理想家，而非現實主義者。蓋其辦事之熱忱，捨己耘人之精神，有大類宗教改革者，故其事業進步之速，亦出入意表也。

……盧君有二大事業，一為民生實業公司，一為峽防局。……近數年國內外學術機關入川省採集動植物標本研究地質學者踵相接，盧君皆派練習生從之採集。後乃創立西部科學院，籌設農事試驗場。計西部科學院中已成立者，有動物植物地質化學數部，雖凡百草創，然已漸有規模。其經費概出於捐募，捐募不足則不惜出於借貸。今科學院之二萬金巨廈，即借款建築者。其植物與昆蟲採集隊，已深入西昌會理川邊青海各處，成績爛然可觀。似此身非科學家，處竭蹶之經費狀態之下，而提倡科學不遺餘力者，吾國殆只盧君一人焉。……近且議在溫泉附近之縉雲山上創設植物園。作者有意在北平創一植物園，數載於茲，尚無眉目，而遠於數千里外在作者指導之下之植物園，在最短期內即可實現，可見在適當領袖人物領導之下，百事皆易於成就也。

至其經營民生實業公司之成績，尤為可驚。……

盧君之辦社會事業，並不忘情於四川政局之改革。……

（二）四川之軍人

四川號稱魔窟，而魔窟中之群魔，厥為軍人。……第統一之後劉湘是否能永保持其領袖地位，使其部下聽其約束，酌量裁軍，共事建設，則殊不可知耳。

在諸巨頭中，楊森最勇於建設。在四川市政與馬路，成為軍人中最時髦之點綴品者，實楊森開其端。……至於各軍師旅長中有卓識者頗不乏人，若劉湘能一秉大公，導之於建設之途，四川兵禍未必不可泯也。

（三）四川之政治

四川政治之腐敗，在全中國中殆為罕見，大約惟張宗昌時代之山東可與後先輝映。……

（四）四川之經濟

……四川以軍閥割據，爭擁巨兵之故，租稅之重，全國無其倫

比。前清糧稅固輕，但至今日，前清規定糧銀一兩者，加至二十六元五角餘，而在二十四軍防區內，一年照上舉之數，竟徵至十二次之多，尚有他種捐稅在外。……租稅如此之重，為任何省所未見。因稅收過重，至一切土產無論為原料或精製之品，成本皆過高不能賤賣，而造成巨大入超；其間接影響於農民之生計者，較直接重稅為尤大。……此種無形之敲精吸髓，其惡毒尤在苛捐雜稅之上也。若非四川土地異常肥沃，物產異常豐饒，人民異常良善，則早已激變為流寇世界矣。〔註498〕

10月15日，胡先驌致劉咸信函。

仲熙老弟惠鑒：

關於赴海南採集兼研究人種學事，已函蔡子民先生，請中央研究院助款，尚未得其回音。昨日晤見步達生（Dr. Davidson Black，即研究北京猿人者），談及此事，據云協和醫學校解剖學教授 Dr. Paul Stevenson 曾派人赴海南測量漢人顱骨，並為形體與生理研究，有絕重要之貢獻。關於測量顱骨，有新式調查表。盼足下在起程之前，來平與士蒂芬生教授細談，於調查必有輔助也。地質調查所或亦能派人隨行，入五指嶺研究地質，則此行愈有價值矣。敝所設立飛機木材試驗室事，已有成議，廬山森林植物園事亦正在進行中。如二者皆能如所期實現，實大佳事也。

專此，即頌

犖祺

先驌 拜啟

〔廿二年十月〕十五日〔註499〕

10月16日，胡先驌致劉咸信函。

重熙老弟惠鑒：

前函計達，近得嚴楚江來函，極思脫離中大，段續川不往清華，

〔註498〕張大為、胡德熙、胡德焜合編《胡先驌文存》（上卷），江西高校出版社，1995年8月版，第336～342頁。

〔註499〕周桂發、楊家潤、張劍編注中國科學社檔案資料整理與研究《書信選編》，上海科學技術出版社2015年10月版，第75頁。

必往中大。吾弟可與省之相商，如能薦彼至山大亦大佳事。又馬心
儀博士（女）本青島人，前在 Texas 大學習植物，對於生物化學、細
菌學、菌學、植物分類學、植物生理學、植物細胞學皆有相當之深
造（其基礎之博，在國內植物學家恐居第一），尤以生物化學、菌學、
植物生理、植物細胞學造詣為深。去年驌薦往廣西大學為該校生物
系臺柱（學問遠在嚴楚江之上），但彼甚不滿意於該校學生程度之低。
青島又係其故里，如山大肯出重聘（彼在廣西月薪三百六十元），彼
可北返，亦可與省之商之。馬女士英、德文極佳，中文亦清通，作
研究有特殊之天才，人亦能幹，而體健如男子，此等人才，驌所稀
見也。接洽情形如何，盼速示知，餘容續陳。

　　即頌

肇祺

先驌 拜啟

〔廿二年十月〕十六日〔註500〕

10 月，《四川農村復興問題之討論》文章在《青年世界雜誌》（第 2 卷第
4 期，第 48～59 頁）發表。1934 年 4 月，轉載於《科學》雜誌（第 18 卷第 4
期，第 461～467 頁）。本文為作者於 1933 年 8 月 17 日在重慶市商會舉行的
中國科學社第 18 次年會上之演講詞，由羅雨穠記錄。摘錄如下：

　　本年中國科學社在四川開第十八屆年會，個人和其他社友能到
「天府之國」的貴省來是非常榮幸的。不過在這民生凋敝，工商業
極度崩潰，農村經濟極度破產的四川，為空口侈談某種建設不依科
學原理，那是不容易的一回事，所以今天才擬這個關於農村方面的
題目來向諸位談談。

　　中國以農立國，四川更以農為本，但一般人不知應用科學，不
努力於闡發原理，甚且具有「科學是神秘的」錯誤觀念，無怪中國
農事不振，殊為可惜。四川呢，面積這麼大，人民又這麼聰明，在
昔有司馬相如、揚子雲之輩，現在也有許多科學家和產生科學人才
的發源地，如川大、師大、華大、重大等校。四川既「有土有才」

〔註500〕周桂發、楊家潤、張劍編注中國科學社檔案資料整理與研究《書信選編》，上海科學技術出版社 2015 年 10 月版，第 76 頁。

兼以蘊藏極富，那麼就應該應用科學的方法去利用天賦的地方和才力，來建設一番新的大事業，把四川弄成光明的四川，使它不帶灰色，這才是科學家的使命。殊不知川省年來變亂不常，遭受政治軍事影響，許多事業，不能建設，而不能建設的最大原因，即是農村經濟破產。二十年來如一日，繼續演延下去，將來更不知伊于胡底。現在如要把四川弄好，非從農村下手不可，這才是對症下藥的方法。

《四川農村復興問題之討論》文章

至於四川農村如此破碎的根本原因，我覺得是養兵過多和牢不可破的防區制度所致。據我所感覺到的，有下列四種惡劣現象。

第一預徵糧稅……

第二煙稅問題。……

第三受全世界經濟恐慌之影響。……

第四人口分布不平均。……

以上四點，是勞苦農民和研討農村問題的致命傷，是形成農村經濟破產的必要條件。以農為本的四川民眾受此壓榨，所以什麼建設也談不上，現在我們既將病民的癥結尋著，那麼欲想恢復四川農

村經濟這大問題，非趕快努力去做怎樣消滅癥結之所在這步工作不可。

現在來談談最切實際的怎樣建設四川（或者範圍大一點也可說西南）的農事吧。我們要知道，解決人口不平均的問題，首在開發西北和西南。諸君試想，松潘、峨、馬、雷、屏、西昌、會理及打箭爐等地，空地是怎樣的寬，均沒有開墾，且昔日即有「打開萬擔坪，世上無窮人」之謠，自可想見蘊藏之富。又如在西北地帶種植馬鈴薯，養乳牛製牛油必可獲大利，因馬鈴薯適宜於寒冷地帶也。……川省如能政治清明，軍事統一，很可努力去幹開發西康的工作，使在川之過剩農民得以安插，消耗能力得以增加，是又一極堪注目之國計民生大道也。

要復興四川的農村，要使四川的農業工業化，主要的工業化農產品，有以下的幾種：

（一）糖。……
（二）棉。……
（三）茶葉。……
（四）煙草。……
（五）絲。……
（六）造紙。……
（七）桐油。……
（八）橘柑。……

以上八點，是將我來川後所感覺到的約略一說罷了，也即是怎樣使四川成為一個工業化農業化的四川的一些切要問題。諸君如能腳踏實地的做去，那也未始非救濟這農村經濟已經破產，政治軍事漸臻崩潰，工商事業發現裂痕的四川一付興奮劑！只要四川的農工問題解決了，他如怎樣挽救頹勢，怎樣振興實業，自有具體的計劃。那麼，建設新的四川，才有成功的一日咧。

現在，我來談談關於復興四川農村事業的基本組織吧。因為四川民眾對於農工問題，實在太漠不關心了，對於這些知識，實在可說太缺乏了，沒有這類人才出來實際提倡和宣傳，四川終覺沒有多大辦法，因此我覺得實有組織大規模的改良農業機關的必要（如農

業院之類），藉此以資實地提倡。我前在江西提倡組織農業院，用意亦在此。此種農林行政機關，須無官廳習氣而有充分權力，總以研究農村生產事業及農村經濟問題為職責，而將其結果實際施之於農村本身上去，以使農民得到實惠。說到這裡，我見到四川這樣的惡劣環境，我不得不為這機關的主持的人要求幾個條件：（一）院長不限定四川人，（二）待遇從優，（三）事業鞏固。……以上是我為復興四川農村問題所建築的基本組織和培植基本勢力——設立農林行政機關的一種建議和感想。

我總覺得四川人太能幹，太聰明了。貴省盧作孚先生，他作事負責任，有勇敢，多經驗，我真佩服。他倡辦西部科學院，我在靜生生物調查所，相隔很遠，但我特別盡力幫助他，希望列位也取法他的精神和毅力，四川才有辦法。今天兄弟說話太多了，其實也不外是些老生常談的話，請原諒。末了我要說的是我們須要有俄國的建設精神，我們的口號是：建設！建設！第三句還是建設！〔註501〕

10月，《在中國科學社第十八次年會上的四項提案》文章在《青年世界雜誌》（第2卷第4期，第77～78頁），中國科學社第十八次年會專號，發表。摘錄如下：

一、河南大學理學院生物系奉部令停辦請予援助案

案由：查河南大學生物系，開辦迄今近十餘年，師資設備均日蒸進，所貢獻於科學界者，實屬不少。乃本年暑假，教育部突以該系學生太少令行停辦。其實該系學生共有二十餘人，較諸全國各大學生物系學生蓋有過無不及之者。吉夫等虞科學之滯進，憚事業之中墜，故特提請援助。

辦法：一、擬請著說促全國科學界之注意。

二、擬請用本社名義函部力爭收回成命。

右案謹提請　公決

提案人：曾吉夫　陳宗鎣

聯署者：葉善定　胡步曾　李成翻　馬心儀　馬壽征　秉　志

〔註501〕張大為、胡德熙、胡德焜合編《胡先驌文存》（下卷），中正大學校友會出版發行，1996年5月，第210～217頁。

裴　鑒　陳邦傑　萬宗玲　盧於道　郭漸明　歐世璜
胡剛復　方文培　陶　英

二、建議四川省政府組織四川富源調查利用委員會

理由：四川地大物博，農產林產礦產水利之富，甲於全國。而以歷年兵亂，資金外流，各項建設事業不能舉辦，卒致民生凋敝，經濟破產，言之慨然。前此對於本省富源，雖學術研究機關如地質調查所、中國科學社生物研究所、靜生生物調查所及新創之西部科學院，在純粹科學研究過程中，亦會為附帶之調查，但未為大規模。而純以經濟眼光之檢討，蓋亦由於環境所不許。今幸統一有期，全蜀人士，望治心切，正千載一時之機會。本社同人此次入蜀開年會，為發展中國實業與酬謝四川政府機關，與四川學術團體之招待起見，理應建議於四川省政府組織四川富源調查利用委員會，由四川省政府酌定每年籌出若干經費，若蒙下問，可由本社介紹專家來川，先後為各種調查，如礦產水利土壤農產林產等，以五年或三年畢，各以調查所得編為報告；關於工程礦業並附以詳細之設計。次第開辦時，本社亦可負介紹技術人員之責。假使四川建設事業能以此為嚆矢，則亦不負本社提倡科學之宗旨矣。是否有當，伏乞公決。

原則通過後向四川當局口頭建議

提案人：胡先驌

聯署人：楊吉述　曾　慎　胡博淵　胡剛復　馬壽征　葉善定
　　　　徐南驥　盛紹章　杜長明　秉　志　孫昌堯　李成翮

三、提議呈請政府對於全國醫藥須用純粹科學人才改進及整理案

理由：查科學發達以來，其利用社會民生之最切近者，莫若醫藥。故各國近百年來其醫藥之進展，實有一日千里之勢，皆科學之賜也。我國社會文化落伍，思想龐雜，對於科學之認識稚弱特甚。徵之醫藥現狀昭然可見，以切身生死關係，而不以實事求是之科學為之左右，則其對於科學之信任永遠不能達於誠摯之地。此科學發展前途之莫大危險也，及宜急起提倡以正社會之趨向。而一民眾之耳目，近來頗有欲以無科學訓練之人掌改進整理之事，此乃社會輕視科學之表現，以若所為決無成績可見，此端若開，則凡吾國之各

項科學事業，何一不可假手於門外漢，而冠以科學方法四字即算了事耶！為此宜請政府速選擇有科學知識、科學手術、科學修養之醫藥人才，董理其事，庶幾成效可觀，國粹可以發揮矣。

通過

提案人：伍連德

聯署人：葉善定　馬心儀　秉志　曾慎　盧於道　胡先驌

五、為提出成渝鐵路計劃書擬請由科學社建議四川省政府採擇修築理由書

敬陳者川省素稱天府，資源無限。社員胡君先驌業經提出建議調查四川富源意見書，衡以四川現狀，實為發展川省實業刻不容緩之舉。惟查凡百實業之發展，莫不依優良之交通工具。未有交通工具不完備而能為大規模之生產者。故為發展四川實業計，不可不為川省先籌優良之交通工具。此建議修築成渝鐵路之理由一也。四川連年內爭，形同割據，而和平建設實為最多數川民之渴望。惟能在川省為大規模之建設，為川民謀永久之福利者，方能得川民由衷之擁戴，方能有統一川局之基礎。故惟能為川民建設者，始能獲川局之統一。如必欲俟統一而後謀建設，則俟河之清。人壽幾何，恐即此破碎之現狀，尤難繼續維持，何能言及建設與和平？此建議修築成渝鐵路之理由二也。川省人民對於大規模實業之投資，久已視為畏途。對於經營既乏經驗，收穫利益尤無把握。惟成渝鐵路線經過區域，均屬川省富庶之地，若辦理得當，將來獲利極有把握。故成渝鐵路一經築成，獲利不惟可以為發展實業之工具，兼可以增長川民對於大規模實業之信仰與經驗，且可鼓舞其投資川省其他實業之決心。此建議修築成渝鐵路之理三也。具此理由，故紹章以川民一分子之地位，本其從事鐵路事業之研究與經驗，為鄉土樹立建設之基礎計，曾經擬有成渝鐵路計劃書，以備初步商榷之用。茲特附該計劃書一冊，可否由科學社建議四川省政府採擇施行之處。

敬祈　公決

附成渝鐵路計劃書一冊

原則通過

提議人：盛紹章

聯署人：秉志　裴鑒　孫昌堯　胡先驌〔註502〕

11月7日，《蜀遊雜感》（下）文章在《獨立評論》雜誌（第71號，第13
～19頁）發表。摘錄如下：

（五）裁兵與屯墾

……劉湘固抱有飯大家吃之哲學，且已屢有此種表示；然以其
平日著名之權謀，是否有法盡釋群疑，使人信其誠，則尚在未可知
之數。……故苟拓殖得宜，則西南一區，可以植棉，可以種蔗，可
以畜牧，其殷富必不在資內各縣之下也。

四川裁兵屯墾，問題不在退伍士卒之安插，而在如何滿足軍官之
大欲。以余所知，四川軍官正式俸給均甚廉，除有機緣攫奪非分財物
外，皆不能有何積蓄，一旦裁兵，必至軍官之生計斷絕。……在成都
時，曾以此意與楊軍長森及某師長談及，皆極韙其議。某師長且云，
苟劉督辦許我者，我願躬為之倡，劉督辦幸有以促成其事哉。

四川裁兵猶有一困難：即為軍官者一旦兵權既失，地位亦即隨
之，昔日藉兵力壓迫他人者，今且受他人之壓迫。……此種情形，
在主持裁兵之人，不得不特加注意，庶反側可安，而後患可絕。沙
中偶語，雍齒以侯，有雄才大略者，古今類能見及此也。

（六）政治之徹底改革

……四川政治組織之效率極低，若余為甘君者，即不聘請國聯
專家，亦宜聘請省外政治學者，將四川政制徹底改造。去其冗濫，
增其廉俸，慎其任免，嚴其考績；必也使任職者無事蓄之憂，得失
之患，勤廉必賞，貪庸必懲，則宦途自清，民困自減，中飽免而財
政可裕，冗員汰而政費可減。此外技術與教育人員，尤須任用專業
之人，使之久於其位，則政治氣象當煥然一新，而亂源自泯矣。鄂
贛兩省，吏治素窳，自積極整頓以來，已有長足之進步，所謂風從
草偃，轉移風氣，固非難事也。

（七）實行統制經濟

四川經濟情形之惡劣，如上所陳，殆較任何省為尤甚。改革之
道，首在實行統制經濟，為全盤之規畫。今日執政柄者，似未必有

〔註502〕《胡先驌全集》（初稿）第十四卷科學主題文章，第105～107頁。

此才識，是宜延聘專家，為立方案。統制經濟之道，約分開源節流二端。以四川政治情形而論，節流殊非難事。……

與節流相類似者另有二要政，一為整理貨幣。宜先與中央政府商酌鼓鑄大量中山像銀幣（費歸四川省擔認）將一切劣銀幣以平價限期收回，同時自鑄一種銅幣，將一切劣銅幣收回銷毀。一為設立一規模極大之農民銀行，專以調濟農村經濟。……

開源最要之方略，首在聘請國內外專家調查四川全省之富源與力源，為全部精密之設計。方案既定，乃按年施行，庶不至各種建設徒勞無功，而得收實效。……此外宜設四川省統制經濟委員會，聘請全國著名之經濟學家，或逕請全國經濟委員會聯合國聯技術專家製成可以按年實施之建設計劃，如蘇俄五年計劃者，量力次第舉行，則建設不至蹈空談之弊，不糜國幣而實效可睹矣。

以言具體方案，吾以為首在建築鐵路。……滇省貧瘠，百業未發展，若以成渝路接滇越費力不多，不但可以開發川邊，且可促進滇省之發達也。

交通而外，宜求農業之工業化。凡有一重要特種農產，即設立一種大規模之工業，使原料變為精製品。……他如利用川西之森林造紙，利用川東之桐油造油漆，開煙廠以造捲煙，皆農業工業化之法也。苟能如此，不必談鹽業礦業之開發，四川即可增加財富若干倍。不但可以抵制入超，且可供給西南西北各省之市場矣。

興辦大工業之前提有二。一為政治之安定，使各界可投鉅資。……一為企業管理之科學化。吾國之經營工商業也，非官僚化即家族化。……

與建設事業有密切關係者，厥為養成專門技術人才，與提倡科學研究。……現在西部科學院雛形粗具，可盡力扶植之，使為四川純粹科學研究之中心。……以西部科學院之事業，雖十倍此數，尚不敷用。……

四川缺乏專門技術人才，為不可掩之事實。……四川所辦之大學與工農專科學院，設備程度視外省辦者皆有遜色。且多年未派留學生，以養成真正之專門人才，而以不肖之留學生失去信用之故，留學生在社會上服務並不較在省外大學畢業者占優勝，故出國繼續

高深研究者極少。……現在四川辦大學尚未上正軌，重慶大學欲以三萬元辦農學院，即其著例。……

（八）結論

四川物產之豐富，全國殆無其匹，素稱富庶之江浙，擬之不啻小巫之見大巫，惟廣東或可與之頡頏。礦產之富既已甲乎全國，而土地之肥沃，農產之眾多，殆溫帶任何區域所未有。當車行資中內江之時，入望邱壟坡陀，寸土必耕，具見四川農民之勤，為全國之冠。……江津之柑橘，滿坑滿谷，入望皆是，至代食橘肉而剝橘皮與橘絡者，反可得工資，會理且產萬壽果與番石榴，所未見者甘蔗與鳳梨，然未必在川南不能種植之也。加以川西之大森林，資內之甘蔗，四川之農產殆駕美國之加利福尼亞而上之，或惟墨西哥與爪哇可與彷彿耳。而野生卉木之繁，尤為世界之冠，至有花國之稱，天之厚川人者可謂至矣。徒以人謀之不臧，遂使二十餘年紛亂靡已，民生疲敝，經濟崩潰，至於此極，此川人之奇恥大辱也。現在積極建設，以建設之成績，求自治之權利耳。苟能如此，在中央政府素抱以建設求統一之策，諒亦不至干涉之也。徘徊歧路，何去何從，四川當局要人，尚有以三思之。〔註 503〕

11 月 10 日，胡先驌致國立中央研究院蔡元培院長信函。由北平靜生生物調查所聯合中國科學社生物研究所、國立山東大學、北京大學、清華大學等五單位共同組織的海南島生物採集團，並制定了詳細的組織和計劃，採集時間至少一年，總經費由各單位分攤。希望院屬社會人類學研究所加入，派人參加，分享調研成果。

子民院長，勳鑒：

敝所與中國科學社生物研究所合組海南生物採集隊，除貴院自然歷史博物院允參加外，尚有北大、清華、中央大學與山東大學參加。山東大學生物系主任劉教授咸亦擬前往研究採集人種學、民物學種種問題及材料。劉教授為中國研究民物學專家，此去深入五指嶺內地黎人區域，兼採訪小黑人之蹤跡，成績之佳可以預卜。惟此

〔註 503〕張大為、胡德熙、胡德焜合編《胡先驌文存》（上卷），江西高校出版社，1995年 8 月版，第 342～349 頁。

次集款係專採集動物，人類學、民物學各種材料標本多為參加各機關所不需。故除山東大學能擔任少量經費外，他機關對於此項研究人類學經費皆愛莫能助。

貴院社會人類學研究所對於此項研究必有興味，而亦需要民俗學材料，不知能協助若干經費？如有此意，尚乞示知。將來必可以所得材料分贈貴院也。

專此

敬頌

晚　胡先驌　頓首

十日（1933.11.10）〔註504〕

出席歐美同學會召開的中國科學社理事會議，前排左 2 胡先驌
（摘自胡宗剛著《中國植物學先驅胡先驌》）

11月17日，胡先驌致劉咸信函。

仲熙老弟惠鑒：

得十三日手書，知參加安上村考古工作，有重要發現，至以為慰。前致函山大，告知此間協和醫校士蒂芬生教授對於海南漢人之顱骨有重要研究，前特作介紹函一通，務乞在起程南下之前北來與之細談，於足下之研究必大有裨益也。驌不日即赴贛，往返須一月

〔註504〕《胡先驌全集》（初稿）第十七卷下中文書信卷，第 393 頁。

（大約在十二月底），不知可晤見否。秉師尚未來。

　　　端此，即頌

孿祺

　　　　　　　　　　　　　　　　　　　　　　先驌 拜啟

　　　　　　　　　　　　〔廿二年十一月〕十七日〔註505〕

11 月 21 日，胡先驌致劉咸信函。

　　仲熙老弟惠鑒：

　　　　十一月十八日手書均拜悉。羅君處承代達意，至感。驌北來四
年，除任所中職務外，即杜門讀書，於近世政制趨勢頗有心得，而
家居多暇，亦容構思。故近致熊天翼之長函，於贛省興革諸端，自
謂頗有獨到之處。熊亦頗以芻蕘為是，故已寄旅費，將於年假返贛
一行，與之代籌江西農政。吾贛後起之秀，羅君時實實為翹楚，前
數年間，道相逢，傾談頗洽。此次過京，意欲造訪，以所見與之一
商。聞羅君與陳氏兄弟甚密，且曾任蔣公之機要，頗欲藉以與陳氏
兄弟一晤。驌非熱中之人，然為調查所前途之發展計，頗思得津要
之助。且聞彼二人為有心人，便道結識，亦未為非計。如通與羅君
通函，可微透此意也。

　　　　足下能於陽曆新年抽空來平極佳，如不嫌偪窄，可住敝所寄宿
舍，鋪蓋須自備。歐美同學會頗為擁擠，屆時或無房間。清華本足
下舊遊地，或可逕住該處也（該處似空房尚多）。

　　　端此，即頌

孿祺

　　　　　　　　　　　　　　　　　　　　　　先驌 頓首

　　　　　　　　　　　　〔廿二年〕十一月廿一日〔註506〕

11 月 29 日，蔡元培致胡先驌信函。

　　步曾先生大鑒：

〔註505〕周桂發、楊家潤、張劍編注中國科學社檔案資料整理與研究《書信選編》，上
　　　　海科學技術出版社 2015 年 10 月版，第 77 頁。
〔註506〕周桂發、楊家潤、張劍編注中國科學社檔案資料整理與研究《書信選編》，上
　　　　海科學技術出版社 2015 年 10 月版，第 78 頁。

奉本月十日惠函，敬稔此次海南動物採集隊有劉咸教授同往，專任採集民物學材料，經費尚恐不敷，敝院對於此種材料甚所歡迎，已囑史語所李濟之副所長於北行時與傅所長接洽後，即與劉教授晤商，可能予以補助。

敬希勿念，先此布復，並頌

著祺

弟　元培　敬啟

二十二年十一月二十九日〔註507〕

12月1日，赴南昌召開江西省農業院理事會第一次會議。

　　熊式輝、鄒秉文、胡先驌、龔學遂、吳愷、程時烇、蕭純錦、謝家聲、趙連芳等十四位出席，研討農業院事宜。《社友》消息載：「十二月一日在南昌開農業院理事會，公畢回平。又與陳煥鏞教授合編之《中國植物圖譜》第三冊已在靜生生物調查所出版。」〔註508〕江西省農業院理事會記錄：「胡理事報告成立江西農業院之職能，經討論得到一致贊同，統一機關，集中研究，注重推廣」。〔註509〕

12月1日，在南昌召開江西省農業院理事會第一次會議，會上，胡先驌正式提出，建議由靜生生物調查所與江西農業院合辦廬山森林植物園，把精心起草的《靜生生物調查所設立廬山森林植物園計劃書》初稿發給與會者討論。

12月7日，倪琨、梁國賢致龔自知信函。

　　關於此行情況，有倪琨、梁國賢合寫一函，向龔自知稟報，從中略知大概。

仲鈞廳長鈞鑒：

　　數月以來，未克函候，殊罪。生等於本年七月中離榆，經鄧劍過雲龍雪山而達蘭坪。在蘭坪工作兩周，計得標本二百餘號，遂啟

〔註507〕胡宗剛撰《胡先驌先生年譜長編》，江西教育出版社，2008年2月版，第194～195頁。

〔註508〕《社友》第37號1934年1月25日消息。張劍、姚潤澤編注中國科學社檔案資料整理與研究《〈社友〉人物傳記》資料選編，上海科學技術出版社2020年版，第112頁。

〔註509〕胡宗剛撰《胡先驌先生年譜長編》，江西教育出版社，2008年2月版，第195頁。

道經喇雞井、營盤街，渡滄江，過怒山而抵知子羅，由此即沿怒江而上，直至上帕即滄蒲塘為止。此帶開闢最遲，人民極少，平原一無居民，多住於怒貢兩山之深林峭壁間，民生頗為苦寒。來此旅行者，食住均須先為準備，否則即有飢寒之苦。人民又全皆狠您，言語不通，隨時均宜身帶通司，不然即生不能同行之患。尤以坡之陡峻，羊腸鳥道，更令人思之股栗。然幸天然林保存甚多，為出發以來所罕見，有於是耐此苦痛。

　　開始分組工作，一組渡怒江至高黎貢山採集，一組即於江東怒山工作，時經二月餘，共得植物標本千餘號，動物標本二百餘號，成績尚覺滿意。惟見英之界椿及其侵略情況，又不禁令人心痛。時屆冬季，高怒兩山均開始落雪，所有植物大多枯落，已不能再採，並恐不日下雪封山，困不易出，於是忙束工作，於十一月五日由上帕啟，沿江而下，二十九日已清抵保山矣。江邊氣候炎熱，民居更少，露宿時間約占大半，吃苦之處，較前尤甚。幸飲食等留意，皆得清平，亦請勿慮。保山因開闢甚早，人煙稠密，天然森林大多砍伐殆盡，不能採集。擬將所得標本整理完畢，即赴龍陵及沿邊一帶工作，據言沿邊一帶氣候雖劣，而森林甚豐，採集成績或得良好結果，亦為難料，實情若何，容後又為函報。

　　肅此，敬請

鈞安

　　　　　　　　　　　　學生　倪琨　梁國賢　同謹啟
　　　　　　　　　　　　二十二年十二月七日〔註510〕

12月22日，胡先驌提議設立廬山森林植物園得到多方支持。

　　靜生所委員會第十二次委員會議通過胡先驌關於籌設廬山森林植物園的議案及籌設方式和預算。會議記錄載有：「胡所長提出籌設廬山森林植物園計劃及預算，議決原則上作通過，請胡君即函江西省府，請求捐地與開辦費，並擔任常年經費之半數，江西省府正式

〔註510〕倪琨，梁國賢致龔自知函，1933年12月7日，雲南省檔案館藏雲南省教育廳檔案，1012-004-1808。胡宗剛著《雲南植物研究史略》，上海交通大學出版社2018年7月版，第41〜42頁。

覆文到所，再提請中基會審核辦理。」〔註511〕我便與江西省農業院合辦了廬山植物園，後來我創辦雲南農林植物研究所也是用同樣的手法。〔註512〕

12月，Phytogeogrlaphy of Chinese Styracaceae（中國安息香科之植物地理）刊於 Lingnan Sci. Journ.《嶺南學報》（第12期，第11～113頁）。

《中國科學家於自然科學之貢獻》文章

12月，《中國科學家於自然科學之貢獻》文章在《江西教育旬刊誌》（第6期，第1～4頁）發表。裴德煌、劉孝基記。摘錄如下：

多年未回家鄉，今日得與許多教育界朋友及青年見面，談談科學上的事情，覺得非常愉快！

在未談到本題以前，特舉科學史上兩個故事，以作引言。（一）

〔註511〕胡宗剛著《廬山植物園最初三十年》，上海交通大學出版社，2009年7月版，第16頁。

〔註512〕胡先驌著《對於我的舊思想的再檢討》，1952年8月18日。《胡先驌全集》（初稿）第十五卷人文科學文章，第641～646頁。

從前法國拿破崙第三被普魯士打敗，失地賠款，一時國家富力頗受損傷，後來巴士德（Pasteur）研究自然發生（spontaneous generation）問題，發明許多重要的道理，應用於釀造，蠶桑各方面，增加法國的富力，比較對德之賠款更多。後來法國人民舉行「誰是法國第一個人物」之測驗，巴士德的票數居然超過拿破崙而被認為法國唯一的人物了。（二）電學的始祖法勒特（Faraday）起初試驗電磁感應的現象，甚為簡單，決沒有人能料及現在的工業狀況為電機所操縱的有如此之大。足見科學家之研究，其發動甚微而結果甚鉅；對於人類社會之貢獻，往往出乎常人意料之外！

講到中國人與西方科學之關係，本來很早。明朝有位徐光啟先生，曾同耶穌會有學問的教士研究，對於天文、算學方面頗有獨到之研究。後來在清代也有一部分人，由教會方面介紹，得到研究科學的機會。不久以前胡適之先生給我看一本赫胥黎著名的《生理學》譯本名叫《體用》，文字頗為古雅，恐怕是譯本資格最老者，現在大多數人都不知道他了。然而有目的的正式接受西方科學，還在庚子拳亂以後；那時朝野人士始覺悟到科學的用處，非研究科學不能富國強兵，圖存於世界。計算起來，到今不過三十幾年的工夫，可是中國之科學家對於科學之貢獻已經很不少了。

在國內研究學術機關最早成立的，當推北平之地質調查所──一九一六年──數年之後始有中國科學社之組織。這兩個機關的專家，多數是在科學界很負盛名的，外國許多學者都很稱讚他們。同時在外國作事亦有很多學問很好的中國科學家。例如著名的「皮蛋」博士王季羅女士，她當初因與家庭不睦，憤而赴美留學，研究營養化學，造就極深。後來充任美國芝加哥某研究院院長，許多外國科學家在她指揮之下從事研究工作。又如現任南開大學數學教授姜立夫博士，研究亦甚精到，從前在美國哈佛大學教書時頗負盛名。大概言之，中國留學生研究算學、物理、化學比較少數，但已成就了幾個傑出的人才。除上面所舉的兩位先生外，還有孫光遠、江澤涵兩博士。我們江西的吳有訓博士研究 X 光線，在外國之學術地位很高，他曾在一年內發表過四篇極有價值的論文。其老師 Comston 為世界一年輕之大科學家，他得諾貝爾獎金時才四十歲。江西還有一

位物理學家饒樹人先生，臨川人，現在北平研究院研究光學，曾做南開大學教授，為一般物理學家所敬仰。此外趙忠堯博士研究 γ 線，曾昭掄博士研究化學，都是極有成績的。

中國之生理學者有林可勝博士，他是德國和意大利兩著名學會的榮譽會員；又有湯佩松博士研究細胞生理，現在美國哈佛大學當生理學講師。研究中華麻黃對於醫學之功用，為中國之陳克恢博士，竟能成功，使麻黃為西藥中之聖品。現在外國關於麻黃研究論文已發表二百餘篇。

以下講到有地域性的科學的研究情形。

關於中國地質研究，當推丁文江、翁文灝先生。尤其是翁先生，在世界學術之地位很高，他辦地質調查所，對於中國地質研究已達到最高標準。他對於中國各地之地層情形，礦產分布，甚為精詳，歷歷如數家珍。中國若談到物質建設，非有這般精深學者之設計不可。由此看來，中國人之天分很高，研究科學之能力較日本人強。日本人只好做機械的工作，關於科學之理論方面往往生莫大之錯誤。此非片面宣傳，有事實為證。（一）先前北平地質調查所派謝家榮先生考察南京地質，謝先生在南京住了一月，將考察結果繪成一圖。後來國民政府聘了一位外國地質學家亦來考察南京地質，這位專家一年研究之結果，與謝先生一月所得者差不多。（二）有一位趙亞曾先生，北大地質系畢業，對於古生物學研究很好，六年內發表之研究論文達百萬字，不幸被匪殘殺，古生物學家葛利普（Grabau）博士曾為長文以悼之。諸君！做科學家並非一件難事，只要吃苦耐勞，精細去幹，沒有不成功的。即如秉農山博士本動物學專家，他近來又研究化石昆蟲，化石烏龜等，居然成績很好，這是我們的好榜樣呵！

中國生物學的研究，是我們幾個人開始的。我於一九一六年回國後，做了一些不相干的工作，後來到東大教書，繼從事採集植物，走了七八千里路，得到不少的標本，可惜後來都被火燒了。又有一位哈佛大學畢業的陳煥鏞先生，往海南島採集，該地生活困苦萬狀，時時有生命危險，他居然住了九個月，安全歸來。又有一位秦仁昌先生曾到浙江、安徽、蒙古、青海、甘肅等處採集植物，所得標本

都分存於中國科學社生物研究所、中大生物標本室、北平靜生生物調查所等處。中國研究植物分類學的人本來不少，而在青年中研究最有成績的，要推秦仁昌先生。他早先做過我的助理，後來在中央研究院做研究員。從前我們對廣西植物知道很少，秦先生在廣西得有三千餘號標本，除新種外，並採得二新科。他為中國唯一的羊齒植物專家。中國蕨類有一千五百餘種，有一位基督 Christ 先生是一位有名研究中國蕨類植物的專家，他所發表的新種，經秦先生精細考察一遍，竟有四分之三是靠不住的。英國皇家邱植物園為世界著名的植物院，藏有植物標本四百萬張，後因無人主持，頗為紊亂；他與其師及一美國植物學家在該園訂正錯誤不少，將來他研究中國羊齒植物終了之後，是要研究世界羊齒植物的。此外有左景烈先生在海南採集成績極好，他研究蘭科植物，在海南七個月，採得蘭科植物九十餘種之多，他還要繼續採集兩年。鄧叔群先生研究菌學也極有成績。李良慶先生研究藻類植物，發現中國不曾知道的三百餘種。還有一位我的學生唐燿君，研究木材解剖，關於華南華北闊葉木材之研究有很好的報告，現已被舉為英國木材解剖學會會員。又有一位靜生生物調查所的練習生夏君，專作切木片工作，已製成切片八百餘，每天能切二十種木材，此種成績，殊可驚人。至於動物方面，在秉農山先生指導下之成績更好。不過十年工夫，學生得博士學位多至十六人。內有一位方炳文君，研究爬崖魚最有名。研究神經學者有湖南歐陽翥先生，為中國在德國柏林大學得獎學金第一人。在法國研究昆蟲之楊惟義君，將來對於昆蟲學定有很好之貢獻。

　　上面所說的許多話，並非為中國科學家宣傳；在表明中國人有優越之腦力，研究科學之時間雖短，而成績則甚卓著，在世界學術研究上已占重要之地位。希望在座諸君各個努力，各個願望並實行做一個科學家，中國方有辦法。中國現在需要多量的科學家，做推進各項事業之原動力。即如現在政府天天提倡造林，而造林之費用實等於虛擲；因為目前中國真正認識樹木的人才只有四個半人，而森林家認識樹木的只有二人。如此廣大的盲目造林，縱林場遍地，木材無用，有何利益？不久以前，有人傳說，政府通令各地，謂中國目前沒有飛機用的木材，須速向外國購辦新種栽植，二十年後始

有木材，可供造飛機之用。這事如果是真的，豈非笑話？我國有一千餘種木材，何種木材適用於飛機，一試便知。此皆缺乏科學知識所鬧之笑話。諸君！中國現在需要科學家是何等的迫切！

吾們江西人的腦力不比別人差，而刻苦耐勞之精神則比別人強，此正具備科學家成就之條件。大家能努力研究，縱不能做第一流的科學家，亦可作第二三流的科學家。第二三流科學家對於社會、民生就有相當的貢獻。〔註513〕

12月，合辦廬山森林植物園再次得到江西農業院理事贊同。

胡先驌再度來江西，出席江西農業院理事會第一次會議。在會上，胡先驌力陳由靜生生物調查所與江西省農業院合辦廬山森林植物園，得到與會理事們的贊同。胡先驌帶此消息回北平後，在12月22日靜生所委員會第十二次會議上，彙報了在江西的情況，再次提出籌設廬山森林植物園議案，及籌設之方式和預算，原則上得到通過。會議記錄載有：「胡所長提出籌設廬山森林植物園計劃及預算，議決原則上作通過，請胡君即函江西省府，請求捐地畝與開辦費，並擔任常年經費之半數，俟江西省府正式覆文到所，再提請中基會審核辦理。」〔註514〕

17日，胡先驌致劉咸信函。

重熙老弟惠鑒：

十二日手書備悉。馬女士處已去快函相約（前已數數通函），請彼電覆，大約不出兩星期，必有結果也。動物學教授以驌所知，現在南開大學生物系主任熊大仕博士（南昌人）實為一傑出之人才。彼本習獸醫，對於家畜胃腸原蟲動物研究卓有貢獻，對寄生蟲之研究亦佳（均在敝所彙刊中刊布），而人極質樸沉著，將來在原生動物與寄生蟲學必為有名之學者。惟不善於教授法，不知山大有聘之之意否？熊君在南開教課甚多，而張伯苓對於彼之研究毫不感興趣，

〔註513〕《胡先驌全集》（初稿）第十四卷科學主題文章，第108～110頁。
〔註514〕《靜生生物調查所委員會議記錄》，中國第二歷史檔案館，609（3）。胡宗剛著《廬山植物園最初三十年》，上海交通大學出版社，2009年7月版。第16頁。

然彼始終不肯棄去者，則以北京無甚機緣，而天津距平伊邇，易於利用敝所圖書之故。若山大聘彼，則青島距平雖較遠，然尚不至過遠，研究環境亦較好，兩有所利也。如有見聘之意，驌可代為接洽，餘容後詳。

　　即頌

挈祺

　　　　　　　　　　　　　　　　　　　　先驌　拜啟

　　　　　　　　　　　　　　　　　〔廿二年〕十七日

另有啟者：

　　舍侄德煌（再從）北大史學系畢業，彼少年孤露，堅苦卓越，乃抵於成，治中國史，極有史識（彼對於中國上古史與漢代文化頗有心得，而英文、考古學、先秦史學曾從中大沈剛伯（牛津）先生講習，故對於中國古史尤有卓識），而上進之心與日俱進，不但為吾家千里駒，即國內少年治國學者，亦罕其匹。現在江西教育廳編輯部服務，正纂述《孔子哲學》一書，其體例之佳，為驌所歎許。不識能介紹至史學系任講師，或高級助教否？（薪水須百元或以上）

（如任助教，可使教一門課，俾得從容預備，以為升講師之預備）

此子為鄉里英俊，甚盼足下能提攜之也。

　　　　又及。〔註515〕

是年，當選北京博物學會會長，為期 1 年（1933～1934）。〔註516〕

是年，派北平靜生生物調查所採集員蔡希陶到雲南的永仁、濱州、建水、石屏、峨山、祿豐、楚雄、蘭坪、大理、知子羅、上帕、瀘水、福貢、龍陵採集標本達 3500 號。「一九三三年在永仁、賓州、建水、石屏、峨山、祿豐、楚雄、蘭坪、大理、知子羅、上帕、瀘水，龍陵等地採集植物標本三千五百號。」〔註517〕

〔註515〕周桂發、楊家潤、張劍編注中國科學社檔案資料整理與研究《書信選編》，上海科學技術出版社 2015 年 10 月版，第 79～80 頁。

〔註516〕孫承晟著《萬利普與北京博物學會》，《自然科學史研究》第 34 卷，第 2 期（2015 年），第 191～193 頁。

〔註517〕胡先驌著《植物分類學簡編》，高等教育出版社 1955 年 3 月版，第 4 頁。

是年，創辦植物園是胡先驌事業中的重點。

　　胡先驌應西部科學院盧作孚邀請，前往四川北碚，為該院創設植物園作指導，仍對西山植物園事念念不忘，感歎云：「作者有意在北平創一植物園，數載於茲，尚無眉目。而在數千里外，在作者指導之下植物園，在短期內即可實現，可見在適當領袖人物領導下，百事皆易於成就也。」由之可見，創建植物園一直縈繞於胡先驌的心中。〔註518〕

是年，作《四川傑出人物盧作孚及其所經營之事業》文章在《為小善週刊》（第2卷第26期，第28～32頁）發表。

是年，俞德濬撰寫《植物採集計劃大綱》。

　　1930年盧作孚在重慶北碚創辦中國西部科學院，其中之生物研究所請秉志、胡先驌為之設計，並推薦人員前來主持。其時，胡先驌兼任北京師範大學教授，門生俞德濬，甚得器重，納為助教。……俞德濬在川三年，本文披露其在1933年為是年採集而撰寫《採集計劃大綱》，從中可悉其所制定採集任務何其豐富，其精神又是何其飽滿，今人難以望其項背。

　　一、採集地點：1. 川西區：灌縣、懋功、穆平、天全、蘆山、雅安、峨邊、峨眉、馬邊、壽縣，以及川康邊境。2. 川西北：汶川、理番、茂縣、松潘草地，以及川甘邊境（岷山山脈一帶）。

　　二、採集時間：五月十日出發，十月半歸來。

　　三、採集人員：第一組：俞季川、孫祥麟偕長工一人、短工若干人，往川西區各地採集；第二組：杜大華偕長工一人，短工若干人，往川西北區各地及川甘邊境採集；第三組：彭彰伯偕長工若干人，往峨眉、峨邊等地搜羅籽種、苗木，附採標本。

　　四、預採標本種類：1. 臘葉標本：凡各山所產樹木、花卉、苔蘚、蕨類均在搜集之列；2. 木材標本：凡喬木木材均可採取，而注意其特富經濟價值者；3. 經濟植物標本：各地應用植物性原料品，

〔註518〕胡先驌：《中國科學發達與展望》。《胡先驌文存》下冊，南昌：江西高教出版社1995年，第260頁。胡宗剛編《廬山植物園八十春秋紀念集》，上海交通大學出版社，2014年8月版。第005頁。

如纖維料、油漆料、製紙料及特殊食料等，除購買成品，調查治法外，並須採得完全標本。4. 藥材標本：各地特產何種藥材，除購買藥材外，注意調查並採集完全標本。5. 籽種：重要林木、特殊農作物及觀賞植物之籽種，設法大量收集之。6. 幼苗：凡珍異或特產之喬木、灌木，調查產地，移植幼苗。7. 球根：凡珍異或特產之多年生草本，移植地下莖或根部。

　　五、採集標本注意事項：1. 木本中每個標本之大小，至少長一尺五寸，寬八寸。2. 每號標本至少五份，至多十五份，特異者不限此數。3. 同號標本之選擇注意其形態上變異性愈大者，採集份數必須增多，如柳屬、楊屬、懸鉤子之類。4. 同地採集同樣標本編寫一號，每份均加號牌，並詳細記錄。5. 兩地相遞或相同之植物，不避重複，仍須採集至多以一縣為單位。6. 複雜或嫩弱花朵，宜分解後壓製，如鳳仙花科等是。7. 松柏科中之雲杉、冷杉兩屬選擇葉片及果實一二枝，浸入5%至10%佛爾馬琳液中保存。

　　六、採集籽種注意事項：1. 預備採取種籽之樹下，須先採集完整之標本，並記明詳細地點、產地情況或懸掛木牌，以便識別。2. 採於適宜之時候，寧失之太晚，勿失於太早。3. 選中年壯大的母樹所結熟狀之種子，緇褶不完者不取。4. 檢取林間已熟落之種子，注意其有無蟲害及黴毀情形。5. 肉果用水洗去漿質，毬果須先乾燥，除去鱗片，取得純淨之種子。6. 採後放日光中或風乾，不可加熱，烈火燻烤。7. 儲存高燥通風低溫處，不可潮濕發黴或受熱。8. 注意種類：紅杉屬、鐵杉屬、松屬、櫟屬、胡桃屬、樟柟屬、栗屬、木蘭屬、珙桐屬、杜鵑花屬、芮德木屬、其他。

　　七、採集幼苗注意事項：1. 苗木高度取在三、四尺以下者，每種至少十株，珍貴者不在此限。2. 移植時，直根可以剪短，而注意側根及鬚根之保持。3. 運輸時根部用原土及苔蘚包裹全體，外用稻草嚴密包好。4. 移植後宜折去葉片或小枝若干，並放置陰濕避風處。5. 在相當地點設堆植區，暫時保存並栽培。6. 注意種類：杜鵑花屬、珙桐屬、木蘭屬、薔薇屬、山茶屬、八仙花屬、芮德木屬。

　　八、採集球根注意事項：1. 凡球根鱗莖蕨根等均須風乾後，用乾苔蘚包裹或細砂保存，裝箱運輸。2. 春夏季節所見可供栽培之球

根植物等，須記明產地，掛立木牌，以便秋季移植。3. 球根宜取成熟者，務避生育期間之移植。4. 重要種類：百合屬、萱草屬、黃精屬、鳶尾屬、秋海棠屬、櫻草屬、蕨類、其他。

九、記錄事項：1. 旅行日記：每晚依當日觀察社會及自然界情形，摘要記錄。2. 標本記錄：在採集時就生產地情形及植物易變之性格記載。3. 攝影記錄：記載月、日、時間、地點、目的物、附屬景物、光圈大小、曝光長短等等。

十、採集費事項：1. 本年預算三千元，其中旅費七百元，指伙食及旅店費用；運輸費一千一百元，指車船及力伕費；購置費八百元，指購置各種儀器及用具費用；雜費四百元，指零星之消耗及不屬上列三項之費用。2. 各組分配如下：第一組一千二百元、第二組八百元、第三組四百元，其他六百元，用在出發前之各種購置或雜費。3. 日用賬，每日清算一次，總賬單每月結算一次，寄院查核。4. 購買支出款，須有收據並加蓋印記，零星款項，須有經手人單據。5. 個人借款力求減少，如必需時，記入暫付款項下，每月隨同總帳報告會計處轉帳。

十一、應備器物事項：（從略）採集用具、記錄用具、旅居用具、製作用具、各種藥品。〔註519〕

是年，胡先驌致劉咸信函。

1933 年，有門生劉咸者，為其父劉肅詩集請胡先驌題籤。劉咸，江西都昌人，與胡先驌為同鄉。胡先驌覆函云：「手書備悉，尊大人詩集題籤事已轉陳封懷函懇伯嚴先生。驌於書法素不措意，近年尤荒疏，勉為書題，恐適為玷。茲寄呈，可用則用之，否則仍以託他人為愈也。」〔註520〕

是年，蔡希陶在雲南採集標本。

《靜生生物調查所第六次年報》記載甚詳，摘錄如下：（一九三

<hr>

〔註519〕 胡宗剛著《俞德濬撰〈中國西部科學院生物研究所廿二年度植物部採集計劃大綱〉》，公眾號註冊名稱「近世植物學史」，2023 年 03 月 23 日。

〔註520〕 胡宗剛著《胡先驌為他人著作題籤》，公眾號註冊名稱「近世植物學史」，2023 年 05 月 29 日。

三年）動植物部前派常麟春赴雲南採集，常君於今春赴滇南之寧海、通海、江川、昆陽、蒙化、景東、石屏、臨安等地採集，於夏間轉赴滇西之劍川、麗江、大理等地採集，所得鳥類、哺乳類、爬蟲類、兩栖類及蚌類、魚類標本甚多。雲南生物採集隊，仍由蔡希陶君統率，今年自五月至十一月蔡君專在雲南西北部及西部之高山區域調查及採集，曾至怒江及瀾滄江流域大理、上帕等地，此區在最近二十年中曾經英人金唐瓦德及福納司特發現極多之新奇杜鵑與櫻草等，蔡君在此採集所得亦多，其制就之臘葉標本共三千五百餘號，都三萬五千餘份，暨木材標本七十種。〔註521〕

民國二十三年甲戌（1934） 四十一歲

1月26日，任鴻雋致劉咸信函。

重熙先生大鑒：

奉十九日來示，忻悉文駕已於月中到滬就職，一切計劃皆極中肯要，曷勝欽佩。行見指揮，一定旌旗易色，為《科學》前途慶也。一年以前，弟在北平，曾約集詠霓、步曾、洪芬諸先生，為改良《科學》內容之計劃。茲將當時所擬辦法油印紙寄上一份，以供參考。若能如尊緘所云，將負責編輯及特約通信員組織完備，則所有計劃不難實現。承囑為十九卷一號作文，恐時間迫促，不易交卷。但既承公命，容稍緩得當以報。

匆復，即頌

撰安

鴻雋 頓首

廿四年一月廿六日

允中兄均此〔註522〕

1月，《評錢基博〈現代中國文學史〉》文章在《青鶴》雜誌（第2卷第4期，第1～8頁）發表。摘錄如下：

〔註521〕 胡宗剛著《靜生生物調查所史稿》，山東教育出版社，2005年10月版，第73頁。

〔註522〕 周桂發、楊家潤、張劍編注中國科學社檔案資料整理與研究《書信選編》，上海科學技術出版社2015年10月版，第136頁。

吾國昔日無文學史之作，入民國以來始稍稍有此。至近年則文士輕於執筆，書益多而可讀者益寡。曾毅之作，雖稱當行，而語多因襲，殊少創見。謝無量之作，蓋為人傭書，但圖篇幅之多，不論內容奚似，膚淺駁雜，久為識者所詬病。自白話文興，胡適之徒深持門戶之見，持論出主入奴，久無客觀之平允。胡適之《白話文學史》，已有人譏為白話史而非文學史。劉大白之作，亦蹈此轍。至於陸侃如與馮沅君之《中國詩史》，與鄭振鐸之《中國文學史》，則尤每況愈下矣。胡光煒之作，尚未獲見。吾友王易之《詞曲史》，最為精博，允為現代一重要著作，堪與（一）梁啟超之《先秦政治思想史》，（二）馮友蘭之《中國哲學史》並列。最近錢基博刊布所著之《現代中國文學史》，則亦可讀而有個性之作也。

錢書之宗旨與方法，見於其序與跋中。是編網羅現代文學家，嘗顯聞民國紀元以前者，起王闓運以迄胡適。人不求備，而風氣變遷大略可睹。略仿儒林分徑敘次之意，分為二派。曰：古文學、曰：新文學。每派之中，又昭其流別，如古文學之分文詩詞曲。新文學之分（一）新民體，（二）邏輯文，（三）白話文。而古文學中，文有魏晉與駢文、散文之別。詩有魏晉、中晚唐與宋詩之別。各署一大師以明顯學，而其弟子朋從之有聞者，附著於篇。知人論世，詳次著述，約其歸趣，跡其生平，抑揚詠歎，義不拘虛。在人即為傳記，在書即為敘錄，各極其詳，而以俟後來者之要刪焉。事隱於此而義著於彼，激封映發，以見微旨。是編敘戊戌政變本末，詳見康有為、梁啟超篇。而戊戌黨人之不屬人意，則見義於章炳麟篇，藉章氏之論以暢發之。其獨到處在此，其可讀處在此。雖其書可商榷之處尚夥，然終為今日著述界有價值之著作，可斷其必能風行於一時，即在百世之下亦不至於覆醬瓿也。

此書若作文學史讀，殊覺於體例未合。蓋不但不求備，且過於不備，其詳當後論之。但若作文人傳記讀，則殊令人不忍釋手。蓋珍聞軼事，網羅極多。要皆知人論世所不可不悉，而苟搜集匪時終必遺失者。即此掌故之彙集，已大有功於文獻。稔其目光如炬，立論平允，不阿不諛、不偏不激，雖違史體，而裕史識耶。

錢書可誦之諸篇，在上編古文學中，則以關於章炳麟一篇為最

佳。在下編新文學中，則關於康有為、梁啟超、嚴復、章士釗、胡適諸篇，皆極精粹。使此書即僅論列此六家，自清季至今日學術思想變遷之跡，已犖然可睹，而為現代學術史最佳之資料矣。其中所搜集之遺聞佚事，皆極有關現代思想與政治，而為吾億兆國人所託命，而又非時人所共知者。……現代中國三十餘年來，以戊戌革命與辛亥革命為二最大事，其波動所及，且不知所屆，而一切皆肇端於此數人之性情、環境與學術言論。此本書聖伯甫式之摭撮瑣聞，以為知人論世之鍵之所以可貴歟。

今夫此諸人之功罪，世人對之有真確認識者鮮矣。是書要言不煩，但掇拾排比諸公之言行，俾諸公之言論，散見於數十年中各報章，而久為世人所遺忘者，得重行有系統，而粲然自見於讀者之前。讀者因而能得對於此諸人正確之批判。……

就文學本體言，錢書之所論列與表張者亦無大疵，而尤能徵引諸師之言論，以闡明各人之立場。讀者誦此，可節披閱之勞矣。……

夫史之為體，必求其備。而長編云者，實乃未成之書。則所收資料將益多，而不得託言其為資料遂任意棄取也。余固不知文，然頗知現代治散文者，必不能不舉陳三立。而郭立山之為桐城派名宿，豈可一字不齒及。……若不限於躬及國體變更者，則（一）述王闓運而不及高心夔。（二）述中晚唐詩而不及梁鼎芬。（三）述康有為而不及邱逢甲、黃遵憲。（四）述陳三立而不及俞明震、陳曾壽。（五）述閩詩而不及陳書、沈瑜慶、張元奇。（六）舉胡朝梁而不知江西詩人華焯、胡思敬、楊增犖，及後起之汪國垣、王易、王浩。（七）述梁啟超而不及林旭、劉光第。（八）張朱祖謀、況周頤而不及文廷式、鄭文焯、趙熙、周岸登、王易，寧非異事？尤為余所不解者，此書於最稱一代大師，前與戊戌後與復辟兩役，博洽淹貫，殆與章炳麟、康有為相若或且過之，詩文詞、書法無一不造極詣之沈曾植，乃無一字語及。號稱為文學史，何以知李詳、孫德謙、孫雄甚詳，而竟不齒及沈曾植也？其餘詩人如柯劭忞、周樹模、曾廣鈞、曾習經、張謇、鄭沅、王樹楠、程子大、冒廣生、黃節、范罕、柳詒徵，皆宜連翩論及之者，乃處於不論不議之列。原書固不求備，然無乃太不備乎。女子如碧城，似亦可附於樊增祥之後也。

雖然，此書之嘉惠士林者至矣。余評騭所以不敢不盡者，以作者之卓識宏文，不欲令其書不為完璧也。〔註 523〕

1月，靜生生物調查所出版品價目表、靜生生物調查所彙報。

第一卷

一、壽振黃：天津之一新灘塗魚 …………………………$25

二、胡先驌：中國植物長編：幌幌木科，亞麻科，
　　　　　　無患子科 …………………………………………$80

三、胡先驌：中國東南諸省森林植物進步之觀察 ……$30

四、沈嘉瑞：等足類之新種 ………………………………$35

五、壽振黃：北平之兩棲類 ………………………………$55

六、秦仁昌：河北省之一新岩蕨 ………………………$20

七、壽振黃：浙江嘉興及新昌之魚類 …………………$40

八、乘志：廈門沿海動物之一斑 ………………………$40

九、秦仁昌：中國蕨類之研究 …………………………$40

十、壽振黃：蘇州之魚類 ………………………………$90

十一、秉志：哈爾濱螺類之新種 ………………………$15

十二、胡先驌：中國指草蕨屬各種之研究 ……………$20

十三、秉志：河南安陽之口殼 …………………………$25

十四、沈嘉瑞：中國北部蟹類新種 ……………………$20

第二卷

一、秦仁昌：中國蕨類之研究三 ………………………$30

二、秦仁昌：中國蕨類之研究四 ………………………$45

三、熊大仁：中國羊瘤胃內之原生動物 ………………$30

四、唐進：山西省植物採集記 …………………………$35

五、壽振黃、張春霖：河北省鰍類之調查 ……………$35

六、喻兆琦：中國北部之蝦形歪尾類 …………………$35

七、唐進：河北省木本植物之研究 ……………………$20

八、何琦：北平蚊蟲之調查 …………………………… $1.00

〔註 523〕張大為、胡德熙、胡德焜合編《胡先驌文存》（上卷），江西高校出版社，1995年 8 月版，第 327～331 頁。

第四卷

一、沈嘉瑞：中國之葉腳類·····················\$16

二、楊惟義：華北椿象志略·····················\$76

三、秦仁昌：中國蕨類之研究九·················\$1.40

四、喻兆琦：伍獻文博士所採集之中國寄生橈足類··\$48

五、Markewitsch, A. P.阿穆爾河鱒魚寄生橈足類新種·\$36

六、秉志，閻敦建：中國西北部之螺類誌··········\$1.00

七、唐燿：中國裸子植物各屬木材之研究·········\$1.20

八、Mallach, N：中國葉蜂新種·················\$20

九、鄧叔群：北平真菌之記載····················\$16

十、秦仁昌：中國蕨類之研究十；Christenson, C.，

及秦仁昌：中國蕨屬，蕨類之一新種·········\$1.40

合購價目第一卷國幣伍圓、第二卷捌圓、第三卷陸圓、第四卷柒圓。自第五卷起分動植物兩部出版，預定每部每卷連郵費陸圓貳角伍分。

其他出版品。

胡先驌、陳煥鏞：中國植物圖譜第三卷··············捌圓

胡先驌、秦仁昌：中國蕨類植物圖譜第一卷·········陸圓

中國動物志，已出二冊。

IX. 1 沈嘉端：中國北部蟹類誌····················拾圓

XI. 1 Needhrm, J. G 中國蜻蜓誌····················拾圓

售書處北平西安門內文津街三號本所。〔註524〕

1月，中國科學社董事會、理事會名單。

中國科學社董事會名單：馬良、蔡元培、汪兆銘、熊希齡、吳敬恒、宋漢章、孫科、胡敦復、孟森、任鴻雋（書記）。理事會名單：任鴻雋（會長）、周仁（會計）、楊孝述（總幹事），丁文江、王璡（常務）、胡先驌、李協、胡庶華、孫洪芳（1934年任滿）、翁文灝、趙元任、胡剛復（常務）、秉志（常務）、竺可楨（常務）李四光（1935

〔註524〕中國科學社發行《科學》，1934年1月，第18卷第1期第5頁。

年任滿）。〔註525〕

2月6日（農曆臘月二十三），次子胡德耀在北平西紅門2號寓所出生。

2月7日，中央研究院致胡先驌信函。

> 敬啟者：
>
> 　　海南動物採集隊人類民物組請求本院津貼一節，業奉院長面諭，由本院社會科學研究所一次津貼五百元。惟該組所得材料，應贈送本院全份。因上項辦法，如蒙贊同，應請該隊正式函復，俾便進行。諸希察照轉知，並乞示復為荷。
>
> 　　此致
>
> 胡步曾先生
>
> 中央研究院
>
> 二十三年二月七日〔註526〕

2月13日，胡先驌致中央研究院總幹事丁巽甫信函。

> 敬復者：
>
> 　　大函奉悉，津貼海南採集隊人類民物組一節，既承貴院允諾，毋任感荷。將來該組所得材料，自當贈送貴院全份，此事業經轉函中國科學社生物研究所所長秉農山，先就近代表向貴院接洽辦理一切，具復貴院。特此函復，請煩查照為荷。
>
> 　　此致
>
> 國立中央研究院總幹事丁巽甫
>
> 胡先驌
>
> 二月十三日〔註527〕

〔註525〕中國科學社發行《科學》，1934年1月，第18卷第1期，第6頁。

〔註526〕胡宗剛撰《胡先驌先生年譜長編》，江西教育出版社，2008年2月版，第200～201頁。

〔註527〕胡宗剛撰《胡先驌先生年譜長編》，江西教育出版社，2008年2月版，第201頁。

1934 年江西省農業院成立時的辦公樓及風雨亭

　　3 月 6 日，江西省農業院在原有的農事試驗場、林場、農藝專科學校及農科職業學校的基礎上合併組建而成。開始在南昌農事試驗總場內辦公，院址後來設在南昌縣蓮塘伍農崗。胡先驌在《江西省農業院成立二週年紀念會演講詞》中認為，該院在家禽防疫、稻作育種、防治穀害蟲及辦理耕牛保險方面取得很好的成效。

　　　　江西省政府省務會議，於民國二十二年（1933 年）七月十四日，通過「改進江西農業計劃大綱」，籌設農業院，主辦全省之農業試驗，農業推廣，及農業教育，以謀農業技術之改進與農村生活之改善。十二月農業院理事會開第一次全體會議，推舉院長，請省政府聘任。二十三年（1934 年）一月，省政府致發院長聘書。彼時時進正由皖贛兩省考察返京，得此消息，自揣力不勝任，不敢冒昧承擔。然理事會諸公之盛意不可卻，熊主席之諄囑，蔣委長之電調，不得不遵，爰本四夫有責之意，勉為應允，於二月杪偕總務主任胡子昂君來贛。當時本省剿匪軍事正值緊張，南昌旅店皆患人滿，煞費交涉，始於青年會賃得一室，余等二人寢食辦公會客皆在其內。嗣後乃借到民政廳側院空房三間，略加裱糊，作為臨時辦公及膳食處所。時進之辦公室即建設廳移用後之門房也。三月六日，理事會第一次常務會議，通過農業院組織大綱，議決本院即日成立，並將原屬教育廳之各農業學校及原屬建設之各農林場歸本院合併管轄。至是此全國創見之農業機關，遂告產生。於是本院乃進行接收南關口省南農業試驗場及農藝專科學校，於三月二十三日遷入辦公，試驗場原駐滿軍

隊,幾經交涉,始得騰出。惟以歷年駐兵,房屋失修,本院接收時窗戶(牆)壁,無一完者,雖稍加補葺應用,仍時虞風雨之侵襲耳。又該地原為往來南昌與剿匪區域之總孔道,軍隊來往必經其處,歷年駐紮習慣,大有兵至如歸之勢,原駐部隊甫行騰讓,其他隊伍復接踵而來。其後數月應付來往軍隊,少則三五日一次,多則日必數起。吾人精神上之不安,可以想見。〔註528〕

3月上旬,胡先驌在《靜生生物調查所設立廬山森林植物園計劃書》中,進一步闡述了建園的目的和意義,宗旨是加強價值高的樹木和花卉風景樹方面研究,為江西林業、園藝服務,提高江西科技水平,促進江西經濟發展。摘錄如下:

中國天產號稱最富,而植物種類之多,尤甲於各國。蓋因氣候溫和,雨量充足,除北部諸省外,皆多名山,其森林帶較之同一緯度之美國東部,高至二倍,故中國雖無彼邦著名偉大喬木,如梣槿之類,然蜀滇諸省之針葉林亦至雄偉;美國林木不過五百餘種,中國則有一千五百餘種之多。第因昔日政府人民不知保護與培養,遂使交通便利各省之原始森林砍伐殆盡,市場呈材荒之象,外國木材乘機輸入,遂為巨大漏卮。又以內地森林未經詳細調查,至樹木之種類不辨、材性不明,可用之材不能利用,貨棄於地,殊為可惜。而各地林場年糜鉅款,盲目造品質低劣之森林,實國民經濟中最不經濟之舉也。

江西素以出產木材著稱,然以民間砍伐之無度,造林之不講,遂令全省木材產量日減,而全省大部分皆呈童赤之象。如百餘年前西人在贛北旅行遊記中,曾述及鄱湖兩岸,盡生金葉松林,至今則金葉松僅廬山北嶺有數株,即一事例;他如有價值之巨材,若宜昌楠木、珍葉栗、大葉錐栗等在浙江、湖北諸省均甚普遍,而贛北僅在廬山略有殘餘;即以杉木論,亦以輪伐之期過促,至無巨材,直接影響林業經濟甚大。故欲樹立江西林業政策,必須從調查本省所產林木種類,研究其材性與造林之性質入手,則森林植物園之組織實為當務之急。

〔註528〕董時進著《本院創辦兩年來之回憶》。1936 年江西農業院編著《江西農業院新院落成暨成立兩週年紀念刊》,第 6~10 頁。

　　又中國名葩異卉，久為世人所豔稱。西人年糜鉅款，至中國搜採種子苗木，然尚供不應求，如四川產之楸桐、苗高二尺者，在倫敦每株價可貴至英金一磅。西人每謂若在揚子江下游，擇一適當地點，以繁殖改良中國產的之卉木、蔬菜種子，必可壟斷世界市場。而當中國內政益趨修明之時，國內行道樹、風景樹、花卉灌木之需亦日廣，苟不自起經營，必至又添一筆巨大漏巵，苟森林植物園成立於此，亦可兼營。

　　在目下江西農村復興運動發軔貴院成立之初，宜及時著手以樹百年大計，為發達林學與花卉園藝計，森林植物園之設立實不可緩。敝所自成立以來，即以全力調查全國樹木，採集植物標本，遠及東北與西南各省，研究成績頗為歐美先進諸邦學術界所稱道，久有創辦森林植物園之擬議，第以經費拮据，迄未積極進行。

　　盧山地處長江下游，氣候溫和，土質肥沃，為東南名勝，交通亦稱便利、於此創辦森林植物園，洵為適當。斯園成立必能解決江西林業問題，兼可輔助江西花卉園藝新事業之成立。〔註529〕

3月22日，共同成立盧山森林植物園。

　　在中華教育文化基金董事會第八十三次執行、財政委員會聯席會議上，由幹事長任鴻雋提出，並經討論通過靜生生物調查所與江西省政府合作，在盧山設立森林植物園議題。合作基本方式是，江西省政府撥付地畝及開辦費，每年經費1.2萬元，由兩家平均負擔，先行試辦三年。胡先驌以其在學界的地位和出色的組織才能說服了靜生所委員會的委員們，使得在盧山創建森林植物園成為大家的共識。〔註530〕

3月22日，胡先驌創辦盧山森林植物園的建議，終於在中基會第83次會上，經討論通過。靜生生物調查所與江西省政府合作，在盧山設立森林植物園，

〔註529〕 胡先驌，《靜生生物調查所設立盧山植物園計劃書》，南昌：江西省檔案館，61（1055）。胡宗剛著《靜生生物調查所史稿》，山東教育出版社，2005年10月版，第90～91頁。
〔註530〕 胡宗剛著《盧山植物園最初三十年》，上海交通大學出版社，2009年7月版。第16頁。

即除地畝及開辦費由江西省政府撥付外，每年經費 1.2 萬元，由兩家平均負擔，先試行 3 年。自傳載：「隨後便與江西省農業院合辦廬山森林植物園，由秦仁昌為主任，陳封懷為技師」。〔註 531〕

　　廬山森林植物園園址為前江西省立沙河農林學校的實習林區，1928 年，撥劃給星子林業學校，作為該校實習基地，1933 年該校與沙河農林學校合併，該為江西省立農林學校三逸鄉演習林，後該為江西省立農林學校實習林場。1934 年，經省政府同意，全部撥充植物園址。包括三逸鄉、含鄱口、七里沖、五老峰、三疊泉等地。東至三疊泉，西則與廬林接壤，西南經太乙封之陰而達含鄱口東下分水嶺，中心便是三逸鄉谷地。

　　3 月，任《中國植物學雜誌》總編輯。

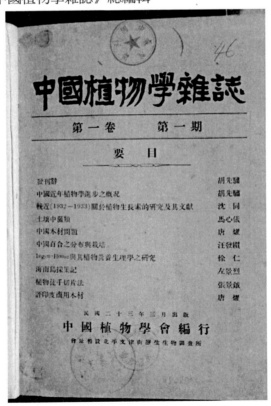

中國植物學會編行《中國植物學雜誌》第 1 卷
第 1 期，主編胡先驌撰寫發刊詞

〔註 531〕胡先驌著《自傳》，1958 年。《胡先驌全集》（初稿）第十五卷人文科學文章，第 656～659 頁。

　　中文季刊《中國植物學雜誌》（英文名稱為 The Journal of the Botanical Society of China）第 1 卷第 1 期在北京正式創刊，5 月正式出版，該刊由設在北平靜生生物調查所的中國植物學會編輯發行。刊物的定位是「半通俗式」，主要任務是普及植物科學知識，培養公眾對植物學的興趣。該刊主要登載植物學各研究領域的新進展、研究論文（要求文字半通俗）、世界植物學家小傳、國內外植物學界新聞、植物採集遊記、植物學實驗與教學方法、學會會務消息等內容。1934～1935 年第 1 卷《中國植物學雜誌》共出版了 4 期。每三個月出版一期，季刊，四期為一卷。在 1949 年前，均由胡先驌擔任。出版至 1952 年 6 月，共出 6 卷。

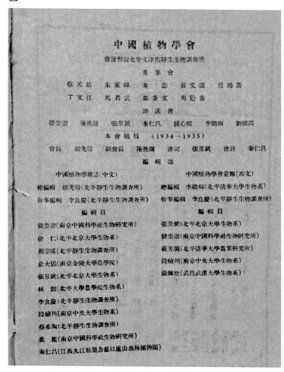

中國植物學會會長、總編輯胡先驌

《中國植物學雜誌》（中文）編輯部：

總編輯胡先驌（北平靜生生物調查所）

幹事編輯李良慶（北平靜生生物調查所）

編輯員

錢崇澍（南京中國科學社生物研究所）

徐仁（北平北京大學生物系）

周宗璜（北平靜生生物調查所）

俞大紱（南京金陵大學農學院）

張景鉞（北平北京大學生物系）

林鎔（北平大學農學院生物系）

李良慶（北平靜生生物調查所）

段續川（南京中央大學生物系）

蔡希陶（北平靜生生物調查所）

裴鑒（南京中國科學社生物研究所）

秦仁昌（江西九江牯嶺含鄱口廬山森林植物園）

春，靜生生物調查所派員進行動物標本採集。

　　《第六次年報》：本所動物部今春與中國科學社生物研究所、中
央研究院動植物研究所、山東大學等學術團體合組海南生物科學採
集團。本所派何琦君等四人參加，一月十日由平起程，到達海南後，
該團分陸海兩隊工作。海隊在沿海地帶工作，採集以海產生物為主；
陸隊則深入黎苗所居之山嶺區域工作，採集以陸產生物為主。何琦
君負帶領陸隊之責，率隊員六人，在黎境工作者，歷時十月餘，經
彥聖、同甲、毛尚嶺、保停、白魄、新村港、沙漠崛等地，幾經困
苦，同行六人均先後患病，幸處理得法，工作未嘗間斷。十一月中，
何君率隊員北返，攜回大批獸皮、鳥皮、爬蟲類、軟體動物、環形
動物、寄生蟲標本、甲殼類、蜘蛛、百足等標本。張春霖君於七八
月間，赴青島採集沿海魚類，計採得標本千餘號。喻兆琦君在南京
與青島採集得寄生橈足類等足類標本一批。顧東嶽君在北平附近採
得軟體動物標本千餘件。趙安祥、常麟春、洪紹山三君又赴淶源採
集魚類、鳥類、哺乳類、蚌類不少。〔註532〕

3月，《〈中國植物學雜誌〉發刊辭》在《中國植物學雜誌》（第 1 卷第 1
期，第1～2頁）創刊號發表。摘錄如下：

　　吾國地處溫帶，北接朔漠，南鄰炎荒，東至海澨，西抵雪古，
　名山大川，字內鮮敵，地形氣候，變易萬千，故植物品匯特多，而

〔註532〕 《靜生生物調查所第六次年報》。胡宗剛著《靜生生物調查所史稿》，山東教
　　　　育出版社，2005 年 10 月版，第 82 頁。

禹域有花國之號也。國人復秉先儒格物致知、利用厚生之教，爭以多識鳥獸草木之名為尚，故本草之學特為發達。神農假託，固不足信，然自陶弘景至李時珍，治斯學之人，難屈指數。至吳其濬，則駸駸有純粹科學研究之楷模矣。他如歐公之《洛陽牡丹譜》，范成大之《南方草木狀》，以及吳《菌譜》《苔譜》等作，尤見昔人研討之精，已有歐西學者之科學精神矣。

至真正效法歐西之植物學學研究，在吾國尚為民國紀元以後之事。至近年則國內斯學之研究甚為發達，專研植物分類學之研究所有四，此外尚有各大學之植物標本室，遂使斯學之進步，有一日千里之勢，分類學專家已有多人，皆能獨立研究，不徒賴國外專家之臂助。關於中國蘚類植物之研究，且駕多數歐美學者而上之。即在具普遍性之形態學、生理學、細胞學諸學科，亦有卓越之貢獻。此種長足之進步，殆非二十年前所能夢見者也。

然斯學專精之造就，雖亟可稱，而普及方面，仍鮮進步。中等學校植物學之教學與設備，仍窳陋如故也。一般社會對於斯學，仍冷淡如故也。植物學之知識，不能傳佈於農林園藝界如故也。所以然者，側由於治斯學者，成汲汲於專業之研幾，未暇計及於求斯學之廣播；學人散處四方，無全體之學會以通聲氣，供切磋：而專門之論文，又多以歐文發表於各專科之中，為一般社會所不常見：無怪乎專家之研究，對於一般社會影響殊少也。

今夏中國植物學會成立於四川北碚西部科學院，會前及會期中同人僉以為欲求植物學之發達，必須提倡專業外之研究，育成一般社會對於斯學之興趣，則半通俗式之刊物，在今日實有發刊之必要。且在今日之植物學界，雖專門研究，多知努力，然對於各級學校之植物學教學法，尚少注意，而純粹之科學研究與斯學之應用方面影響甚淺，此殊有負於吾國天賦之植物寶藏也。縱觀歐美諸邦，一般社會人士，捨專門學者外，每以植物學之研究為副業，而園藝農林各學科，與其純粹之植物學研究，尤息息相關，交相輔助。故斯學之進步特速，而專門研究之影響於民生國計亦特大，此吾國所宜效法者也。

職是之故，同人不揣陋劣，乃有植物學季刊之組織，期以半通

俗之文字,介紹斯學之新知。其內容擬暫定為以下諸項:

1. 最近植物學各門之進步。

2. 專門論文(半通俗式)。

3. 世界植物學家小傳。

4. 國內國外植物學界新聞。

5. 植物採集遊記。

6. 植物學試驗與教授方法。

7. 書報介紹。

8. 國內外研究論文節要。

9. 雜俎。

10. 植物學問答。

11. 會務報告。

同人以為季刊內容如此,對於會員會友以及一般愛好斯學者,必有切磋之益,而亦可為農林園藝界之助。惟茲事重大,尚賴同好有以群策群力,以襄成盛舉焉。〔註533〕

3月,《中國近年植物學進步之概況》在《中國植物學雜誌》(第1卷第1期,第3～10頁)創刊號發表。摘錄如下:

中國在古昔本草學研究雖極發達,然以歐西科學方法研究植物學各門學科,尚在中華民國成立以後。在國立大學,以北京大學之鍾觀光教授大規模在廣東與雲南採集為最早,在教會設立之大學則以金陵大學植物標本室在東南各省採集為最先。至今日則各大學與研究所積極從事於植物學之研究者有如下表。……

國立北京大學生物系昔年多注重植物標本之採集,故其標本室庋藏之臘葉標本甚夥。惟最近此項研究已中輟,而偏向於形態學與細胞學之研究。

國立清華大學之標本室,則積極採集河北之植物。同時對於藻類植物之分類研究,以及植物生理學與生態學亦正在研究中。

國立北平研究院植物研究所專採集華北各省之植物,其吉林、

〔註533〕張大為、胡德熙、胡德焜合編《胡先驌文存》下卷,中正大學校友會出版發行,1996年5月版,第181～182頁。

－617－

綏遠、河北、陝西秦嶺山脈之植物採集，乃最足稱道者也。刊有《彙報》及《華北植物圖譜》。

靜生生物調查所植物部專以調查採集全國之植物為宗旨，間及植物社會學與木材解剖學之研究。自成立以來六年年曾先後在河北、山西、吉林、四川、雲南諸省採集，已鑒定之臘葉標本約三萬餘幀。蕨類、藻類之研究均有專家擔任。近年尤積極研究中國木材之解剖。發行之刊物有《靜生生物調查所彙報》(Eulletin of the Fan Memorial Instituteof Biology)《中國植物圖譜》(Icones Plantarum Sinicarum)與《中國蕨類植物圖譜》(Icones Filicuni sinicarum)。

北疆博物院為法人 Licent 所創辦，採集中匡北方各省之臘葉標本甚夥。

國立中央大學生物系，在昔日東南大學時代極注重各省植物之採集，其標本室中江蘇、安徽、浙江、甘肅、青臘之臘葉標本最為珍貴，為研究東南植物之發祥地，曾有極重要之貢獻。《中國植物圖譜》亦最初在此校刊布。此外形態學與細胞學亦有相當之研究。

國立中央研究院自然歷史博物館對於各省區之植物採集事業，索極注意。其所採集之大宗廣西與貴州臘葉標本極有價值，其中發現之新種極夥，最近又往雲南採集矣。其發行之刊物為 Sinensia。

中國科學社生物研究所植物部自來即注重長江一帶各省之植物研究。曾在四川、江蘇、安徽各省為大規模之採集，尤以在四川所採集之標本為最富。中國植物社會學之研究亦肇端於此。對於菌類、藻類亦有相當之研究。現在該所之重要工作為《南京植物誌》與《浙江植物誌》。刊物有《研究彙報》(Contributions of Biological Laboratory of Science Socicty of China)。

金陵大學生物系組織植物標本室甚早，惜限於經費，不能為大規模之植物採集。其標本室度藏之臘葉標本，有三萬幀之多。近年與美國紐約植物園及哈佛大學阿諾德森林植物園合作，採集山東、江西、湖南、廣西、貴州五省之植物，成績甚為可觀。其森林系對於林學，病蟲害系對於植物病理學，亦有相當之研究。

國立武漢大學成立不久，其生物系亦甚努力從事研究，如菌學、植物解剖學、植物生理學皆在積極研究中。

西部科學院植物部近二年始成立，現專用全力採集研究四川與西康之植物。去年在川東與川南西昌、會理一帶採集，深入夷猓之區，成績極為可觀。今年在川邊一帶採集，當亦有過人之成績。刻又計劃在縉雲山設立植物園，以為搜集栽培川產著名之珍奇卉木之場所。

國立中山大學農林植物研究所自創立以來，即以採集研究廣東全省之植物為職旨。曾將全省分區為最精密之採集。其海南島採集之戰績尤可稱道。所採集製作之浸製與臘葉標本之佳，為全國之冠。其刊物有 Sunyatsenia。大學生物系對於瑤山植物標本庋藏甚多，研究文字發表於該系研究報告。

嶺南大學生物系植物標本室，庋藏兩粵之植物臘葉標本至富。其海南採集尤足稱道。其刊物有《嶺南大學科學雜誌》（Lingnan Journal of Science）。

福建協和大學生物系植物標本室，曾採集庋藏有大量福建產之植物臘葉標本。

廈門大學生物系植物標本室，亦曾採集庋藏有大量之福建產之植物臘葉標本。近日對於華南之海藻採集研究甚為積極。

除上列各機關之研究事業足為稱述外，各植物學者個人研究之專精亦有申述之必要。近日中國學者研究最力者當為種子植物分類學，各學者之專精略舉於下：

……

以上所舉對於植物學各科確有研究及貢獻者，逾八十人，所漏列者想尚有人在。在今日中國學術凋敝之時，各植物學研究機關從事研究如此之努力，有貢獻與專長之學者如此其眾，不得不引以為慰也。以此初基而求光大，是在學人之互相切磋砥礪矣。〔註534〕

4月3日，董事會會議，接洽本屆年會，並推定為年會籌備委員。

理事會第 117 次會議記錄（1934 年 4 月 3 日），明復圖書館開理事會，出席者：任叔永、秉農山、趙元任、周子競、楊允中、王季梁、竺藕舫（秉代）。主席：任叔永，記錄：楊允中。

〔註534〕張大為、胡德熙、胡德焜合編《胡先驌文存》下卷，中正大學校友會出版發行，1996 年 5 月版，第 183～190 頁。

一、楊允中報告：與胡步曾、蕭叔絅、程柏廬諸君接洽本屆年會情形。

二、議決：本社第十九屆年會在江西廬山舉行，並推定蕭叔絅、程柏廬、胡步曾、董時進、鍾仲襄、楊允中為年會籌備委員，以蕭叔絅為委員長，另由蕭、程二君酌推籌備委員一人或三人，送由本社理事會加聘。

又公推熊天翼主席為本屆年會名譽委員長。

三、楊允中提議：《科學畫報》編輯部自去年七月開辦，截至本年三月底止，本社共墊出參考書報費、辦事員薪水等計洋一千六百四十三元，距原預算二千元為數已近，而該報在本年以內經濟上恐尚難自立，應如何維持進行之處，敬請公決。

議決：暫再籌墊一千元，一方面與科學公司接洽，俟能償付印刷費外，餘款盡先津貼編輯部。〔註535〕

【箋注】

《科學畫報》由中國科學社編輯出版，圖文並茂的綜合性科學普及半月刊，1933年8月1日在上海創刊，創刊號有王季梁的《發刊辭》。1937年10月起改為月刊，至1949年，共出版15卷。抗日戰爭時期，楊孝述擔任總編輯。

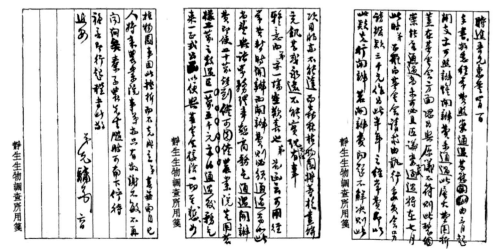

胡先驌給董時進的信札，信中要求江西農業院支持廬山森林植物園的創辦

〔註535〕何品、王良鏞編注中國科學社檔案資料整理與研究《中國科學社董理事會會議記錄》，上海科學技術出版社2017年版，第199頁。

4月6日，胡先驌致董時進信函。

時進吾兄惠鑒：

　　來電及四月一日手書敬悉，經常費照案通過甚慰，由三月起開支，亦可照辦。惟開辦費未通過，此層大費周折，蓋在基金會方面認為與原議不符，則此整個議案能否通過，尚未可必。且原議案正式通過將在七月，此時弟正擬向基金會請求由執行委員會另請撥款三千元，作為此半年之經常費，即以此款先行開辦。若開辦費問題不解決，則此次目的亦不能達，而森林植物園將等於畫餅充饑，甚或永遠不能實現，不但有辜雅意，而弟亦一場空歡喜也。弟前函云可用經常費暫時開辦，而開辦費則必須通過者，以此尚望與諸常務理事懇商，務乞通過。若嫌二萬之數過巨，一萬五千元亦得。通過後務乞來一正式公函，以便與基金會接洽一切。如植物園事因此挫折而不克成立，弟真無面目見人，將來農業院事，弟亦只有敬謝不敏，不再關問矣。秦子農先生隨時可南下，佇待福音，即行起程。

　　專此，敬頌

近安

弟　先驌　拜　六日〔註536〕

4月18日，胡先驌致董時進信函。接到信函後，表示理解，但也無可奈何，只希望作最後的努力，找找其他辦法。

時進吾兄惠鑒：

　　昨發一快函。亮可先此收到。

　　關於撥產抵補森林植物園開辦費一層，以任叔永兄月底回平，屆期方開執委會。惟私與數位（中基會）執行委員接洽，咸認此種辦法未為盡善，可否仍請與常務理事諸公討論，設法將開辦費照案通過，一面俟叔永兄回平後，執行委員會方面再籌善法，以免一切功敗垂成。至以為感。

　　專此即頌

時安

〔註536〕胡宗剛編《廬山植物園八十春秋紀念集》，上海交通大學出版社，2014 年 8 月版，第 78 頁。

弟 先驌 拜

十八日（1934 年 4 月）〔註537〕

4月，胡先驌在《江西省農業院、靜生生物調查所合組廬山森林植物園辦法》中，對植物園開展工作內容作了詳細計劃，委員會人數、職責及地址和費用作了原則上規定。

第一條　江西省農業院為促進江西森林之調查與木材利用以及花卉園藝之研究起見，特與靜生生物調查所合組廬山森林植物園。

第二條　植物園一切之事宜由農業院與靜生所合組之廬山森林植物園委員會主持之。

第三條　委員會設委員七人，除農業院院長、靜生所所長與廬山森林植物園主任為當然委員外，其餘四人之聘任方法按照委員會組織大綱所規定者辦理。

第四條　委員會任期及職務另定之。

第五條　植物園主任由員會徵得農業院和調查所之同意後聘任之。

第六條　由農業院呈請江西省政府在廬山撥給相當地畝與公產，充設立森林植物園之用，其地點與畝數由農業院同靜生所勘定之。

第七條　植物園開辦費由農業院擔負，但以農業院與靜生所雙方核定之預算為限。

第八條　植物園經常費由農業院與靜生所各擔負一半，按季撥交植物園支用，但以雙方核准之預算為限。

第九條　調查所完全負森林植物園學術上的指導之責。

第十條　本辦法經農業院理事會及調查所委員會之核定即為有效。〔註538〕

4月，胡先驌在《廬山森林植物園委員會組織大綱》中，委員會職權具體

〔註537〕胡宗剛編《廬山植物園八十春秋紀念集》，上海交通大學出版社，2014 年 8 月版，第 78 頁。

〔註538〕《江西省農業院、靜生生物調查所合組廬山森林植物園辦法》，南昌：江西省檔案館，61（1055）。胡宗剛著《靜生生物調查所史稿》，山東教育出版社，2005 年 10 月版，第 91～92 頁。

細化，對委員會的人員聘任和推薦，委員長、書記、會計等職責作出規定。

第一條　本委員會依據《江西省農業院、靜生生物調查所合組廬山森林植物園辦法》第二條及第三條之規定組織之。

第二條　本委員會屬名譽職，除當然委員外，其任期各為二年，第一次由農業院理事會與靜生所委員會各推舉二人，並分別指定一、二年者各一個，嗣後委員出缺即由農業院與調查所自行推補。

第三條　本委員會之職權如左：

一　審議植物園辦理方針及進行計劃。

二　決定植物園主任之任免，但須先得農業院及調查所之同意。

三　審議植物園之預算、決算。

四　保管園產。

五　籌集經費。

六　審定植物園章程。

七　審核植物園主任推薦之職員。

八　審查及提議其他關於植物園之重要事項。

第四條　本委員會設委員長一人，代表本會處理一切事物；書記一人，掌握本會一切文件；會計一人，掌理植物園經費之收支存放。上項各職員皆由委員會互選，任期一年。

第五條　本委員會開會時以委員四人之出席為法定人數。

第六條　本委員會每年開會一次，由植物園主任報告園務經過。臨時會議無定期由委員會召集之。

第七條　本委員會每年應將會務經過報告於農業院與靜生所。

第八條　本簡章經本委員會通過後由農業院及靜生所核定施行。

第九條　本簡章經本委員會二人以上之提議，得到委員會過半數之決議，並經農業院與靜生所核定得修改之。〔註539〕

陳三立對胡先驌詩又云：

意、理、氣、格俱勝。三立再識。〔註540〕

〔註539〕《廬山森林植物園委員會組織大綱》，南昌：江西省檔案館，61（1055）。胡宗剛著《靜生生物調查所史稿》，山東教育出版社，2005年10月版，第92～93頁。

〔註540〕胡先驌著、錢鍾書選編《懺庵詩稿》，張效彬題簽書名，黃曾樾為扉頁題簽，第5頁。

4月，陳三立評論胡先驌的記遊詩：

　　戊午後所未見詩，本學識以抒胸臆，高掌遠蹠，磊砢不群。其紀遊諸作，牢籠萬象，奧邃蒼堅，尤近杜陵。甲戌寒食三立識。時年八十有二，同客舊都。〔註541〕

5月2日，錢崇澍致秉志信函。

農山兄鑒：

　　行後想當日安全抵申。頃接步曾來電，謂有要事將於明日動身南下會商。弟思此事乃或即係與中央研究院合併之事。若果為此事，可見叔永意若堅決，有非辦到不可之態度，如何對付，甚為難。與步曾固可無話不談，若至必要時，弟或與步曾同至上海，與兄面商。如非合併不可，弟意研究所行政政策、經費必須分開，博物館實仍用於博物館，此為合併之必要條件。尊意如何，乞示之為盼。步曾來後，當再函告一切。並頌

日祉

　　　　　　　　　　　　　　　　　　弟 澍 拜 五月二日〔註542〕

5月6日，參加董事會會議，公推為年會演講委員會委員。

　　理事會第117次會議記錄（1934年5月6日），上海陶樂春開理事會，出席者：胡步曾、胡剛復、秉農山、楊允中、周子競（楊代）。列席者：錢雨農、王仲濟。

　　一、議決：本年年會日期定為八月十六日至二十一日。

　　二、本年年會演講，應先妥為組織，對科學教育應擬一有系統之演講程序，另舉行數次關於生產及國防之專門演講，並公推下列九人為演講委員會委員：

　　胡先驌（委員長）、何魯、嚴濟慈、楊紹曾、伍獻文、秦仁昌、胡博淵、陳清華、張延祥。

〔註541〕胡先驌著、錢鍾書選編《懺庵詩稿》，張效彬題簽書名，黃曾樾為扉頁題簽，第5頁。

〔註542〕錢崇澍致秉志函，1934年5月2日，上海檔案館藏中國科學社檔案，Q546-1-199。胡宗剛著《江蘇省中國科學院植物研究所·南京中山植物園早期史》，上海交通大學出版社，2017年4月版，第133～134頁。

三、去年年會論文，國內社員有四十二篇，國外社員亦有十餘篇，雖不可謂少，但以本社專門人才之眾，一年之中僅有五十餘篇，尚不足以充分表顯，故本年期有一百篇以上，希望本屆論文委員努力徵求，並公推論文委員九人如下：

竺可楨（委員長）、張景越、謝家榮、何衍璿、曹梁廈、茅以昇、顧翊群、葉企孫、王家楫。

四、胡步曾提議：近數年來各種專門學會漸次存立，彼此初無聯絡，本社為國內最大之學社，包羅各科，實有聯絡各專門學會之地位。社員葛利普博士曾迭次提議，仿照英美科學促進聯合會〔American (British) Association for Advancement of Science〕之辦法，於每年年會開會時，輪流邀請其他一二專門學會同時開會，以資共同討論特殊問題。本年中國植物學會擬首先與本社年會聯合開會，又中國動物學會亦擬在本社年會中開成立大會，是否贊同，請公決。

議決：一方面整理本社分股辦法，一方面與其他各專門學會接洽聯絡，本年植物、動物二學會加入年會表示歡迎。

五、通過劉楝、方錫疇、陸寶淦為普通社員。

六、秉農山報告：本社生物研究所募集基金，承各界熱心贊助，自去年九月至現在已募得洋四萬元。〔註543〕

5月15日，王易致劉咸信函。

仲熙仁弟惠鑒：

得大緘，具悉一是。青島居華北要衝，為日人勢力所布，國際一旦有事，在所必爭。尊大人慮亦非過。吾弟前年若非與青大先有成約，此處固已延聘矣。今擬舊事重提，或尚不難，當與農山先生商進行辦法。至志希方面，至必要時亦可面談。孫時哲自本學期即已辭教務長之職，陳劍修繼之，僕亦可請其相助也。步曾上星期過京，匆匆一談，即返北平，惜爾時尚未得弟函，不然渠正晤志希矣。去年嘉禮後時始知，未嘗備儀相慶為歉。想燕爾之歡，如春光之麗鬱也。

〔註543〕何品、王良鐳編注中國科學社檔案資料整理與研究《中國科學社董事會會議記錄》，上海科學技術出版社2017年版，第200頁。

先此奉復，即頌

儷祉

易 頓首

〔廿三年〕五月十五日

以後來書請徑寄敝寓為捷。〔註544〕

5月中旬，派秦仁昌赴廬山確定森林植物園園址。

　　胡先驌即派秦仁昌南下，瞭解學校林場所在地含鄱口、三逸鄉及周邊情況，實地勘查，以確定是否適宜建造森林植物園。考察結果，令秦仁昌非常滿意，回北平向胡先驌彙報其南行經過。〔註545〕

5月16日，史密斯致伍獻文信函。

　　為了更好地掌握外國考察人員的活動情況，中央研究院要求他們說明考察意圖和旅行路線。仍以上述史密斯為例，在簽訂協議後，他隨後對伍獻文提出的相關問題回覆了一封信，介紹關於考察團的計劃。譯文如下：

伍獻文博士教授大鑒：

敬啟者，茲將鄙人調查計劃謹述如次：

　　（1）調查目的完全為植物性質。鄙人計劃之一部分係將某數科植物〔如龍膽科（Gentianaceae）〕作細胞學上之研究，一部分係採集各種植物標本而研究其分類與分布，並欲搜集適合瑞典之植物種子。

　　（2）敝團工作人員為鄙人及重慶西部科學院劉真老（譯音）君共二人。劉君於重慶偕同鄙人出發，團員除以後雇用必不可少之僕役外，僅此而已。

　　（3）至於往返路線，鄙人擬盡速經重慶或成都抵康定〔前打箭爐〔註546〕〕。以康定為根據地，作長途或短途旅行，尤注重在康定北與西北面山脈中進行研究工作——鄙人希望所有經費能維持至冬季，否則將原路歸來。

〔註544〕周桂發、楊家潤、張劍編注中國科學社檔案資料整理與研究《書信選編》，上海科學技術出版社2015年10月版，第134頁。

〔註545〕胡宗剛著《廬山植物園最初三十年》，上海交通大學出版社，2009年7月版。第27頁。

〔註546〕康定以前叫「打箭爐」。

（4）關於採集之物品。鄙人與中央研究院自然博物館之訂有條件，其中一條言明將所有採集物品贈送中國兩全套。

（5）手槍與獵槍照會業經領到，手槍照號數為七四四號，獵槍號為七四五號。鄙人以晚間登 Chichuen 輪在即，匆匆作覆，此輪定於五月廿九日到達重慶。

對於先生善意相助，殊為感謝，此次在寧時間雖暫，然能晤及植物機關新交友人，無任愉快，款待之情大可感贊，請轉告為荷。

史密斯 謹啟

上海，五月十六日

通訊處：重慶〔註547〕

5月29日，胡先驌致劉咸信函。

重熙老弟惠鑒：

廿四日手書備悉。羅志希處已去一函，且看其回信如何？驌以所中開委員會，不能如貴校之約，於六月七日到校，大約只能在十日晚十鐘到青，請命舍甥山澤到站迎接為荷。此次可於某晚抽暇講演一次。一切容面罄。

即頌

榰祺

先驌 拜啟

〔廿三年五月〕廿九日

如有要事，須在十一日以前商定者，請函商為荷。〔註548〕

【箋注】

劉咸（1901～1987），字重熙，江西都昌人。著名生物學家、人類學專家，復旦大學人類學教授。1921年考入東南大學生物系，1927年為清華大學生物系講師，1928年考取江西省公費留學，入牛津大學研究人類學，1932年獲碩士學位，為英國皇家人類學會會員。1932～1935年，劉咸擔任山東大學生物系教授，並兼系主任。1935～1945

〔註547〕中央研究院關於瑞典人史密斯赴川康採集運送植物標本事項的有關文書〔A〕。南京：中國第二歷史檔案館，全宗號393，案卷號631。羅桂環主編《中國生物學史》，廣西教育出版社，2018年6月版，第424～425頁。
〔註548〕周桂發、楊家潤、張劍編注中國科學社檔案資料整理與研究《書信選編》，上海科學技術出版社2015年10月版，第81頁。

年擔任中國科學社科學雜誌主編，1945～1949 任暨南大學人類學系主任、理學院院長。1949 年 5 月上海解放後擔任復旦大學社會學系主任、人類學教授。著《猿與猴》《從猿到人發展史》。

5 月 30 日，胡先驌致江西省農業院信函。

敬啟者：

案奉貴院來函，聲稱關於合組盧山森林植物園一案，曾經貴理事會第三次常務會議議決，指撥含鄱口農業學校林場地址及房屋備用，不另撥現款等語。該林場地址及房屋曾經敝所技師秦君仁昌前往踏勘，據云該地最適於植物園之用，面積約一萬多畝，其谷底平地與緩斜地可供苗圃用者約二千五百畝，土質肥沃，在盧山首屈一指。植有日本扁柏、樅、落葉松、厚朴等數千株，均已蔚然可觀，昔日有房屋五幢，今惟最大一幢略加修葺，可供辦公之用。

敝所為充實森林植物園科學價值及便於園中植物研究，曾預定將敝所歷年在河北、山西、吉林、江蘇、安徽、浙江、雲南、貴州、廣東、廣西各省所採集植物臘葉標本五萬號之副號全份，並中外木材標本三千餘號之副號度藏園中，日後並源源增添。此項標本則除辦公房屋外，非另有寬大圖書、儀器、標本室度藏，不足以資安全而便於利用。現探得距農校三里許，盧林游泳池側三十四號前俄國新寫字房一幢，可供此用。該房屋現雖名為盧山管理局之盧林分局，然迄尚未應用，僅有門者看守，相應函請貴理事核准，呈請省政府指撥該項房屋與森林植物園為圖書、標本、儀器室，以利進行。

公誼

所長 胡先驌

五月卅日（1934 年）〔註549〕

5 月，錢崇澍等致楊孝述信函。

胡先驌來南京，並赴上海，與錢崇澍、秉志幾番商量合併之事，達成不贊成一致意見。返回北平之後，因丁文江對合併意見堅決，胡先驌來函相告。生物所錢崇澍等十二人聯名致函中國科學社幹事

〔註549〕胡宗剛編《盧山植物園八十春秋紀念集》，上海交通大學出版社，2014 年 8 月版，第 079～080 頁。

長楊孝述，對丁文江貶低秉志之能力，表示憤怒，希望科學社不要贊同丁文江意見。

允中先生大鑒：

敬啟者：步曾先生北去後，以為研究所合併之事，大抵可以無事矣。今日得其快函，所稱述者，大可詫異。謂丁在君先生以為農山先生不易於行政，而贊成仲濟繼之，同時仲濟兼任博物館館長之職。不解此間行政事宜，在君先生以何資格可以作此提議，渠欲仲濟任館長，盡可商量，何以必須涉及本所之事。

此間事業可謂是農山先生一人手創，十年以來，幾經困苦，略有成就，吾儕斷不可見利忘義，謝創業者而他求。且一所卅餘人，合心一德，堅奮向學，試問國內更有其他機關如此間之諧和無間者乎，則如何謂農山先生不易於行政耶？藉曰不易行政，亦無與丁文江之事。在君先生今日欲吞併此間，視科學社若無人，遂敢倡兩處一長之說，以合作之名，圖吞併之實，此間同人既已洞燭其謀，又愛護本社之惟一研究機關有玉碎之虞，決心無瓦全之委隨，敬奉快函，藉布寸臆。若以此轉告在滬諸理事，即在君先生有所動議，千萬勿為所惑。是所至盼。步曾先生來函並為呈覽，登閱即祈付還為荷。

此請

大安

錢崇澍、王家楫、裴鑒、王以康、張孟聞、鄭萬鈞、周蔚成、
方文培、孫雄才、苗雨棚、何錫瑞、倪達書。〔註550〕

5月，丁文江接任中央研究院總幹事後，積極推進評議會的成立工作。依據本院組織法，設評議會，為全國最高的學術評議機關。聯絡國內研究機關討論一切研究問題，謀國內外研究事業之合作。英文名為「National Research Council」，每年召開會議一次。5月27日，國民政府公布了《國立中央研究院評議會條例》，根據規定，評議會分為數理科學、生命科學、人文及社會科學三組，每組名額，至少十人，三組總額，至多五十人。由國民政府聘任。中央

〔註550〕錢崇澍等致楊孝述函，1934年5月，上海檔案館藏中國科學社檔案，Q546-1-199。胡宗剛著《江蘇省中國科學院植物研究所·南京中山植物園早期史》，上海交通大學出版社，2017年4月版，第134～135頁。

研究院院長為評議會議長，所轄的各研究所所長為當然評議員。第三條對選舉評議員資格作了規定：「一、對所專習的學術有特殊著作或發明；二、對所專習的學術機關領導或主持在五年以上成績卓著。任期五年，連選連任。」候選人產生：「在評議會選舉評議員前，應由國立大學及獨立學院各院系之教授，就相關科目及有第三條資格者，加倍選舉候選人。候選人不因以國立大學及獨立學院各院系之教授為限。」由於中央研究院評議會是全國性的，因此除從本院評選外，還須從全國各大學和其他學術單位中評選「聘任評議員」。對於所研究的科目，以中央研究院已有的為限，其他學科的人員並不包括在內，每科目的名額不得超過三人。

5月，蔡希陶赴雲南植物標本採集，獲得豐碩成果。

> 靜生生物調查所生物調查團再向滇西進發，而後轉而向北。在滇西北採集之中，7月間，蔡希陶在保山寄出 120 箱植物標本至北平。陸清亮採集於 1935 年 1 月結束，再返昆明。在昆明為郵寄標本事，陸清亮致函袁藹畊，其云「敞團等二組陸清亮等已由迤西採集返省，共獲標本三千餘號，除提出全份贈送貴廳昆華民教館陳列外，均由郵寄，共有包裹七十餘個，特函貴廳轉諮海關。」1935 年《靜生所第七次年報》云：「蔡希陶君在過去一年採得雲南標本六千號運交本所。蔡君之採集範圍幾遍雲南全省，於雲南之西北及西部曾有豐富之獲得。」〔註 551〕

5月，張春霖、周漢藩合著《河北習見魚類圖說》，靜生生物調查所印行。為該書作序。

> 中國物產豐饒，飛潛卉木，品類萬千，多識其名，古有垂訓。厚生利用，亦以賴焉。中國水產素富，而網罟之禁，自昔已然，陶朱養魚，竟以致富。此我先民之才識，揆之萬國，可引以自豪也。張春霖博士專治魚類學，已有《鯉科專誌》刊布問世矣。今為通俗起見，與周漢藩君合編《河北習見魚類圖說》一書，計包括淡水魚類之圖說八十餘種，中小學教師以及嗜好博物諸君子，手此一編，不難按圖索驥以得之。他日水產學之發達光大，此亦一鎡基矣。〔註 552〕

〔註 551〕 胡宗剛著《雲南植物研究史略》，上海交通大學出版社 2018 年 7 月版，第 42 頁。

〔註 552〕 《胡先驌全集》（初稿）第十四卷科學主題文章，第頁 151。

5 月，周漢藩著，胡先驌校訂，並為該書作序，《河北見習樹木圖說》，靜生生物調查所初版。校訂者認為：「河北習見樹木圖說，周漢藩著，一九三四年靜生生物調查所出版，二百二十四頁，有一百四十四圖。有科屬種的描寫與檢索表，對於各種樹的地理分布掌故與利用有極詳盡的記載，為研究河北省的樹木與森林園藝重要的參考書。另有英文本為 H. F. Chow: The Familiar Treesof Hopei，一九三四年北京博物學會（Peking Natural History Society）出版，三百七十頁，有一百四十三圖，內容大致相同。」〔註 553〕

周漢藩著，胡先驌校訂，《河北見習樹木圖說》

中國之植物富甲於溫帶，河北地近北疆，種類雖較少，然嘉卉異木仍為世稱。雖其地為昔日之王畿，其植物屢經歐美學者所研究，然不時仍有新種發現，如李氏鐵木，其一例也。中國樹木，種逾二千，為數三倍於北美洲所產。然迄無樹木志之著述，不知樹木而言造林，其不合經濟原理，不待著龜而辦矣。周君漢藩自民國十九年始即著手採集河北省之植物，對於樹木研幾尤力，余因屬為著述《河北習見樹木圖說》一書，除將河北所產及少數習見之栽培樹木為系統之說明外，關於利用方面，調查探索，尤為精博，誠研究森林園藝與植物分類學者不可不讀之作也。附圖一百四十五幀，為馮君澄如所手繪，

〔註 553〕胡先驌著《植物分類學簡編》，高等教育出版社 1955 年 3 月版，第 423～424 頁。《胡先驌全集》（初稿）第十四卷科學主題文章，第 126 頁。

尤足為鑒別種類之助。周君此書,曾有中英文兩種本,英文本為《北京博物學會叢書》,中文本歸靜生生物調查所刊布。中文本中關於分布利用掌故等事尚多有英文本所未載者,國人用之尤便也。

民國二十三年序於北平靜生生物調查所

5月,國立中央研究院自然歷史博物館與國外調查團雙方簽訂「限制條約」。

瑞典烏普薩拉大學的史密斯(H. Smith)講師來華,要求到四川、西康兩省考察生物。根據中央研究院自然博物館的要求,簽訂了「限制條約」。該條約保存有中英文兩種版本,內容如下:

瑞典合澄衮拉大學〔註554〕史密斯博士擬赴四川西康調查植物約八月之久。出發前渠與國立中央研究院自然歷史博物館訂有限制條件如下,並由雙方簽字。

一、有關中國文化與古蹟之物品不得採集及攜帶出國。

二、所有採集之生物及人種標本或其他物品在運送出國前須一律運至南京或上海由本院派人審查。

三、所攝照片、活動影片凡有關中國內地人民生活狀況者須先經國立中央研究院自然歷史博物館審查方得運出國外或在外國任何報章及雜誌刊登。

四、本館得派一人或數人參加調查。

五、調查團出國八月後,所有該團採集之生物標本須送回中國兩全套。一套存儲本館,另一套存儲中國其他機關。

六、調查團或其所屬機關如有違反上項條件情事,中國政府得嚴加取締或永遠取消該團員及所屬機關再來中國調查採集之權利。

合澄衮拉大學代表人史密斯簽字

本館伍獻文簽字〔註555〕

中華民國二十三年五月十一日簽訂〔註556〕

〔註554〕現在稱作烏普薩拉大學。
〔註555〕簽字文本是英文本。
〔註556〕中央研究院關於瑞典人史密斯赴川康採集運送植物標本事項的有關文書〔A〕。南京:中國第二歷史檔案館,全宗號393,案卷號631。羅桂環主編《中國生物學史》,廣西教育出版社,2018年6月版,第423～424頁。

6月1日，胡先驌致江西省農業院信函。

敬啟者：

貴院函復敝所前函商同合組廬山森林植物園一案，據稱已經貴院理事會第三次常委會議決「指撥含鄱口農校林場地址及房屋備用，不另撥現款」等語，所云不另撥現款當係指不另撥現款充開辦費。而來函語義欠明瞭。又貴院所擔任之本年度六千元由三月份起算起，此案除寄來與驌私人之油印理事會會議記錄外，亦未經正式函知。又含鄱口農林學校林場地址約計面積若干畝，房屋幾幢，亦未明示。統祈即速來函詳述原委，以便轉函中華教育文化基金會，即日通過令案，俾得接收地產著手開辦植物園，至紉公誼。

此致

江西省農業院

所長 胡先驌

六月一日（1934 年）〔註 557〕

6月9日，秦仁昌致江西省農業院院長董時進函。

時進先生大鑒：

前次在省，諸承指示，感荷無極。茲弟於月之四日安抵北平，當即晤步曾先生等，報告此次南行經過，僉認為滿意，並悉先生已先期有大函到平。依貴院常務理事會之決定，以含鄱口前林業專科學校全部撥充植物園之用，惟聞基金會方面認為，大函內容未言明該校面積大小等情，無所根據。當由步曾先生函請先生來一較詳盡公函，以便提交基金會常會通過遵辦等，諒蒙鈞鑒。惟此間迄未接貴院二次公函，而基金會例會會期在邇，若大函不及準時提出決議，則勢必影響植物園成立日期（預計在八月一號成立，十六、七號科學社年會時，招待到會會員，屆時並可得各專家對於園內組織之建議），事關植物園前途，用函請先生剋日來函，以便兩方早日交換文件後，即可進行接收事宜，俾園務進行，得及時推進，實所至盼。餘不一一。專此。即頌

〔註 557〕 胡宗剛編《廬山植物園八十春秋紀念集》，上海交通大學出版社，2014 年 8 月版，第 080 頁。

公安

弟　秦仁昌　謹上　六月九日

此函發出時，悉步曾先生有電致先生，則此函到達已失時效矣。〔註558〕

6月10日，胡先驌致董時進信函。

胡先驌致董時進信函。告之植物園經常費用報中基會核准，根據協議，貴院選舉兩名委員會成員，為下一步開展工作提供方便。

敬復者：

頃准貴院六月七日函復，關於合組廬山森林植物園核准經常費預算，並指撥含鄱口農林學校林場地址一案，祇悉一是，已備函中華教育文化基金會核准預算矣。案查合組廬山森林植物園辦法第二條，植物園一切進行事宜由農業院與調查所合組委員會主持之，第三條，委員會設委員七人，除執事與鄙人及植物園主任為當然委員外，由農業院理事會與調查所委員會各推舉二人，應請貴院理事會迅速選舉，函知敝所，以便主持一切。在委員會未成立以前，暫擬聘請敝所技師秦仁昌為廬山森林植物園主任，雷震為技士，俟將來委員會正式委任。並擬先令雷技士會同貴院派人前往含鄱口農林學校正式接收，以便八月一日正式開辦。至於積存之經常費本為在廬山作臨時費之用，應俟七月底由植物園事務主任正式具領不誤。

此致

江西省農業院院長董時進

胡先驌

六月十日（1934年）〔註559〕

6月12日，胡先驌致中華文化教育基金董事會信函。

致中華文化教育基金董事會信函，彙報植物園建園地址、面積及經費落實情況，特別對農業院以房產抵開辦費，數額超過原3萬元，表示滿意，中基會不要計較開辦費事情。

〔註558〕胡宗剛編《廬山植物園八十春秋紀念集》，上海交通大學出版社，2014 年 8 月版。第 85 頁。

〔註559〕胡宗剛編《廬山植物園八十春秋紀念集》，上海交通大學出版社，2014 年 8 月版，第 80 頁。

敬啟者：

　　敝所與江西省農業院合辦森林植物園，曾經敝所擬具預算、合組辦法，函請貴會核准，當經提向農業院理事會核議。前經理事會第二次常務會議議決，經常費每年由農業院照預算擔任半數六千元，以該院在本年三月底成立，故經常費由三月起算。後又經該院理事會第三次常委會會議議決，指撥含鄱口農林學校林場址及房屋備用，不另撥現款以充開辦費。該林場地址及房屋曾經敝所技師秦仁昌前往踏勘，據云該地最適宜於植物園之用，面積約一萬畝，多雜木，其谷底平地與緩斜地可供苗圃用者，約二千五百畝，土質肥沃，在廬山首屈一指。植有日本扁柏、樅樹、落葉松、厚朴等數千株，均以蔚然可觀。昔日有房屋五幢，今惟最大一幢略加修葺，可供辦公之用。據聞在昔日歸私人經營時，所費不下三萬餘金，以此代替指撥現款開辦，實超過預算所列之開辦費之所能經營。此系數月來與該院接洽之經過。惟關於核撥經常費及植物園地畝房屋迄未經該院正式函知，當即去函詢問。頃得該院六月七日來函，詳述顛末，用敢函請貴會，將敝會與江西農業院合辦廬山森林植物園之合作辦法並預算速與正式核准，而預算年度准其由一日開始，庶此半年未用之款，可取供他項開辦費之用。致紉公誼。

　　此致
中華教育文化基金會

胡先驌

六月十二日〔註560〕

　　6月15日，胡先驌致江西省農業院，確定廬山森林植物園委員會成員及主任等。

　　胡先驌據《合組廬山森林植物園辦法》第三條和《廬山森林植物園委員會組織大綱》第二條之規定，向江西省農業院函告：「敝所委員會推定范銳旭東、金紹基叔初二先生為廬山森林植物園委員。」……隨後胡先驌又函告：「暫擬聘請敝所技師秦仁昌為廬山森

〔註560〕 胡宗剛編《廬山植物園八十春秋紀念集》，上海交通大學出版社，2014 年 8 月版，第 81～82 頁。

林植物園主任，雷震為技士，俟將來委員會正式委任。」江西省農業院也在第五次理事會常務會議上推定，理事程時煓柏廬、理事龔學遂伯循擔任廬山森林植物園委員會委員。〔註561〕

6月19日，董時進院長根據胡先驌信函要求，推舉兩名委員會成員，省政府推舉江西省教育廳長程時煓委員長、江西省政府委員兼建設廳廳長龔學遂為委員。調查所委員會提舉范旭東、金紹基。

廬山森林植物園第一屆委員會及職員名單。委員長：程時煓；副委員長：范旭東；委員：金紹基、龔學遂、胡先驌；會計：董時進；書記：秦仁昌。職員，主任：秦仁昌；會計：胥石林；技士：汪菊淵、雷震；技佐：曾仲倫；練習生：施爾宜、馮國楣、劉雨時。

【箋注】

程時煓（1890～1951 字柏廬，江西新建人，1890 年（清光緒十六年）生。早歲，赴日本留學，入東京高等師範學校。畢業後，赴美國留學，先後入芝加哥大學、哥倫比亞大學，獲碩士學位。回國後，歷任江西省立第一中學校長、國立北京師範大學教務主任、國立北京女子師範大學教育學教授、私立上海大夏大學教育學教授、國立中央大學教育行政院普通教育處處長，兼教育學院副教授。1928 年 8 月，任福建省政府委員兼教育廳廳長。1933 年 2 月，任江西省政府委員兼教育廳廳長。中國國民黨江西省黨部設計委員。1946 年 5 月去職。解放後在上海被捕。1951 年逝世於南昌。終年61 歲。著有《柏廬講稿論文集》。

6月20日，胡先驌致劉咸信函。

重熙、慕韓、仲偉老弟惠鑒：

今年科學社年會正值二十週年紀念，對於宣讀之論文擬努力徵集，尤以現在有人譏評年會論文之少。故秉師之意，關於生物學論文，南北兩所須各預備或徵集二十五篇。擬請重熙關於去年在滕縣與海南兩處研究之結果，至少各寫一篇。慕韓至少寫一篇，能寫兩篇更佳。盼仲偉對於海南之 Vegetation 能用英文寫一篇。北平方面已有二十餘篇矣。

〔註561〕胡宗剛編《廬山植物園八十春秋紀念集》，上海交通大學出版社，2014 年 8 月版。第 011 頁。

　　　專此，即頌

　　孿祺。

先驌 拜啟

〔廿三年六月〕廿日〔註562〕

6月，廬山森林植物園雷震與林業學校陳達民辦理移交。

　　　胡先驌又令時在廬山的雷震先往林業學校辦理交接手續。7 月
1 日，雷震會同農業院技士馮文錦一同前往廬山含鄱口農林學校辦
理正式交接手續，將該校林場山地、房屋、家具、農具等分別趕造
清冊，繪製山林地圖，由農林學校陳達民與雷震負責移交，並在《清
冊》上簽字蓋章。計有山林土地 9379 畝，房屋 1 幢，工人宿舍 1 幢，
物品主要有《藏經》4 箱、《湖北通志》1 箱、竹對聯 1 副、記溫亭
1 個，蓋為張伯烈時期舊物。〔註563〕

6月，秦仁昌為廬山森林植物園典禮前準備工作。

　　　秦仁昌也趕赴廬山，著手開辦工作，諸事安排妥當後，又回北
平料理他事。7 月 16 日臨行之前，致函董時進，彙報籌備進展：「昌
自離省來山後，即到此積極籌備，房屋修葺、改造、油漆，訂製家
具、農具，修建橋樑道路，現各事都在順利進行中。昨日到了平方
職員數人，幫同籌備，昌將各事安排妥當後，即於日內下山過京北
返，料理公私各事，至遲於八月十五日可再到山。植物園正式成立，
相約八月廿三、四號左右。」〔註564〕秦仁昌果不負眾望，董時進對
他的工作非常滿意，回函云：「承示籌備情形，甚佩賢勞，亦為森林
植物園前途得人慶也。」〔註565〕返回北平後，秦仁昌稍加料理，……
並繼續從事蕨類植物研究。胡先驌也偕靜生所及中基會成員南來，

〔註562〕周桂發、楊家潤、張劍編注中國科學社檔案資料整理與研究《書信選編》，上
　　　　海科學技術出版社 2015 年 10 月版，第 82 頁。

〔註563〕《江西省農業院附設農林學校場地畝房屋器具山林苗木清冊》，南京：中國
　　　　第二歷史檔案館，609（36）。胡宗剛編《廬山植物園八十春秋紀念集》，上海
　　　　交通大學出版社，2014 年 8 月版。第 012 頁。

〔註564〕秦仁昌致董時進，1934 年 7 月 16 日，南昌：江西省檔案館，61（1059）。

〔註565〕董時進致秦仁昌，1934 年 7 月，南昌：江西省檔案館，61（1059）胡宗剛編
　　　　《廬山植物園八十春秋紀念集》，上海交通大學出版社，2014 年 8 月版。第
　　　　012 頁。

會同江西省農業院成員，於 8 月 20 日舉辦植物園成立典禮。

6 月，靜生生物調查所派員赴雲南植物採集工作。

《靜生所第六次年報》記載上年雲南生物調查團情形如下：「動植物部前派常麟春赴雲南採集，常君於今春赴滇南之寧海、通海、江川、昆陽、蒙化、景東、石屏、臨安等地採集，於夏間轉赴滇西之劍川、麗江、大理等地採集，所得鳥類、哺乳類、爬蟲類、兩栖類及蚌類、魚類標本甚多。雲南生物採集隊，仍由蔡希陶君統率，今年自五月至十一月蔡君專在雲南西北部及西部之高山區域調查及採集，曾至怒江及瀾滄江流域大理、上帕等地，此區在最近二十年中曾經英人金唐瓦德及福納司特發現極多之新奇杜鵑與櫻草等，蔡君在此採集所得亦多，其制就之蠟葉標本共三千五百餘號，都三萬五千餘份，暨木材標本七十種。」〔註 566〕

夏，盧山作為國民黨的「夏都」，蔣介石與熊式輝同遊盧山秀峰，雙劍穿雲，飛龍瀉壁，山水之壯麗，蔣介石認為此地甚佳，他處所不及，欣然曰：「此處最宜講學，大學設於此乃佳」。熊式輝便建議由江西來辦這所大學，並得到蔣介石的贊許。「軋與僚屬論教育，其精義要為改革政治，先培植明禮儀、知廉恥、負責任、守紀律、孝於民族、忠於國家之政治人才，故一般大學教育多偏重於純粹學術研究，以為學術可以中立，定個人絕對自由，而不注重國家當前急切之需要。〔註 567〕1936 年，蔣介石撥款一百萬元作為創辦這所大學的基金。並對籌校工作作出四項指示：一是籌備時間要充分，不必過急。二是教學設備要力求充實。三是教授要延攬第一流專才。四是學生素質要提高。〔註 568〕

6 月，《讀〈科學〉雜誌隨筆》文章在《獨立評論》雜誌（第 104 期，第16～18 月）發表。摘錄如下：

〔註 566〕胡宗剛著《雲南植物研究史略》，上海交通大學出版社 2018 年 7 月版，第 42 頁。

〔註 567〕熊式輝著「國立中正大學創立之意義及今後的希望（1940 年 10 月 31 日中正大學開學典禮致詞）」。熊式輝著《海桑集——熊式輝回憶錄》，星克爾出版（香港）有限公司，2009 年 8 月版，第 239 頁。

〔註 568〕江西省政協學習、文史委員會，江西文史資料第五十輯，聶國柱主編《國立中正大學》，1993 年 10 月版，第 225 頁。

　　美國《科學》（Science）週刊第七十九卷第二〇五一號載有美國科學改進社（American Association for The Advancement of Science）副社長、阿律桑拿大學（University of Arizona）校長成志博士（Dr. H. L. Shantz）之退職時演說，題為《植物學研究》。彼謂：「植物學知識與一般人對於斯學之興趣進步最速而真重要之時為分類學家忙於發現新植物之時。……但此重要興趣已大半毀滅。……中學與大學多已放棄較老之自然歷史式方法，課程規定使分類學家不能與多數學生接觸。……普通之歐洲人對於植物有興趣，每能知多種植物之名，美國人願意知一種植物之名者均為罕見，而有訓練之植物學家每自詡彼等完全不知植物之名與所以命名之系統。」彼又云：「植物分類學與其直接相倚賴之學科如植物地理學、植物生態學，與植物利用、森林及林地之研究等，工作並未詳盡，或亦永不能詳盡，但今某州之植物，至今尚未有植物誌以記載之，與多群植物，其較為真確之學名尚不能得，實為不可恕之事。……在多數情形之下，植物學家曾盡力阻礙分類學工作，育種學家、形態學家、細胞學家、化學家雖對於植物之關係之瞭解有重大之貢獻，但不能替代分類學家以繪一可見與可推論之景象。」彼又云；「或者全世界有用之植物之富源尚未研究及半，但在此時，實用工作必至耽延與阻止，以適宜於此用途之植物知之不詳故也。……今日吾人須盡知世界之植物，知植物種類之分布，知代表各重要植物社會之區域，與其合於人類需要或為森林或為畜牧或為農業地帶之價值。」彼又云：「在科學界似有一種傾向，使各種相關之研究互相競爭而不合作。精確之算學每輕視物理與化學，除非彼已算學化；物理、化學又輕視植物學，除非彼已算學化、化學化或物理學化。……批評分類學家最甚者即植物生理學家與育種學家。……然吾人可以想像，假如育種學家先分類學家而出，彼必茫無頭緒，而必先治分類學，而後從事育種學。最有趣之事即逢置於植物未經研究之地方時，有訓練之生理學家每迅速改為分類學家也。」

　　在英國《自然》（Nature）週刊第一百三十三卷第三三六三號馬克布來德（E. Mac Bride）批評美國哈佛大學醫科內分泌腺研究主任何思金士（Dr. R. G. Hoskins）所著 The Tide of Life: The Endocrine

Glands in Bodily Adjustment 一書，先極稱讚其書之佳，後在討論內分泌腺之天演時，馬氏述及在蛞蝓魚甲狀腺為喉頭下面之一種生長名為 endostyle 者，此槽有成行具纖毛之細胞與相間成行產生黏液之細胞，微小生物在水中者，入蛞蝓魚口器後，為黏液網所裹，而被吞入腸中，其所需之碘，即從此而得。然何氏乃謂 endostyle 之功用為分泌黏液或以助消化。馬氏謂：「苟英國學醫之學生在應醫學士考試時作此答案，則考官必與以一大黑記矣。」

以上兩文，頗可令吾國今日之科學家發深省。吾國科學不發達，自小學始科學教育即未上軌道。幸而上達能在國外有所專研，則在事倍功半情況之下，捨專研之學科外，求對於一般之科學有廣博之基礎，深切之認識，殆不可能。然吾國學者器小易盈，因已有一得之長，遂不肯虛心，而對他人之工作，不惜輕於評騭。故為生理學張目者，每鄙視分類學與形態學。美國學者之科學基礎類較歐洲學者為淺薄，而今日在中國科學界露頭角者多為在美國留學者，故亦時蹈其覆轍。殊不知彼國真正有識之學者，方以彼國趨勢為錯誤，而吾人乃尤而傚之，不亦可笑乎？馬克布來德識評何思金士之言，吾盼吾國學者引為龜鑑。吾國治生理學者對於形態學有廣博基礎者有幾人，苟不虛心，未有不蹈何氏之覆轍者。不知形態學而高談生理，不知神經學而高談生理，略知行為派心理學，便要提倡非宗教同盟，其淺薄足使有識者齒冷。此吾國學者不沉潛之過，而不可不深自戒懼者也。〔註 569〕

仲夏，袁思亮為《懺庵詩稿》題識。

古人云：讀萬卷書，行萬里路。作者治學通新舊之郵，復以壯年遍歷中外名勝，宜其發為歌詠，非尋常詩境所能域，而紀遊諸什，蒼莽雄直，窺杜攀韓，尤為傑構，知得江山助多矣。客中少暇，匆讀一過，輒綴數語，略志傾倒。

甲戌仲夏　湘潭袁　拜識〔註 570〕

〔註 569〕張大為、胡德熙、胡德焜合編《胡先驌文存》（下卷），中正大學校友會出版發行，1996 年 5 月，第 218～220 頁。

〔註 570〕胡先驌著、錢鍾書選編《懺庵詩稿》，張效彬題籤書名，黃曾樾為扉頁題籤，第 4～5 頁。

7月1日，與錢天鶴等七人聘為中央研究院動植物研究所顧問。

中央研究院動植物研究所王家楫到所視事，兩個月後，人員聘定，下列人員名單及其月薪：

專任研究員兼所長一人：王家楫 400 元。

專任研究員四人：伍獻文 380 元、鄧叔群 380 元、方炳文 250元、陳世驤 300 元。

兼任研究員二人：裴鑒 150 元、耿以禮 150 元。

顧問七人：錢天鶴、徐韋曼、秉志、錢崇澍、胡先驌、李四光、李濟。

助理員五人：常麟定 150 元、唐世鳳 100 元、單人驊 60 元、朱樹屏 60 元、歐世璜 60 元。

採集員二人：鄧祥坤 55 元、唐瑞金 70 元。

繪圖員二人：楊志逸 60 元、徐叔容 55 元。

庶務員一人：楊培綸 120 元。

書記員一人：劉勳卓 60 元。

事務員一人：楊存德 50 元。

改組之後，所中人員除顧問之外，共計 14 人，與先前 16 人稍有減少，若將兩位兼職研究員除外，減少比率則甚大。但人員結構則有所優化，研究水平有所提高，增加兩位專任研究員王家楫和陳世驤，增加三位助理員單人驊、朱樹屏、歐世璜，均是大學剛剛畢業。〔註571〕

7月4日，胡先驌致劉咸信函。

重熙老弟惠鑒：

羅志希處，驌前作函介紹，已得其覆函，云今年困於經濟，未能禮延。以驌觀之，足下仍以暫留山大為愈。馬心儀女士來函云馬校長挽彼極堅，彼不能辭。同時嚴楚江與孫稚蓀相處不洽，求去甚急。嚴君對於植物形態學造詣甚深（捨張峴儔先生外，渠在關內算第一手），且自美國攜歸可寶貴之教材甚多，為發達山大植物課程，自以聘彼為得計，此外亦無人也。連日小女患病頗劇，九日是否能

―――――――――――――――――

〔註571〕胡宗剛著《江蘇省中國科學院植物研究所·南京中山植物園早期史》，上海交通大學出版社，2017 年 4 月版，第 140～141 頁。

來青尚未可知，如不能來，當託所中壽或張君代表也。

專此，即頌

孿祺

先驌 拜啟

〔廿三年七月〕四日〔註572〕

7月8日，胡先驌致劉咸信函。

重熙仁弟惠鑒：

小女之疾未瘥，每日尚須同至醫院治療，無法來青，至以為歉。特託壽理初君遄程來青襄理試事，明年夏季再來襄助，以贖此愆。請代為轉告學校當局為感。

專此，即頌

孿祉

先驌 拜啟

〔廿三年七月〕八日〔註573〕

7月10日，胡先驌致劉咸信函。

重熙仁弟惠鑒：

六日手書備悉。足下能作文四篇，至以為慰。惟《關於毛面人之記述》一文，是否根據事實，抑為傳說？此文之科學價值如何？驌意若非事實，則後三篇之價值似較大也。學生畢業論文可以宣讀其節略也。桂女士承援助，至感。惟彼前此來平所談，似與尊函所說不無出入，大約由於少不更事，不知謙抑，以至吃力不討好也。

此頌

孿祺

先驌 拜啟

〔廿三年七月〕十日〔註574〕

〔註572〕周桂發、楊家潤、張劍編注中國科學社檔案資料整理與研究《書信選編》，上海科學技術出版社 2015 年 10 月版，第 83 頁。

〔註573〕周桂發、楊家潤、張劍編注中國科學社檔案資料整理與研究《書信選編》，上海科學技術出版社 2015 年 10 月版，第 84 頁。

〔註574〕周桂發、楊家潤、張劍編注中國科學社檔案資料整理與研究《書信選編》，上海科學技術出版社 2015 年 10 月版，第 85 頁。

7月16日，秦仁昌致董時進信函。

　　　　秦仁昌致江西省農業院院長董時進函（節錄）。「昌自離省來山
　　後，即到此積極籌備，房屋修葺、改造、油漆，訂製家具、農具，修
　　建橋樑道路，現各事都在順利進行中。昨日到了平方職員數人，幫
　　同籌備。昌將各事安排妥當後，即於日內下山過京北返，料理公私
　　各事，至遲於八月十五日可再到山。植物園正式成立，相約八月廿
　　三、四號左右。」〔註575〕

7月19日，胡先驌致劉咸信函。

　　重熙老弟惠鑒：

　　　　理初回平，備悉尊況。聞山大尚未決定聘嚴楚江，不知有何障
　　礙。嚴與孫稚蓀不能相處，下學年勢必離中大，而他處接洽亦無眉
　　目。嚴之學問在東大同學中亦稱上選，丁茲有困難之際，如肯一為
　　援引，公誼私交可以兩全。尚希酌察，早日決定，並示復為感。

　　　　專此，敬頌

　　肇祺

　　　　　　　　　　　　　　　　　　　　　　　　先驌 拜啟

　　　　　　　　　　　　　　　　　　　〔廿三年七月〕十九日〔註576〕

　　7月，Torricelliaceae Hu 刊於 Bulletin of the Fan Memorial Institute of Biolong:
Botany（第5期，第311頁）。Torricelliaceae 為鞘柄木科的學名。

　　7月，著《細菌》，王雲五主編《萬有文庫》，第一集一千種，商務印書館
第2版。

　　7月，著《植物學小史》，王雲五主編《萬有文庫》，第一集一千種，商務
印書館第2版。

　　7月，中央研究院自然歷史博物館改名為中央研究院動植物研究所，王家
楫任所長。顧問七人：錢天鶴、徐韋曼、秉志、錢崇澍、胡先驌、李四光、李
濟。

〔註575〕胡宗剛編《廬山植物園八十春秋紀念集》，上海交通大學出版社，2014年8
　　　　月版。第85頁。
〔註576〕周桂發、楊家潤、張劍編注中國科學社檔案資料整理與研究《書信選編》，上
　　　　海科學技術出版社2015年10月版，第86頁。

著《細菌》　　　　　　　　　著《植物學小史》

7月，確定廬山森林植物園第一屆委員會成員。

　　廬山森林植物園仿照靜生所委員會，由合組雙方共同成立委員會，為植物園最高決策機構。據《組織大綱》，靜生所所長、農業院院長、植物園主任為委員會當然委員，另由靜生所、農業院各推舉2人，共7人組成該委員會。第一屆委員會成員有胡先驌、董時進、秦仁昌、范銳、金紹基、程時煥、龔學遂。按《組織大綱》規定，委員會每年召開一次會議，聽取園主任上年度工作彙報，討論和決策年度預算及植物園重大事件。〔註577〕

8月7日，與盧作孚相談，關於中國西部科學院植物研究所事情。

　　早晨5點20分乘火車赴北平看望科學界的朋友翁文灝、任叔永、丁文江、胡先驌。8點19分抵達，一行人首先找到中央飯店住下，然後打電話給靜生生物調查所詢問諸友人情況，得知只有胡先驌在北平。在中央飯店，遇到漢口金城銀行經理王毅靈，盧作孚與之進行了半個多小時的談話。下午遊故宮武英殿、太和殿。看到太

〔註577〕胡宗剛編《廬山植物園八十春秋紀念集》，上海交通大學出版社，2014年8月版，第011~012頁。

和殿的時候，盧作孚首先離開而到靜生生物調查所訪友。〔註578〕

8月20日，參加董事會會議，決定《科學》編輯部長物色繼任人選案諸多事項。

理事會第119次會議記錄（1934年8月20日），盧山蓮谷青年會事務所開理事會，出席者：任叔永、胡步曾、周子競、胡剛復、秉農山、竺藕舫、楊允中。主席：任叔永，記錄：楊允中。

一、年會會程委員會因此次年會原列在盧山公開演講，今已取消，擬將年會會程縮短日期至二十五日閉幕。

照修正日程通過。

二、《科學》編輯部長王季梁先生已赴美國，應如何物色繼任人選案。

討論結果，咸以《科學》月刊為本社重要事業，亟須設法維持並加以精進，部長一職若再欲請人義務兼任，不特事實上困難，且亦不甚相宜，是否應專聘一人擔任，提交年會大會討論決定。

三、上次理事會通過范旭東為贊助社員，改為特社員，提請年會大會通過。

四、本社以後進行方針案。

提年會大會討論。〔註579〕

1934年在盧山召開中國科學社聯合年會（攝於蓮花谷青年會）

〔註578〕張守廣著《盧作孚年譜》，重慶出版社2005年8月版，第176頁。
〔註579〕何品、王良鐳編注中國科學社檔案資料整理與研究《中國科學社董理事會會議記錄》，上海科學技術出版社2017年版，第203頁。

1936 年廬山森林植物園中心區全貌

1936 年廬山森林植物園辦公場所

　　8 月 20 日，廬山森林植物園正式成立。受到了社會各界重視與關懷，特別受到科學界的重視，中國科學社與中國植物學會、中國動物學會、中國地理學會四團體聯合舉辦第十九次年會，為了慶祝廬山森林植物園的成立，特在廬山召開，因而科學家雲集廬山。胡先驌邀請中國科學社等四團體專家學者在廬山召開年會成員，參加植物園的成立盛典。當時視此為「中國生物學界，奠設元基」之舉。正是由於此，當時駐節牯嶺的蔣介石，在忙於向廬山軍官訓練團

作《抵禦外侮與復興民族》的長篇講演之餘，也於 8 月 20 日下午五時，在其行轅—美盧，「設茶點宴請到會（即參加盧山森林植物園成立典禮）的代表」。這從另一側面也可略見盧山森林植物園成立影響之盛。〔註 580〕靜生生物調查所與江西省立農業院曾在盧山含鄱口設立盧山森林植物園，此為中國最大之植物園。歷年來大量培植苗木與採集植物種子、向世界各國植物研究機關交換，後來改為中國科學院植物研究所盧山植物園。〔註 581〕

盧山森林植物園成立合影，左起，前排：胡先驌、秉志、秦仁昌，後排：曾仲倫、劉雨時、涂藻、馮國眉、雷震、汪菊淵

8 月 20 日，盧山森林植物園成立典禮盛況。

　　　　該植物園於八月二十日下午三時舉行成立典禮。由靜生生物調查所所長胡先驌博士主持。行禮如儀後報告籌備此園經過。嗣由蔣委員長代表王君及江西熊主席代表財政廳吳建陶致辭。繼由植物園委員會及靜生生物調查所委員會范銳、西部科學院院長盧作孚，中華教育基金會幹事長任鴻雋演說來由，江西農業院院長董時進博士

〔註 580〕汪國權主編《盧山植物園創建與發展》，中國文聯出版社，2010 年 5 月版，第 65 頁。
〔註 581〕胡先驌著《植物分類學簡編》，高等教育出版社 1955 年 3 月版，第 5 頁。

致答辭。乃相率攝影而禮成。蒞會者有全國經濟委員會江西辦事處蕭純錦，清華大學校長梅貽琦，國立編譯館館長辛樹幟，中山陵園主任傅煥光，國立中央大學農學院院長鄒樹文等數十人，可謂極一時之盛會。〔註582〕

8月20日，王芸生記者應邀參加盧山森林植物園開幕。

《大公報》著名記者王芸生當時也在盧山，知盧山森林植物園即將成立，特往採訪，其《贛行雜記》詳為記述，亦為不可多得之材料，彌足珍貴。「十九日午後彥和（陳隆恪）先生來訪，溫文大雅的世家學者。承告以靜生生物調查所與江西省農業院合辦的盧山森林植物園，將於明日開幕，希望我去參加。並謂該園園務由靜生生物調查所植物標本室主任秦子農君（仁昌）主持，係胡步曾（先驌）的高足，對植物甚有研究，可算得一個權威。園址在含鄱口。二十日午後三點鐘，我特往參觀這個科學集會。秦君招待甚殷，並詳為解釋該園發起動機及籌備經過。園址面積萬畝，正在含鄱口內，土壤氣候，均極適宜。經費由生物調查所與農業院各年出六千元，秦氏本人不支薪。在籌備期中，范旭東氏很有助力。該園目的不在造林，而在從學理上研究各種植物，俾以其結果，改良全國的農圃。四時許，舉行開幕典禮，胡步曾氏主席，行營代表王君，熊主席代表某君，及盧作孚、范旭東、任叔永、董時進諸氏相繼演說，大致均對該園致甚高希望，且預料三五年後必有重大貢獻。會後全體攝影，我覺得這個燕北俗夫無留面目於匡廬的必要，乃謝別，步登含鄱口，眺望鄱陽湖而歸。」〔註583〕

陳封懷對1934年創辦盧山森林植物園的總結。

1984年8月，陳封懷作《漫談建設植物園的作用——盧山植物園五十年來的成功和失敗的經驗》講話，即參會之論文。陳封懷言：

〔註582〕胡宗剛著《靜生生物調查史稿》，山東教育出版社，2005年10月版，第98頁。

〔註583〕王芸生：《南行雜記》。《芸生文存》第二卷，上海大公報社1937年，第378頁。胡宗剛著《盧山植物園最初三十年》，上海交通大學出版社，2009年7月版。第34～35頁。

早在 1930 年，胡先驌教授當時任靜生生物調查所所長，有感於研究植物資源，必須建設植物園，配合進行引種馴化栽培利用，才能起經濟作用，因此建議在北平附近開辦植物園。當時花了不少時間沒有物色到適當的地點，最後與江西農業院合作，在廬山含鄱口建園，開始稱之為森林植物園，以後改為植物園。蹉跎歲月，經過戰亂和動亂波折五十年之久，坎坷轉折，不堪回憶，但畢竟仍建成我國唯一的高山植物園。首先必須提到胡先驌教授、秦仁昌教授二人，作了開闢先鋒，把原來荒蕪之三逸鄉林場建立廬山植物園。以後我回國繼承廬山植物園工作，當時戰禍臨頭，不得不匆匆逃避，把隊伍轉移到雲南繼續調查採集引種，為廬山植物園以後的發展作準備。經過戰爭八年，物換星移，人事變遷，自感歸去來兮，園林荒蕪。所見皆亂草叢叢，斷牆殘壁，滿目淒涼，令人傷感，但樹木陰翳成林，得到安慰，遂有重整旗鼓之決心，於是與在山之工友結合，恢復園地。但由於經濟無著落，不得已，只得籌措出賣種苗，解決數十人的生活問題，得設法與國內外聯繫，組織出售種苗機構。於是在短短得一二年中，出售一般種苗，每年得美金萬餘元，使是園不僅能解決工人生活費用，而且能繼續進行引種馴化工作。在此時期還得到蔡希陶通知之協助，相與協作推銷雲南各類種苗，因此在戰後極端困難時間，雲南所廬山園都能維持繼續工作前進。回憶當時無出路，確有柳暗花明又一村之感。〔註 584〕

8 月 21 日～26 日，參加在江西廬山舉行中國科學社第 19 屆年會。

本年會到會社員註冊者共計一百二十七人，又社員眷屬及來賓註冊者共計二十二人，姓名列下。社員：伍連德、劉恩蘭、許植方、周榕仙、劉肇安、榮達坊、徐善祥、竺可楨、裴維裕、馬心儀、周銘、胡剛復、張洪沅、張江樹、李寅恭、魯淑音、趙廷炳、薛紹清、何魯、曾義、趙孝清、倪尚達、黃綬、黃羅淑斌、柳詒徵、柯象峰、柯成楙、路敏行、陳納遜、任叔永、周仁、秉志、方子衛、袁樹聲、朱鶴年、姚啟鈞、張雲、翟俊千、盧於道、王家楫、伍獻文、張宗

〔註 584〕胡宗剛著《陳封懷談廬山森林植物園之創建》，公眾號註冊名稱「近世植物學史」，2021 年 09 月 29 日。

漢、范肖岩、董聿茂、貝時璋、孫宗彭、馮言安、楊叔吉、蔡賓牟、
楊季璠、何德奎、潘承誥、汪典存、楊孝述、張景鉞、盛永發、黎崇
恒、何育傑、程時煃、劉夢錫、沈溶、董時進、盧作孚、朱其清、梅
貽琦、崔宗塤、熊正理、熊正珽、熊正琚、劉孝基、周宣德、孫明
經、李先聞、楊卓新、鄧植儀、諶湛溪、張孟聞、方壺、鄧啟東、朱
起鳳、陳可忠、辛樹幟、湯佩松、武兆發、朱庭祐、壽振黃、高振
華、錢崇澍、胡敦復、周厚樞、張鴻基、羅一東、樂天愚、胡先驌、
傅煥光、史久莊、翁文灝、張其昀、王崇植、陳清華、蕭純錦、顧
振、R. M. Chester、歐陽祖經、蔣夢麟、熊學謙、劉廷蔚、衛挺生、
閻彝銘、朱德明、葛毓桂、韋潤珊、楊蔭慶、彭謙、石道濟、蔡源
明、鄭法五、裴益祥、張精一、馬名海、秦仁昌、陳封懷、曾昭掄、
韓明炬、葉善定、吳雨霖、彭維翰。社員眷屬:劉肇興、張洪沅夫
人、李寅恭夫人、魯美音、柯成楸夫人、路敏行夫人、袁樹聲夫人、
汪典存夫人、崔之蘭、黎崇恒夫人、劉夢錫夫人、朱其清夫人、劉
孝基夫人、楊淑敬、鄭法五夫人、韓明炬夫人、葉善性。來賓:羅
廣庭、黃維榮、項顯洛、唐寧康、李達夫。〔註585〕

8月22日～25日,參加在江西盧山舉行中國科學社第19屆年會,當選
年會委員會委員、演講委員會委員長。

中國科學社第十九屆年會紀事錄,本社第十九次年會,於二十
三年八月二十一日至二十六日,在江西省盧山蓮花谷青年會,與中
國地理學會、中國動物學會、中國植物學會三團體聯合舉行。承江
西省政府預籌款待,予以種種便利,年會得能順利進行,不勝感激。
年會職員及年會日程如下:

年會名譽會長:熊式輝。

年會委員會:蕭純錦(委員長)、程時煃、胡先驌、鍾心煊、董
時進、楊孝述、方子衛。

論文委員會:竺可楨(委員長)、張景鉞、謝家榮、何衍璿、曹
梁廈、茅以升、顧翙群、葉企孫、王家楫。

〔註585〕王良鑷、何品編注中國科學社檔案資料整理與研究《年會記錄》選編,上海
科學技術出版社2020年12月版,第265～266頁。

演講委員會：胡先驌（委員長）、何魯、嚴濟慈、楊紹曾、伍獻文、秦仁昌、胡博淵、陳清華、張延祥。

會程委員會：任鴻雋（委員長）、周仁、張其昀、胡剛復、錢崇澍、熊正理、盧於道、孫洪芬、路敏行。

招待委員會：李右襄（委員長）、羅一東（副委員長）、蔣志澄、李中襄、鮑公任、鍾季襄、程宗宣、趙可師、謝頤年。

交際委員會：程時煃（委員長）、夏家珧（副委員長）、龔伯循、歐陽祖經、劉孝基、鍾季襄、熊正琚。〔註 586〕

8 月 22 日下午 2 時，參加江西廬山舉行中國科學社第 19 屆年會第一次社務會議，建議《科學》雜誌聘請總編輯負責制，採用半通俗性質科普文章，獲得大會通過。

路敏行代表編輯部報告，並對於改善《科學》內容提出七項建議。社員中頗多討論。

胡先驌謂，編輯部建議之第七項由司選委員會選舉編輯主任，社章中無此規定，不必討論。本人主張自下年度起，聘請一位總編輯，以負全部責任。

何魯謂往年編輯由大會選出，未得本人同意，形同虛設，不負責任，故主張取消選舉。編輯部仍設上海，各地社友會亦應負編輯之責，與總社聯絡一氣。

竺可楨提議聘請有給職之總編輯一人，編輯員由總編輯接洽，轉請理事會聘請。

何德奎主張應優給稿酬，吸收好文章。

胡先驌主張《科學》雜誌必須半通俗性質，用生動之筆墨，深入淺出，以引起讀者興趣。

主席以竺可楨之提議付表決，全體通過。

主席聲明在新總編未聘到以前，原有編輯部仍有效。〔註 587〕

〔註 586〕王良鐳、何品編注中國科學社檔案資料整理與研究《年會記錄》選編，上海科學技術出版社 2020 年 12 月版，第 264 頁。

〔註 587〕王良鐳、何品編注中國科學社檔案資料整理與研究《年會記錄》選編，上海科學技術出版社 2020 年 12 月版，第 269 頁。

8月22日下午2時，參加江西廬山舉行中國科學社第19屆年會第一次社務會議，以148票當選理事。

　　劉夢錫代表司選委員會報告改選理事結果，謂本社理事會除總幹事外，共有理事十四人，每年應改選七人。本屆共收到選票二百二十五張，計有效權1559，廢權13，總權數1572。茲將開票結果，各候選人所得權數公布如下：任鴻雋191，胡先驌148，王璡126，周仁120，伍連德114，李協101，丁緒寶95，以上七人當選二十三年至二十五年理事。次多數者：嚴濟慈94，丁燮林81，何德奎72，曹惠群70，宋梧生66，尤志邁63，孫昌克62，盧於道56，徐乃仁38，陳清華35，湯佩松27。〔註588〕

8月25日上午9時，參加在江西廬山舉行中國科學社第19屆年會第二次社務會議，當選為理事。

　　關於選舉：1. 當選新理事七人為任鴻雋、胡先驌、王璡、周仁、伍連德、李協、丁緒寶。2. 當選下屆司選委員三人為王家輯、裴維裕、劉夢錫。3. 當選下屆查帳員二人為陳清華、和德奎。4. 選出特社員一人為范銳（旭東）。贊助會員三人位劉湘、楊森鏞。〔註589〕

8月25日上午9時，江西廬山青年會禮堂舉行中國科學社第19屆年會第二次社務會議，任鴻雋主席，討論下屆年會地址、內容諸事。

　　主席提出下屆年會地點案。先報告廣西省政府及廣西大學迭次歡迎函電，並請廣西省府特派代表馬名海君說明歡迎之意及將來招待上之種種事項。

　　馬君略謂桂省招待年會，期在指導建設，並促進科學空氣。省府在年會之前，擬先提問題送社，分致各社員研究，以便年會時集中討論。

　　胡先驌謂明年有各專門學會參加，人數甚多，恐於經費招待上發生困難，且南方在夏季氣候上，亦不甚相宜。明年為本社二十周

〔註588〕王良鐳、何品編注中國科學社檔案資料整理與研究《年會記錄》選編，上海科學技術出版社2020年12月版，第269頁。
〔註589〕王良鐳、何品編注中國科學社檔案資料整理與研究《年會記錄》選編，上海科學技術出版社2020年12月版，第260頁。

紀念，可在北平、南京或上海擇一舉行。

任鴻雋謂南方氣候甚好，本人主張年會在梧州舉行，二十周紀念在十月間在上海舉行。

何魯謂我人每到一地，對於地方性之事物必須深加觀察，方可多貢獻。希望明年省府先供給材料，由本社組織團體研究討論，赴會社員應先報名，聲明擔任何項研究。招待方面希望請梧州社員擔任，總社先派一人去幫忙，務求事先布置周詳，而免臨時顧彼失此。

徐善祥謂年會與考察性質不同，年會注重論文及社務討論，若組織考察團，年會會務就難兼顧，應先決定。又為招待上便利起見，到會人數最好有限定。帶家眷於人於己均不方便，最好不帶。社中應先派一人去布置一切，另聘一幹事去最好。

楊孝述謂年會與考察未嘗不可得兼，但求減除應酬，論文宣讀及社務討論，若緊張一下，三天可以畢事。以後即可專注於考察及遊覽。至於限定人數，亦屬重要。可於年會期前二個月截至報名。逾期報名須有以前報名而不去者方可遞補。〔註590〕

8月25日上午9時，江西廬山青年會禮堂舉行中國科學社第19屆年會第二次社務會議，任鴻雋主席。提議邀請其他學會參加年會。

胡先驌提議邀請其他學會參加年會。

竺可楨主張限於有科學論文之專門學會。

楊孝述主張明年年會除動物、植物、地理學會已表示繼續參加外，另由本社邀請物理、化學二學會同時開會，其餘專門學會願意參加者，可正式來函接洽，予以接受。

主席以楊提案付表決，全體通過。〔註591〕

8月21日～27日，擔任中國植物學會會長。中國植物學會在廬山蓮花谷召開第一屆年會，與會代表推選中國植物學會會長、副會長、書記、會記及評議員等議程。胡先驌當選為會長，副會長為陳煥鏞。張景鉞任書記，秦仁昌任

〔註590〕王良鐳、何品編注中國科學社檔案資料整理與研究《年會記錄》選編，上海科學技術出版社2020年12月版，第271頁。

〔註591〕王良鐳、何品編注中國科學社檔案資料整理與研究《年會記錄》選編，上海科學技術出版社2020年12月版，第272頁。

會計。在《中國植物學彙報》第一期上，用英文介紹中國植物學會組織機構，這四位領導的職務、姓名、工作單位及通訊地址。選舉錢崇澍、秦仁昌、辛樹幟、李繼侗、張景鉞、劉慎諤任評議員。會長胡先驌第一個提出「編纂中國植物誌」的提案。會議議決：由本會通知植物分類學者徵求同意。在《編纂中國植物誌提案》曰：「現在國內治植物分類學者漸眾，理應著手編纂《中國植物誌》，擬徵求植物分類學者同意，凡編纂各科植物專誌者，應同時編纂中國植物誌之該科，並共同選舉總編輯人，總領編纂事務。至於發刊曾與國立編譯館商定，由該館擔負。」〔註592〕

8月27日，參加中國科學社第19屆年會部分社員赴南昌，為28日～29日演講作準備。

　　八月二十七日赴南昌約三十餘人。

　　八月二十八日上下午在新生活運動促進會及江西教育處二處演講。演講人及講題如下：何魯：《民族性與科學教育》；何德奎：《科學管理與行政》；陳清華：《經濟學之科學概念》；胡先驌：《木材研究與中國農林工程及軍事國防之關係》；黃綬：《心力建設與物力建設》；劉恩蘭：《地理學之研究》。

　　八月二十九日仍在教育廳演講，演講人及講題如下：秉志：《近年來之中國生物學》；盧於道：《科學的民族復興》；王家楫：《動物學教學法之要素》；伍獻文：《動物學與生產建設》。

　　本人未到而有演講稿寄到者，亦有二人，為：伍連德：《公共衛生與民族復興》；孫洪芬：《改進我國製紙工業之商榷》。〔註593〕

8月28日～29日，參加在江西廬山舉行中國科學社第19屆年會，赴南昌，28日在教育廳禮堂，作《木材研究與中國農林工程及軍事國防之關係》演講。

　　在南昌教育廳大禮堂及新生活運動促進會演講者共計十人，如下：何魯講《民族性與科學教育》，何德奎講《科學管理與行政》，

〔註592〕 《中國植物誌雜誌·會務消息》第1卷第3期，1934年。胡宗剛撰《胡先驌先生年譜長編》，江西教育出版社，2008年2月版，第215頁。
〔註593〕 王良鐳、何品編注中國科學社檔案資料整理與研究《年會記錄》選編，上海科學技術出版社2020年12月版，第274頁。

陳清華講《經濟學之科學概念》，胡先驌講《木材研究與中國農林工程及軍事國防之關係》，黃綬講《心力建設與物力建設》，劉恩蘭講地理學問題，秉志講《近年來之中國生物學》，盧於道講《科學的民族復興》，王家楫講《動物學教學法之要素》，伍獻文講《動物學與生產建設》。另有本人未到而有演講稿寄會者二人，伍連德題為《公共衛生民族復興》，孫洪芬題為《改進我國製紙工業之商榷》。〔註 594〕

8 月，柳詒徵為《懺庵詩稿》作序。

往廁南雍，倡學衡社，胡君步曾枋詩選，匄時賢名作，間為評論。抉剟幽微，一時莫之先也。甲子以還，社友雨散，君頻之異域，歸客舊都，腐心草木。余蟄缽山，理董故紙，蹤跡不恒次比。今年七月，余買舟道湓浦，上匡廬，居蓮花谷浹旬。君亦自燕來會，掃石聽松，流連於秋淙月夕間。不復憶十年中桑海陵谷矣。間叩君詩興，君遜謝，謂鮮進境，發篋視所為蜻洲諸詩，則如扶搖羊角，進而益上。散原評以奧邃蒼堅，允矣。西江以詩雄天下，廬岳之氣，蒸而為雲，削而為石，盤而為松，矯而為樟，噴而為瀑，渟而為淵，其鍾於人者，惟詩有以肖之。余未覿茲山，未知君詩所自孕也；履茲山，讀君詩，僭謂始知君詩所自來。雖然，贛南山嶺，磅礴千里；章貢之流，清駛呈文，余皆未之遊。即匡山名蹟，屐所未躐者多矣。以測君詩亦然，又惡敢謂能知君詩者。君將印行詩稿，追維南雍陳跡，督予綴數言。歸缽山後披君稿，猶覺黃龍青玉水石之雄秀騰湧吾耳目也。

甲戌秋八月鎮江柳詒徵〔註 595〕

8 月，中國科學社社員分股名錄，將全體社員分為物質科學、生物科學、工程科學及社會科學四大組。生物科學組生物股人員姓名、字號、籍貫、通訊地址等信息。

〔註 594〕王良鐳、何品編注中國科學社檔案資料整理與研究《年會記錄》選編，上海科學技術出版社 2020 年 12 月版，第 261 頁。

〔註 595〕胡先驌著、錢鍾書選編《懺庵詩稿》，張效彬題簽書名，黃曾樾為扉頁題簽，第 1 頁。熊盛元、胡啟鵬編校《胡先驌詩文集》（上下冊），黃山書社，2013 年 8 月版，第 3 頁。

II. 生物科學組
1. 生物股

上官垚登		江西玉山（教育）	江西南昌花園角一號
王守成	志稼	江蘇吳縣	蘇州呂印坊巷六五號
王家楫	仲濟	江蘇奉賢	南京本社生物研究所
王以康		浙江	南京中國科學社生物研究所
王敏（仲）		浙江杭縣	南京火瓦巷 21 號
王希成		浙江杭縣	
戈定邦		河北	北平清華大學生物系
方文培	植夫	四川忠縣	南京成賢街本社生物研究所
丘畯	寶疇	廣東平遠	廣州市中山大學附屬中學
曲桂齡（仲）	仲湘	河南唐河	河南信陽縣西街省立女子師範學校
朱紀勳		安徽涇縣	南京鼓樓金陵大學動物系
朱庭茂			
仲崇信		山東黃縣	150 W. 8th Ave. Columbus, Onio.
李良慶		貴州貴陽	北平府右街棗林大院 9 號
李順卿	幹臣		山東北平宣內回回營十號
李蔭楨	構堂	河南永城	河南開封北爐坊胡同二號或河南大學
李先聞	達聰	四川	河南大學農學院
李濬	濬庵	（地理）	雲南鄧川勸【動】學所
李琳			
吳元滌	子修	江蘇江陰	蘇州中學
吳家煦	和士	江蘇吳縣（理化）	
吳貽芳	冬生	浙江杭縣	南京金陵女子大學
吳韞珍			北平清華大學
吳偉士	Woodworth U.S.A.美國		University of California Berkeley, California.
吳光	國光	浙江	杭州衛生試驗所
沈宗瀚		浙江餘姚	南京金陵大學

何文俊		四川	四川成都華西協和大學生物系
何畏冷		福建福清	
辛樹幟		湖南	南京國立編譯館
林喬年	展君	廣東遂溪	廣東遂溪縣污泥唐市求安堂
林紹文		福州	福建廈門大學
秉志	農山	河南開封	南京本社生物研究所
周明牂		江蘇泰縣	
周太玄		四川成都	（生理）成都國立四川大學理學院
祁天錫	N. Gist Gee	美國	
胡先驌	步曾	江西新建	北平西安門內文津街靜生生物調查所
胡經甫			北平海甸燕京大學生物系
胡梅基		廣州（醫藥）	上海愛文義路 1320 號李斯德醫學研究院
段續川			四川成都天津大公報館段繼達先生轉
俞德濬	季川		北平市
范賚	肖岩	江蘇武進	杭州覓橋浙江大學文理學院生物系
郝坤巽	象吾	河南武陟	河南開封河南大學
涂治		湖北黃陂	河南開封大學農學院植物病理室
徐蔭祺		江蘇吳縣	蘇州東吳大學生物系
徐學楨	干生	廣東番禺	廣州市中山大學理工學院生物系
郜重魁	幼顯	雲南鶴慶	
馬心儀		山東青島	廣西梧州廣西大學
孫宗彭	稚孫		南京中央大學
孫必昌	東明	（地學）	
孫雲臺	英選	山東恩縣	煙台山東省立第八中學校
陳邦傑	逸塵	江蘇江都	四川重慶磁器口鄉村建設學院
陳楨	席山	江西鉛山	北平清華大學
陳煥鏞		廣東新會	廣州中山大學
陳兼善	達夫	浙江	
陳納遜		廣東中山	南京金陵大學

陳義	宜丞	浙江新登	Zoological Labortory, University of Pennsylvania Philadephia, Pa.
陳世驤		浙江嘉興	Zoological Labortory, University of Pennsylvania Philadephia, Pa.
莫古禮	F. A. Mc Clure 美國	廣州嶺南大學	
郭仁風	J. B. Griffing 美國	（教育）	
許引明	維綏	福州	Helen Neuberry Residence, Ann Arbor, Mich.
張念恃	作人		廣州中山大學生物系
張春霖	震東	河南開封	北平靜生生物調查所
張巨伯	歸農	廣東鶴山	杭州浙江省昆蟲局或南京鼓樓二條巷二號
張宗漢	真衡	浙江嵊縣	上海海格路國立醫學院
張挺	鏡澄	安徽桐城	武昌武漢大學
張祿	服真	雲南(社會)	雲南昆明市承寧宮坡五七號
張景歐	海珊	江蘇	上海北蘇州路 1040 號商品檢驗局
張鴻德	偉修	河南澠池（生理）	24, Dept. of Physiology, University of Chicago, Chicago, Ill.
張朝儒	景栻	河南博愛	河南開封河南大學
張明俊		四川	四川成都華西協合大學生物學系
張景鉞	峴儕	江蘇武過	〔北平清華大學進〕
張和岑		浙江寧波	蘇州東吳大學
張賢（仲）		浙江吳興	南京中央大學女生宿舍
張肇騫	冠超	浙江永嘉	出洋
張文湘	叔元	四川永川	
黃易伯		四川巴縣	
黃景新		四川永川	
黃子裳		四川合川	（地質）四川巴縣北碚里峽防局
馮敦棠		江蘇無錫	
馮肇傅		江蘇宜興	杭州七堡棉場

彭光欽		四川	
曾廣澄	佐明		
曾慎	吉夫	四川	河南開封河南大學
曾省	省之	浙江	青島山東大學
喻兆琦	慕韓	江蘇	
湯佩松		湖北蘄水	武昌武漢大學
湯覺之		湖南長沙（生理）	南京龍王廟堂子巷長治里一號
傅驌	有周	四川	四川重慶城內小樑子逸公家祠
傅葆琛			
楊保康		江蘇無錫	（教育）
楊風		浙江桐鄉	
楊世才		四川樂山	（教育）重慶通遠門外宏育中學
鄒秉文		江蘇吳縣	上海薩坡賽路三一二號
鄒應憲	樹文	江蘇吳縣	南京中央大學農學院
費鴻年		浙江海寧	廣州中山大學生物系
萬宗玲（仲）		四川永川	
裴鑑	季衡	四川成都	南京本社生物研究所
壽振黃	理初	浙江諸暨	北平石駙馬大街靜生生物調查所
熊大仕		江西南昌	天津南開大學生物系
管家驥	KwanChiaChi 浙江上虞		Dept. of Plant Breeding, Cornell. U. Ithaca, N. Y.
趙蓮芳	蘭屏	河南羅山	（遺傳學）南京三牌樓中央大學農學院
劉咸	仲熙	江西	青島山東大學
劉廷蔚		浙江溫州	上海滬江大學
劉瑚		湖北嘉魚	漢口商品檢驗局
劉運籌	伯量	四川巴縣	北平大學農學院
劉淦芝		河南商城	（昆蟲）蘇州嚴衙前打線弄福蔭里2號
蔡堡	作屏	浙江杭縣	
蔡翹	卓夫	廣東	上海中央大學醫學院

黎國昌　　慎圖　　廣東東莞　　廣州市惠愛西路粵華西街四號

黎富思　　Cora D. Reeves 美國南京金陵女子文理學院

潘光旦　　　　　江蘇寶山

鄧叔群　　　　　福建　　　南京中國科學社生物研究所

歐陽翥　　鐵翹　　湖南長沙

歐世璜（仲）　　浙江象山　　（真菌）南京國立中央大學農學院

錢崇澍　　雨農　　浙江海寧　　南京本社生物研究所

薛德育　　良叔　　浙江江陰

鍾心煊　　仲襄　　江西南昌　　武昌武漢大學

盧於道　　　　　浙江寧波　　（生理）上海中央研究院心理研究所

應尚德

閻敦建　　　　　湖南長沙　　北平靜生生物調查所

譚熙鴻　　仲逵　　　　　　南京實業部

譚仲約　　　　　廣東新會

饒欽止　　Chin-Chih Jao 考祥　（生物）811E. Nuron St, Ann Arbor.
四川巴縣　　　　Michigan. 〔註 596〕

8 月，中國科學社社員分股名錄，對理事會成員進行介紹。

　　任鴻雋（社長）、楊孝述（總幹事）、周仁（會計）、翁文灝、胡
先驌、竺可楨、王璡、李四光、趙元任、胡剛復、秉志、丁文江、李
協、孫洪芬、胡庶華。〔註 597〕

8 月，中國科學社社員分股名錄，對各地社友會進行介紹。胡先驌擔任中
國科學社北京社友會理事長，楊光弼為書記，章元善為會計。

南京	理事長	蔡元培	書記	王璡	會計	葉元龍
北京	理事長	胡先驌	書記	楊光弼	會計	章元善
上海	理事長	曹惠群	書記	何尚平	會計	朱少屏
廣州	理事長	陳宗南	書記	張雲	會計	黃炳芳

〔註 596〕林麗成、章立言、張劍編注《中國科學社檔案資料整理與研究——發展歷程
　　　　史料》，上海科學技術出版社 2015 年版，第 330～334 頁。

〔註 597〕林麗成、章立言、張劍編注《中國科學社檔案資料整理與研究——發展歷程
　　　　史料》，上海科學技術出版社 2015 年版，第 370 頁。

蘇州	理事長	汪懋祖	書記		王義珏	會計	王剛森
青島	理事長	蔣丙然	書記兼會計	李蔭枌			
杭州	理事長	李熙謀	書記		張紹忠	會計	錢寶琮
重慶	理事長	盧作孚	書記		曾義	會計	溫嗣康
梧州	理事長	馬君武	書記		馬名海	會計	馬心儀

〔註598〕

8月，中國科學社社員分股名錄，對《科學》雜誌編輯部組成人員進行介紹。

　　編輯主任王璡，常任編輯路敏行，編輯：胡先驌、任鴻雋、何魯、竺可楨、葛綏成、劉夢錫、周仁、盧作孚、徐乃仁、伍連德、唐鉞、余青松、沈璿、丁燮林、李濟、翁文灝、秉志、錢崇澍。〔註599〕

8月，中國科學社社員分股名錄，對永久會員進行介紹。

　　永久社員：胡敦復、任鴻雋、竺可楨、溫嗣康、孫洛、許先甲、徐乃仁、孫昌克、朱文鑫、劉伯棠、陳寶年、黃昌穀、黎照寰、關漢光、金邦正、趙志道、程時煃、陳衡哲、李厚身、侯德榜、朱菜、胡適、周仁、鍾心煊、曹惠群、謝家榮、秉志、譚熙鴻、張軼歐、李協、程耀椿、姜立夫、王璡、胡先驌、熊慶來、過探先、張乃燕、胡剛復、楊孝述、楊銓、楊端六、程瀛章、劉夢錫、王征、何魯、丁文江、翁文灝、稅紹聖、劉惠民、朱經農、徐允中、李孤帆、盧伯、嚴莊、廖慰慈、張昭漢、葉元龍、王伯秋、段子燮、鄒秉文、胡明復、莊俊、高君珊、李儼、程志頤、黃伯樵、胡庶華、孫國封、楊振聲、顧燮光、田世英、徐宗涑、楊光弼、吳承洛、劉樹梅、陳端、王庚、吳憲、盛紹章、姬振鐸、郝更生、劉仙洲、周厚樞、蔡堡、涂治、湯震龍、孫繼丁、葉善定、盧於道、雷沛鴻、季宗孟、甘績鏞、朱德和、張孝庭、張登三、唐建章、魯波、程孝岡、陳宗鑒、張延祥、曾瑊益、張樹勳、葉企孫。〔註600〕

〔註598〕林麗成、章立言、張劍編注《中國科學社檔案資料整理與研究——發展歷程史料》，上海科學技術出版社2015年版，第370～371頁。

〔註599〕林麗成、章立言、張劍編注《中國科學社檔案資料整理與研究——發展歷程史料》，上海科學技術出版社2015年版，第370～371頁。

〔註600〕林麗成、章立言、張劍編注《中國科學社檔案資料整理與研究——發展歷程史料》，上海科學技術出版社2015年版，第372頁。

8月,《樹木學和木材學之研究與國民經濟建設》文章在中山文化教育館編輯《中山文化教育館季刊》季刊（第1期,第252~255頁）發表。摘錄如下：

《樹木學和木材學之研究與國民經濟建設》文章

　　林業之與國民經濟有密切之關係,吾國自清末以來,朝野皆知,且為國民政府主要政策之一。蓋不但木材以及與木材有關之各種工業,人生不可須臾或離,而森林且為防患旱潦之主要因子也。然以吾國數千年來不凜昔賢斧斤以時入山林之訓,致內地各省原始森林砍伐殆盡。……在今日中央與地方政府勵行建設之時,需用木材之量必與日俱增（如現正提倡木炭火車,將來如果大規模應用,每年木材之耗費於製炭者,為量必極巨）。目前每年木材由國外輸入者幾及二千萬元,將來之木材消耗,必至倍蓰此數,自不待言,則大規模之造林,實為刻不容緩之舉也。

　　雖然,在中國有一畸形事態焉：即朝野上下雖知造林之重要,每年各省亦歲糜巨帑以造林,在國外習森林與任林業要職者亦大有人在,然森林家能辨認中國樹木者不過三數人,能研究中國木材者不過一二人,因之亦無人從事於有系統之造林學研究。故今日在中國造林,只可稱為植樹,蓋既不知木材之性質與用途上之宜忌,又不知各樹種在造林學上之需要,故每每耗費多量金錢而以價值甚低

之種類造林，此最不合經濟原理者也。……故欲從事造林，必須先將各省山林中所有樹木之種類，與其分布之面積，首先調查明瞭，再則擇其主要之材木，研究其材性與其造林學上之需要，始能樹立各省區之科學的造林政策也。

兹更就國產木材之利用，略為討論於下：

1. 吾國鐵道枕木之消耗，歲糜數百萬金，將來增修鐵道愈多，則此項消耗愈大。中國產之櫧櫟、青岡、椆樹材有百餘種，皆可取用。……

2. 電杆一項，其需要亦與交通發達成正比，多用裸子植物輕材充之，中國產之松柏材多可代用。

3. 車輛用材以耐動為要素，其需要與交通建設為正比。……

4. 飛機製造，雖有用純金屬者，但在中國冶金業未發達之前，木製飛機至為重要。……

5. 建築材中，中國良材如落葉松、樅、雲杉、杉、柏等等。……

6. 紙漿及火柴杆盒材，每年吾國輸入，亦糜鉅款。將來自設紙廠，尤須大規模造雲杉、樅、臭椿林以供造紙材之用。

7. 鞣質一稱丹寧（Tannin），為製革工業之必需品。……

8. 軟木在歐洲皆取自一種櫟樹（Quercus subev）之栓皮，然中國之栓皮櫟（Quercus varrabilis）與黃蘗木（Phellodendron amurense）之栓皮，亦可取作此用，是宜廣為造林以應此項需要。

9. 特種燃料，在今日內燃機與汽車發達而國產煤油未開發以前，若全恃外國輸入之汽油與柴油，耗費必不貲，故已有人研究木炭汽車。……

兹更就中國木材用途之分類，概別之如次：

1. 耐濕材：材中含有填充體（tyloses）及樹脂者，均多少耐濕。
   （1）浸於水中者……（2）僅與地面接觸者……

2. 耐動材……

3. 普通建築材……

4. 飛機用材……

5. 家具及細工材……

6. 工藝材……

以上所舉，不過就記憶所及略舉其大凡，即是壯觀，已見吾國林產之富，不亞於他國，且有過之。嘗考吾國木材業失敗之由有二：

1. 交通不便。交通便利之處之森林早已伐盡，現在存留之大森林多在遼遠之區域，如川西、西康、滇西等處，若無大規模之資本組織近代式之鋸木工廠與良好之公路或鐵路以供運輸，則良材鮮能達於市場，與外材爭一日之短長。

2. 調查研究之缺乏。即使交通問題可以解決，而各省林區之面積，各種重量木材之產量與材性，均未加以詳細之調查與研究，故供求不相應。

在今日欲挽救以上兩種缺點，以利用與增益吾國林產之蘊藏，則除增進運輸之便利外，首宜大規模為全國樹木學之調查，刊行《中國樹木志》；再則大規模為木材之解剖與力學研究，庶能洞悉其材性，而定森林利用之方針；三則研究各種重要樹木之造林學，庶以知其造林之宜忌，而定造林之政策。夫如是則造林不至虛糜國帑，而原有之林產蘊藏亦可儘量開發，其有禆於國民經濟建設者，殆不可以臆計矣。〔註601〕

8月～12月，確定廬山森林植物園職員。

廬山森林植物園工作報告委員會。委員長：程時煃伯廬；副委員長：范銳，旭東；委員：金紹基，叔初、冀學遂，伯循、胡先驌，步曾；會計：董時進；書記：秦仁昌，子農；職員。主任：秦仁昌，子農；會計：胥石林；技士：汪菊淵，辛農、雷震，俠人；技佐：曾仲倫，藝農；練習生：施爾宜、馮國楣，光宇、劉雨時，潤生。〔註602〕

9月11日，《論社會宜積極扶助科學研究事業》文章在《四川嘉陵江日報》發表。同年，轉載於《科學畫報》（第2卷第2期，第1頁）。摘錄如下：

自九一八國難作後，國人漸知在此弱肉強食之世，人道公理不過為口頭禪；而一國家欲圖自存於今日，非充實國力不為功。吾國

〔註601〕張大為、胡德熙、胡德焜合編《胡先驌文存》（下卷），中正大學校友會出版發行，1996年5月，第191～196頁。

〔註602〕胡宗剛編《廬山植物園八十春秋紀念集》，上海交通大學出版社，2014年8月版。第100頁。

以四千年文明之古邦，精神文明初不讓人，而國勢阽危，任人宰割者，要為武力與物質文明不及列邦之故。

《論社會宜積極扶助科學研究事業》文章

故年來朝野上下競從事於物質建設，如全國經濟委員會之設立，農村經濟之講求，公路鐵路之建築，航空事業之提倡，一時風起雲湧，呈民國以來未有之佳象。此有識之士，意為以手加額者也。同時社會亦知物質建設以科學為基礎，故科學普及運動乘時而興。當中國科學社同人首創《科學畫報》之時，只希望在第一年內銷行一萬份，而未及半年銷行竟已超過此數，不可謂非空前未有之現象；且各埠人士投函訊問應用科學問題者極多，尤見《科學畫報》讀者視此雜誌為能解決實際問題之刊物，與其他刊物之供消閒遣日者不同，則此區區刊物之有俾於物質建設者殆不可限量，此真吾國前途一線光明也。

於此吾有一語為社會告：即社會既知科學之重要，則必須盡力以扶助科學研究事業也。吾國社會雖貧困，然大企業家與紳富階級尚大有人在，上海之戰，無論貧富踊躍輸將，愛國熱誠，至為可敬，

竟有愛國如天廚廠主人吳蘊初先生以一人之力捐助飛機者。至於釀資建雷鋒塔，鑄幽冥鐘，修白馬廟，雖用途未必得當，然其急公好義慷慨捐資之情緒，仍為可佩也。惜捐資以扶助科學事業者，尚不多見，蓋亦社會對於科學之認識尚不真確爾。今姑就國防言，購買飛機，故屬重要。建造飛機，尤為要圖，徵求自造飛機，則原料供給之研究如輕金屬鋁之提起，鋁合金之製造，飛機用木材之鑒別，飛機製造之研究，如機身與摩託之製造；以及高速飛行之研究，上空氣象之研究，皆與航空事業與國防有密切之關係。此各項研究事業，雖政府已竭其能力以支持之。然在今日經濟凋敝之時，究未能完全顧及，故如黃海工業化學社之研究提取鋁養，靜生生物調查所之研究飛機用木材，中央研究院氣象研究所研究航空氣象學，皆社會所宜積極扶助者也。嘗以為與其購一飛機，何如設備一飛機木材試驗室之機械，或捐助研究提煉輕金屬或製造輕合金或研究高速飛行之基金之為愈。至於其他國防問題，如光學儀器與毒氣與防毒面具之製造，碘之提取，外科醫生之養成，千頭萬緒，靡不與應用及純粹科學有關。故對於無論何種科學事業與以積極之扶助，皆為對於國防有所貢獻，亦即間接為個人之生命財產策安全，其輸將較造雷鋒塔修白馬寺鑄幽冥鐘功德相去遠矣。

中國科學研究雖較歐美先進諸邦不逮遠甚。然十年來科學研究，頻呈欣欣向榮之象。地質調查所之地質學研究，對於國家已有莫大之貢獻，生物學之研究成績亦一日千里，物理學與化學亦有特出之人才，農學研究亦有重要之貢獻。然各研究機關皆苦於經濟之窘迫，未能充分發展，是在有心有識有力之社會領袖以實力扶助之也。

且科學研究亦為可以獲利之事。如吾國每年輸入西藥六千萬元，甚至國產之大黃，西人在吾國購買，經碾成粉末及標準鑒定後復入中國，以奪國藥之市場。苟有有識之資本家能創立一生藥試驗所與生藥製造廠，其獲利之豐可以預卜，而中國乃有著名之藥學家也。又如內分泌研究，亦近代最獲利之一事業，而國立中央大學生物系主任孫宗彭博士即為研究內分泌第一流人才。在國外各工廠均有試驗室，以著名之科學家董其事，以其牟利為動機，故應用科學之發明日新月異，層出不窮。故在今日而言興辦實業，亦非提倡科學研

究不為功，而科學研究決不能僅恃政府，而必須社會以積極扶助。美國煤油大王洛克菲勒捐助千萬元在中國創辦協和醫學校，其嘉利中國者極巨。吾謂社會領袖，急公好義初不後人，寧為繼洛氏之後，積極扶助科學研究之人乎？吾且為國家與民眾馨香禱祝之矣。〔註603〕

9 月 16 日～17 日，《國產木材之研究與中國農林工程及軍備建設上之關係》文章在《大公報》發表。同年 11 月 1 日，轉載於《江西教育》（第 1 期，第 147～154 頁）。此文是胡先驌於 1934 年 8 月 29 日在中國科學社第 19 次年會（南昌）上的演講詞，由《大公報》記者記錄。摘錄如下：

諸位，今天所要講的是中國建設上很基本的一個問題，它同中國林學上有關係，同中國工程上有關係，同中國軍備的建設上如飛機的製造，也有關係。這個問題是什麼？就是中國木材的調查同研究。兄弟是學植物的，今天是中國科學社第十九次年會在南昌的公開講演，所以我想借這個機會，把植物學應用上的一種科目，拿來同諸位討論。

談到我們中國的天賦，真是不愧地大物博四個字。就說中國樹木種類的多，在溫帶的國家中，也算是惟一的巨擘。據我的統計，中國樹木有二千多種，分隸四百五十多屬，比美國多至三倍以上。單就木材有經濟價值的樹木說，用十分之一來計算，至少也有二百多種。對於這項資源我們如何能夠做到物盡其用四個字？除了用科學方法研究，還有別的方法嗎？

木材這一種東西，誰都知道是日常必需品的一種。看看我們的建築，我們的家具，哪一項不是木材做的？雖是在鋼骨水泥已經發達的今日，木材在建築，仍然是不可少的東西。而且在特種的需要方面，如木材做的紙，木材做的人造絲，飛機上用木材的部分，鐵道上的枕木等等，以至於一根鉛筆桿，一支木尺，一盒火柴，都不是隨便拿一種木材來，便可以合用的。總而言之，木材的用途要愈專門化，在應用方面，就愈要科學化，這是一定而不可移的道理。

諸位，木材的科學上的研究，已經成了一種很專門的學問，叫

〔註603〕胡宗剛撰《胡先驌先生年譜長編》，江西教育出版社，2008 年 2 月版，第 215～217 頁。

做木材學。它的範圍大：如專門研究木材構造的人，叫做 Xylotomist，他們研究木材的構造，可以見到木材的材性；譬如這種木材為什麼重，那種木材為什麼輕；這種木材為什麼容易裂，那一種是不容易裂；這種木材的紋理直，結構細，那塊木材的紋理斜，結構粗等等方面。他們更利用木材的構造，用來做辨別的標準，這一種「正名」的工作，實在是木材其他各方面研究上的基礎。此外還有用機器或是他種儀器來試驗出木材的力學性質，譬如說應壓力、應曲力的多少；木材的物理性質，如比重、翹、曲等等性質。用化學的藥品，使得木材增加它的耐久性；或是研究有關木材其他的化學性質：譬如說鞣質的提取——鞣質是製革的要品——木屑蒸餾——以木材的蒸餾可得一串的重要物品，如木酒精、木油等等。還有用人工的設備，使得木材在數日內，可以完全乾燥，並且可以減少他們的開裂。這許多的專門問題，已經不是一個木材學專家，所可包辦得了的。我不是一個木材專家，今天，更不是一個專門的學術討論會，所以不能夠把木材學拿來詳細的講。但是我們可以借這一個機會，來討論討論這一種學問，是不是今日中國生產建設上所切需解決的問題。如果是的話，我們應當怎樣去著手進行。這就是兄弟今天所要說的主要部分。

中國木材的研究，照兄弟看起來，是一個很重要並且值得大規模進行的一個問題。讓我分別來說一說：

第一，我要說到中國木材的研究，同中國造林上的關係。在座的人，誰都聽到過中國要提倡造林的一番話。但是我們若是問一個任何中國的林學家，在中國什麼地方栽哪一種樹木最合宜，哪一種樹產生什麼性質的木材，這種木材有什麼用處。不但中國林學家回答不出來，連向外國請來的最著名的專家，也不能立時解答的。因為他們對於中國的木材，還未曾加以研究的緣故。中國的林業，假如不在中國的林木方面下一番切切實實大規模的調查同研究，我恐怕不是天天說造林，總沒有看見很好的天然林；即是勉強成林，對於它的用途，也沒有通盤的打算，那就不能樹立最合經濟原理的中國林業政策。但是說到一種大規模的研究，談何容易，即如我要做一部《中國樹木志》，已經有了幾年的預備，到現在因為經費及其他

種種關係，還不能大規模的進行。但是我們若是因為中國的環境困難就不幹嗎？不行。但是，我們要調查同研究中國的林木，去解決中國造林選種上的問題，我想我們不可不先知道，中國植物的天然分布。從中國植物調查下來結果，知道中國的植物，是依陝西秦嶺為分界的；秦嶺以北的，劃作華北區域。有河北、山西、河南、山東及以陝西北部、江蘇北部、安徽北部等省。秦嶺以南的，又可分三個區域：（一）東南區：有江蘇南部、安徽南部，浙江、江西、湖北、湖南等省。（二）西南區：有陝西南部、四川、貴州、雲南、西康等地。（三）華南區：有福建、廣東、廣西等省。其中福建同廣東的植物，大致相近。廣西又與雲南南部相近。我們如果將中國重要之林木，照這種天然分布的區域，來一個廣博的精深的調查同研究，再把植物可以生長的高度，如這一種樹能夠生於平原，那一種樹能夠生在二千尺至三千尺的高山等等性質，研究清楚。如此從平面的同立體的，換句話說，就是從縱的方面同橫的方面，做過一番切實的研究，選定了一個初榜。更就有關係的種種方面，如同土壤、病蟲害、材性、用途等等為標準，選定了一個中國林木的錄取名單。然後再去因時制宜，因地制宜；設多數中心林場，去育苗。這樣一來，做林官的人，做技師的人，才可得到一個比較客觀的，科學的標準去進行。否則今天提倡黃金樹，明天提倡黑松、日本松，再後天又下了一道命令，說要種黑桃、楊樹。這種沒有真知灼見的舉動，不能說是有目的造林。我們必需根據科學上的研究，尤其是中國木材本身的研究，才可以說這塊地方應當栽什麼樹，這種木材最宜於什麼用途。倘若我們能夠照這個基本原則，去進行中國的林業，才可以算是建設了百年樹木的大方針，才不致於盲人瞎馬的亂碰。以上是我所要說的第一個意思，就是中國造林，必須先研究中國的林木。也就是木材研究值得注意的第一個原因。

但是，這一方面的研究，是為未來打算的。第二，我要說到中國木材之研究，與中國工程上的關係。這是為中國木材的應用上，打現在的算計的。根據吾國海關的統計，單就木材一項，在一九二八年，入超為一，三三六，七二四海關兩，一九二七年為四九，八二〇海關兩，一九二六年，為六，七四六，五〇八海關兩，一九二五

年為三，五五七，三一四海關兩，一九二四年為四，七八一，四八八海關兩，一九二三年為一〇，二二二，八二八海關兩。平均說起來，每年的入超，總在四百萬兩左右。這個數目的入超，還不包括進口的枕木、電杆、紙漿、火柴杆盒等原料，同製作的木器。我國的內地，雖然沒有大片的森林可以供大規模的開發，但是單就華西的四川、雲南、貴州三省木材的蘊藏，實在很可自給。其所以造成中國材荒的二種局面，我想除去我國交通梗阻，及沒有現代機械化的生產兩個原因外，不能不歸咎到中國人的自甘暴棄了。我以前不是說過嗎？木材的用途愈專門化，在應用方法就愈要科學化。試問我們國產的木材，他們的構造，他們的材性，經過科學上的研究過沒有？我常聽到中國建築工程師告訴我說，他們很想用國產的木材來代替外國木材，但是沒有法子。我問他為什麼原故，他說中國的木材，固然是沒有充足的來源，就是有的話，我們也要先去作一個材料力學試驗。這是事實上的困難，不能單獨責備工程師不愛國的。所以我們若想要代國產木材做一點廣告，代國家挽回一點利權，我們就得把中國的名材，如樟、楠、松、杉、雲杉、榆、樺、□、楊、核桃、麻櫟、香椿等木材，加以大規模調查同比較的研究。倘若能夠把他們的性質研究明白，一般學工程的，尤其建築與土木工程方面，在造橋蓋房子的時候，不是也可以盡先選用國產木材嗎？倘若我們更能夠組織一二個大資本的鋸木公司，將木材的生產機械化，鋸木的時候，有一定的標準，那麼材料的來源就可以解決。在那種情形下，我想不但對於工程方面的木材問題可以滿足了工程師的需要，而且凡是需用木材的地方，如鐵道上用的枕木（據鐵道上的人說，這一筆養路費每年的消耗就可觀），同軍備建設上一個很重要的飛機木材問題等等，也得到很大的幫助。以上是我要說的國產木材，值得大規模研究的第二個原因。

現在讓我來把第三點就是中國木材研究同中國軍備建設上的關係拿來同諸位談一談。說到飛機，誰都知道是現代戰爭的利器，誰都知道我們假若全靠著我們兵士的勇氣，愛國的情緒，而用落伍的武裝來同現代的大炮、飛機抵抗，簡直是不可能的。飛機既然是重要，在中國是要積極提倡的。但是我們靠著向外洋買飛機的話，我

想不但是極不經濟，而且又不是一個永久可靠的辦法。所以我們非得設廠自己製造飛機不可。談到飛機的製造，就發生材料的問題。飛機的材料，近年來雖然有全用輕金屬來造飛機，一點木材不用的。但是木材的價錢，較輕金屬為便宜；建造的時候較為容易，而又適於小規模的製造。從較便宜、較簡單、較適用這三個優點看起來，木材在飛機製造上，尤其在中國冶金業不發達的情形之下，總還是占重要的地位。據說美國飛行大王林柏格從紐約到歐洲航行的飛機，就用過木材做的機翼。他所得的結果，並不較金屬的機翼壞。以上一番話，我不過拿來說明木材是飛機製造上重要材料的一種，但是我們隨便拿一種木材都能夠做飛機用嗎？那是不可能的。這裡就又要談到木材的調查同研究了。用木材來供飛機製造，尤是機翼，至少也有下邊幾點要注意。現在讓我再略為說一說：

第一，是材料的選擇。供飛機上用的木材，要有三個最大的原素：一是要輕、二是要韌。換句話說，就是又要結實，而又不能重，三是要沒有缺點，如節疤等等。在美國及加拿大最常用的材料，是 Sitkaspruce。這一種中國雖然不產，但是雲杉這一屬在中國產的種類最多。此外如 Whitepine, Whitespruce, Whitefir, Silverfir, Belticredwood, Douglasfir，以及闊葉材中之 Tiliasylvestris, Populustremula, Populussp., Alnussp., Aukoumiaklaineana, knemasp., Swieteniasp., Juglansregia, Acersp., Ulmuscampestris 等等，在歐美各國均曾經試驗，可做飛機木材之用，在中國都有近親緣的種類可以代用。我不是說過中國樹木種類之多嗎？我不是說過中國的西南如四川、雲南、貴州有大量的森林可以開發嗎？中國用的飛機木材，我們只要肯去開發、去研究，飛機木材真是不成問題，用不著向外洋買材料。

第二，我要說到飛機木材的第二個問題，就是機械的，同物理的試驗，雖然同一般的林木材料試驗相同，但是要特別適於飛機的用途。他們常把應曲力及應壓力二者所得之平均值算為一個單位，把堅性算為一個單位，把抵抗衝擊力算為一個單位。然後再將三種的平均數，用該木材的比重來除一除，所得的結果開 3/2 方（Raiseto 3/2 power），得到一個指數。我們看到這個指數，就可以將我們所試驗結果，來比較看看何種木材最適於飛機上應用。我要說這一段專

門的話，是要證明飛機上用的木材，是要經過特別的試驗的。

現在再說飛機木材的第三個問題，就是膠的問題。諸位都知道，木材在飛機上用的部分，是用做飛機的翅膀為主的，為的要得充分利用空氣的抗力，同他種的性質。機翼不是用薄片膠黏而成嗎？這就來了一個膠的問題了。什麼一種膠可以使木材膠得較為牢固，較為經久，能夠經得起雨水的打，太陽的曬。膠同木材黏膠的方向，均非經過科學的試驗不可。譬如說用 caseinglue，在木材之剪力每方吋木材受一千磅 shearstrength 的時候，各種木材被破壞的百分數就值得一很詳盡的比較試驗了。

此外如木材的乾燥的問題，飛機材的構成的問題，飛機各部分需要的力學性質等等；還有更基本的木材鑒別問題，均在飛機木材研究範圍之內。

我們假若不想自製飛機便罷；假若要想的話，我們要知道飛機用的木材問題，總不是學飛機製造，或學工程的人所可解決的。這就是我要提出的中國木材，值得大規模研究的第三個原因。

在以上這三個原因裏，我們很可以說明，中國木材的研究，不但同中國農林有關，同工程有關，且同軍備建設上的飛機製造也是很有關係。所以國產木材的調查同研究，這一事業，在我們國家裏，是很值得創辦，很急須創辦的。我們看看東西洋各國，都有一個兩個研究所，每年花百十萬元，來做這種木材研究的事。讓我舉點例子來說。我們近鄰的日本，有一個日本「國立林業試驗場」，是隸屬日本政府的農林省。──日本所稱的省，就同我們所稱部一樣。拿美國來說，有一個林產研究所，是隸屬於美國政府之農部森林處的。談到英國，他們在本國有一個科學實業研究部，有各種研究室，如建築化學、工程、食物、林產、燃料、地質、物理、無線電等等，均包括在內；就林產方面說，就有一個林產研究室，此外在牛津大學，有一個皇家森林研究所，近年來對於非洲的木材，加以特別的研究。在印度方面，有一個森林研究所，在加拿大方面，有一個林產研究所同兩個分所，是隸屬於內政部的；在澳洲有一個科學實業研究院，其中有一個林產部；在馬來有一個森林研究所；談到法國，就有一個殖民地科學研究會，內中有一個國立殖民地木材研究局，還有一

個隸屬於航空部研究處的一個木材研究室。現在雖然不能一國一國的詳述，介紹他們的內容，我們確知道各國的政府，都重視這一種研究；每年花了許多的錢，用了許多的專家，來做這一種事業。他們為什麼花許多的錢做這種研究呢？須知他們花的錢是不賠本的。譬如說吧，倘若枕木的壽命，因為適當的防腐研究增加了幾年的壽命，這無形中的收穫，真是所得足償所失。回頭來看看我們的政府，就林業這方面講，除了一些林場同大學農科的森林系外，可算是對於林業研究還未曾著手。假若我們不想把中國有關木材問題的林業選種問題、工程問題、同軍備建設上的飛機問題用科學來解決，就算完事。如果想追蹤歐美的話，中國木材的研究，總算是一個現在切要問題了。據我知道，以利用為主來研究木材的，世界上資格最老的木材研究室，要算是美國。但是他的成立是在一九一〇年，距現在也不過二十多年。我們假若努力的趕上去，現在也還不晚。

我還有一個事實告訴大家，就是像英國同加拿大的木材研究室，他們的成立都是因為感覺實際的需要才產生的。據他們的年報說，木材最需要解決的一個原因，就是因為歐戰時候，政府要想得到適當的材料來造飛機。諸位看看，我們的國家已經覺得這種需要了沒有？像法國航空部不是就有一個專門的木材研究室嗎？這不是證明飛機木材需要研究的一個頂好的證據嗎？

諸位，木材的研究雖然是重要。我們卻不是立時就辦得起來的。這裡必須要有財、要有才。我說的第一個財，是錢財的財，就是說要有充足的經費。我說的第二個才，是人才的才，就是說要有有本領的人來幹。第一個財，雖是可以立時辦到。第二個才，那就需要培植了。我個人是專門研究中國樹木的，我早就見到這個很切實用，並且同建設新的一個很基本的中國木材研究問題，想銳意來發展他。我們在靜生生物調查所經費很困難的當中，買了極簡單的設備同書籍，同時搜集了不少的木材標本，到現在已經有三千多號了。我們已經發表的初步研究專刊，有《華北闊葉樹材之鑒定》《華南闊葉樹材之鑒定》《中國裸子植物各屬木材之研究》等篇，有一部行將出版的《中國木材學》，這部是在中國為創始的研究著作。我們現在關於木材這一方面的研究，因為限於經費，是偏重在木材構造上的研究；

用木材的構造，來做鑒別的工作，這就是前邊所說在木材研究上最基本一個工作。但是我們並不以此為已足，我們還要擴大木材研究範圍，叫它同農林，同工業，同飛機製造，都發生很密切的關係。所以我們很希望在最近的將來，擴大我們小規模的研究，組成一個木材材性試驗室，來擔負這一種責任。我們希望政府與社會能認識這一種事業的重要，能充分來幫助一種學業的發展。這就是我今天所以選這一個國產木材研究的問題，來同諸位討論的主要原因。〔註604〕

9月27日，胡先驌致劉咸信函。

重熙老弟惠鑒：

九月廿三日手書備悉。關於所詢各節，略舉如下：

（一）總編輯之職責當然包括《科學》與《科學畫報》兩種，其他編輯事務能否兼顧，視足下實際工作而定（大約可以不管）。

（二）足下專任之後，路季訥先生當然不再任常任編輯。

（三）關於物理工程各科學，自應由專家（不支薪的）擔任，如何邀請足下與諸理事共同負責。

（四）革新《科學》幾經討論，已有相當計劃。足下與理事會可共同負責，詳為規定。

（五）所謂可在中央研究院得研究機會者，即足下雖為專任，而對專治之學術有自由研究之權，理事會可與研究院接洽，對於足下從事斯項研究與以一切參考之便利。

（六）山大教職寒假是否辭得一層，全為個人感情問題，雖聘約規定一年，但在中國學校，中途辭職者從無發生法律問題之事，不過最好能使功課有一結束，庶不致對學生不起。若能覓一替人（假如學校有此需要），則學校方面尤無問題矣。

總之，理事會全體認定足下是總編輯最適當之人選，同時亦認此事業為全社之重要事業，至少諸理事必盡力幫助，可勿愁就職後之孤立寡助也。

專此。即頌

撰祺

〔註604〕《胡先驌全集》（初稿）第十四卷科學主題文章，第133～138頁。

先驌 拜啟

〔廿三年九月〕廿七日〔註605〕

9月，《在中國植物學會第一次年會上的提案》文章在《中國植物學雜誌》（第1卷第3期，第352頁）發表。摘錄如下：

> 現在國內治植物分類學者漸眾，理應著手編纂《中國植物誌》。
> 擬徵求植物分類學者同意，凡編纂各科植物專誌者，應同時編纂《中國植物誌》之該科，並共同選舉總編輯人總持編纂事物。至於發刊，曾與國立編譯館商定由該館擔負。

> 提議人：胡先驌〔註606〕

9月，《植物分類學研究之方法》文章在《中國植物學雜誌》（第1卷第3期，第306～317頁）發表。同年，轉載於《出版週刊》（商務印書館新100號第1～2頁）。摘錄如下：

> 此篇為對於研究蕨類植物（羊齒植物）與種子植物（顯花植物）與採集略有門徑而求深造者而作。關於採集植物標本之基本方法，此處不更述。

> 採集植物，首宜注意之事，即在留意隱微不易發現之種類。而通常採集之病，即在盡先採集有鮮明美麗之花之植物，而忽視微小之草本。鮮明美麗之種類，固賞心悅目，於經濟上或有較大之價值；但在研究植物學上，微小之草本與參天之喬木，其價值相若；甚至因微小之植物不易發現，常至忽略，每易發現新種，故價值更大。故採集之時，苟能將細微之植物，先行搜採，彼顯著之植物，決不至忽略也。

> 次則宜注意於野外記錄之製作。有經驗之採集植物學家與通常無學問無經驗之採集員之區別，除能搜採辨別植物之種類外，即在野外記錄之製作。下為靜生生物調查所野外記錄之式樣，可仿印而訂成小冊以備隨時取用。記錄分採集號數、採集日期、地點、海拔、

〔註605〕周桂發、楊家潤、張劍編注中國科學社檔案資料整理與研究《書信選編》，上海科學技術出版社 2015 年 10 月版，第 87 頁。

〔註606〕胡宗剛撰《胡先驌先生年譜長編》，江西教育出版社，2008 年 2 月版，第 214～215 頁。

生長環境、習性、高度、直徑胸高（指樹木在人胸高處之直徑）、樹皮、葉、花、果、附記、俗名、科名、學名、採集人姓名諸項，記載以詳盡為要，而尤宜注意於壓製後易於改變之性質。如葉之顏色，下面是否作粉白色，是否發亮，花之顏色，是否有雜色斑點與條紋，花藥與花絲之顏色，或花冠之某部分（如蘭科植物之唇瓣）之顏色，花之香味，果之形狀顏色等。附記宜注意以上各條所不能包舉之觀察，尤宜注意此種植物是否最普通或較為稀見，庶以明此種植物在某種植物社會中之地位。如此之野外記錄，實為研究植物分類學與園藝森林等學無上之寶藏。著名之採集植物家如英國愛丁堡植物園之採集員和勒士（George Forrest）平生未著一書，其重要之貢獻，一方固在其所發現之新種植物與採集之標本與種子，一方乃在其所作之野外記錄也。

採集植物務須採得完全之標本。無經驗之採集家，無論對於木本或草本植物，但知折取一枝以便壓製即足。殊不知對於高大之喬木與灌木，固僅能折取一枝；對於草本植物，尤其以生有地下莖或球根、塊根者，採集其根部至為重要。

如蕨類植物之地下莖與百合科、天南星科、薯蕷科植物之球根、塊根等皆與分類有重要關係者也。若草本過於高大，則所採上部具較小之葉之花枝，宜伴以同株植物下部大形之葉，下部之葉或幼枝之葉之具異形者（如開裂或複葉）尤宜採取，歸入一號之標本中。在易於雜交或變易甚大之屬如薯蕷（Dioscorea）、菝葜（Smilax）、槲（Salix）、懸鉤子（Rubus）、薔薇（Rosa）、櫻桃（Prunus）等屬，尤宜注意採取同株植物上形狀不同之葉，歸入一號，以表示其變異之範圍，或採形狀不同之個體，多多益善。又每每幼苗之葉與老株之葉有大差異，在雌雄異株之植物，若採得之標本為雄株或雌株，必求在同地中獲得其具他性之標本，亦宜分別採集而附以附記。櫻桃屬花葉之差別每每甚微，宜注意全植物之性質而加以詳細之記錄。樟科、鳳仙花科之植物花與果皆為鑒別之要素，故宜兼顧採集花果之標本，使成完璧。傘形科、槭樹科與紫草科分類全仗果實，花之標本。每每不能賴以鑒別種類，故宜著意採集果實之標本。蘭科植物與杜鵑屬果之標本甚難鑒定，則宜採花之標本。凡此種種全賴植

物學之知識，此處亦不能悉舉也。蘭科之花構造異常複雜，標本製作不善，每每不易解剖與觀察，宜特加注意，將其花鋪平為正面再行壓製。鳳仙花科與蕺荷科之花質地甚薄，一經壓製，則花之各部分黏成一片，無法解剖；是宜將其花之各部，一一分開，以吸墨紙分別壓之，而黏於臘葉標本臺紙上，庶便於研究。至於大形肉質之標本如天南星科之植物，宜將其莖部及花序割開，挖去其含水部分，庶易乾燥。又此類標本，如欲以瓦楞紙（Corrugated Paper）烘烤，宜與普通標本分開另烤，否則此類標本未能烤乾，而普通標本已將烤焦矣。多質之果實，須摘下或切開另烤，或在中部橫切一片烤千而附於臘葉標本中。又各有甚難辨別之科如蕨類植物、禾本科、莎草科、蘭科、穀精草科、石南科、櫻草科、虎耳草科、豆科、景天科、紫蘭科、菫菜科、菊科、龍膽科等，標本以多採為妙，不惜號數重複。蓋此類標本，即在標本室中亦難鑒別，若僅憑在野外粗放之觀察，便斷定此種已採此種未採，而輕易忽略之，則遺珠必多也。總之因時制宜，務使製成利於研究之標本，則採集之義務與能事皆盡矣。

　　研究植物分類學，除採集標本與實地研究外，厥惟知如何應用參考書報。蓋分類學一半為考據學，在現在中國植物誌未刊布之前，無一部總括之書可供參考，則宜知應用一切關於中國植物分類之書報。中國之舊籍如《本草綱目》與《植物名實圖考》，雖自有其用處，但非專家不能用之，初學者若惟中國舊書籍是賴，必至穿鑿附會，捕風捉影。《植物學大辭典》多譯自日本書籍，中國植物搜羅至不完備，予治中國植物分類學不但少所裨益，且易引起誤會。其他日本書籍如《植物圖鑒》《內外植物誌》等書亦然。蓋中國植物數倍於日本，而日本所產植物亦生中國者為數不過二千，大多數植物皆日本書報所不載者也。故須能參考歐文書報，始有法研究中國植物，而至少必須能看英、法、德與拉丁文字。所有新種之植物，按萬國植物學會條例，皆須用拉丁文記載，故拉丁文尤為重要。不過植物記載，文皆淺顯，不難以字典之助得以實用之拉丁文知識，不須有何深造也。茲將最切要之書報附以評語列舉於後：……〔註607〕

〔註607〕張大為、胡德熙、胡德焜合編《胡先驌文存》（下卷），中正大學校友會出版發行，1996 年 5 月，第 197～209 頁。

10 月 7 日，俞德濬致胡先驌信函。彙報採集經過路徑、出現問題及取得成果。

步曾老師尊鑒：

七月下旬自雷波曾上燕稟，諒邀鈞覽。生自抵雷後，經縣府及地方人士之贊助，與猓夷交涉多次，於八月五日由磨石友黑夷作保，深入涼山工作，途經雷波西部入小涼山，越黃茅埂而至大涼山。山脈東至昭覺，北抵峨越兩縣境界，久已聞名為夷巢腹地之美姑河、牛牛壩以及歷為夷人佔據之昭覺、故城均曾躋足，歸途復經雷波北部返程。計此行五十餘日，因時間上及治安上之限制，僅得標本六百餘號。前歲希陶兄曾一至此地，但為時較暫，且未深入黃茅埂以東大涼山地帶耳。大涼山多高地，夷人重牧畜，喜草原，農作不施肥，而實行輪種放荒之法，牧所佔地面積極寬，森林之砍伐不甚，植物種類頗為簡單。小涼山地較低溫，昔為漢夷雜處，今則盡歸夷有，地多荒蕪。森林茂盛，良材巨木，孕毓呈豐。惜以夷匪出沒無常，未能暢意工作。夷人迷信，及入山採獵每視為捉妖盜寶者流，測繪訪問則認為將有軍事行動，群相驚恐，誤會滋多，幾次遇險，均經保領夷人維護解釋，平安通過，幸無問題。聞光緒末年曾有英人布爾克（？），自建昌入涼山旅行，亦任採集工作，行至大涼山美姑河上游，因夷人謀奪其槍之故，被夷慘殺。川督曾率大兵剿辦，終未徹底肅清。川邊民族複雜，猓夷搶擄成性，殆為最剽悍者也。

生等自返後，原擬勾留周許，清結帳目，獎勵夷保，並答謝各方人士，即啟程赴馬邊，以最近雷波民眾因反對縣府苛捐雜稅，並非法逮捕地方紳士事，發生民變，交通斷絕，又復遲延數日。俟行抵馬邊後，略作秋季標本及籽種球根之搜羅，即取道峨邊出嘉定，或經屏山北部出犍為，搭舟東下返院。本年工作結束約在十一月下旬矣。

敬懇者：生自畢業師校後，即蒙吾師厚愛，介紹來川服務，光陰荏苒，瞬已三載，其間大部時間皆任野外工作，除獲得少許標本及完成標本室中之初步設備外，學問、經驗兩鮮進益。推其原因：一方面以生資魯鈍，研究之基礎較薄，自難有所樹立；一方面亦以所處環境無圖書參考之便，與請教問難之人，孤陋寡聞，甚為痛苦。

四川植物經貴所及中國科學社與敝院先後多次之搜羅，研究材料勉可供給。敝院以私人組織，經費支絀，年中除持各方捐款維持現狀與開銷採集費外，充實圖書設備，一時尚難實現，至植物部事務有劉式民君一人兼代，盡可應付裕如。是以為個人前途計，為院中節省經費計、生根願早日求去，另謀較便於讀書之機會。尚希吾師不棄駑才，賜與介紹，俾能專心研習，得圖上進，則感鴻恩於無涯矣！

謹布區衷，敬祈鈞察。

並叩尊安，並盼賜示。

學生 俞德濬

謹稟十月七日（1933 年）於雷波一小學〔註608〕

10月8日，董事會會議，選舉常務理事諸事。

理事會第 120 次會議記錄（1934 年 10 月 8 日），上海本社開常會，出席者：秉農山、周子競、胡剛復、楊允中。主席：楊允中。

一、主席報告：理事會互選職員結果，共收到十二票，計七十二權（選票存）。

1. 會長：任鴻雋，八票當選；次多數：翁詠霓二票，趙元任、秉農山，各一票。

2. 會計：周仁，八票當選；次多數：趙元任、丁緒寶、胡先驌、竺可楨，各一票。

3. 常務理事：竺藕舫十票，秉農山九票，趙元任、胡剛復各七票，以上四人當選。次多數：伍連德五票，翁詠霓、李四光各三票，任鴻雋、胡先驌、孫洪芬、丁緒寶各一票。

二、主席提出：編輯部交來關於部長人選一函。

議決：交下次理事大會參考。〔註609〕

10月29日，胡先驌致盧作孚信函。

作孚先生惠鑒：

〔註608〕 俞德濬致胡先驌，1934.10.7。南京：中國第二歷史檔案館，609（42）。胡宗剛著《靜生生物調查所史稿》，山東教育出版社，2005 年 10 月版，第 76～78 頁。

〔註609〕 何品、王良鐳編注中國科學社檔案資料整理與研究《中國科學社董理事會會議記錄》，上海科學技術出版社 2017 年版，第 204～205 頁。

　　盧山之聚，快何可言！前蒙介紹盧君，迨未晤見，想彼已另改圖矣。

　　茲有啟者，前介紹俞君季川至貴院主持植物部事，三年以來跋涉勞苦，成績燦然。惟貴院以經費關係，書籍設備上一時似未能進展。而俞君志在研究，亦不能只事採集而已。俞君來函以劉君式民採集植物與研究分類學均有經驗，且又主持植物園，為貴院節省經費計，是否可令俞君解職北歸，藉謀學問研究上之進益。如臺旆以為俞君成績甚佳，仍欲見留，則至少今年冬間須准彼北返，即留彼所研究一年，藉以鑒定標本學名，並預備研究論文，以供貴院發表。此事務乞三思，坦直相告，以便轉告俞君，使定進止。

　　專此敬頌

近安

　　　　　　　　　　　　　　　　　　胡先驌　拜啟

　　　　　　　　　　　　十月二十九日（1934 年）〔註 610〕

10 月，靜生生物調查所舉行為期 1 月生物標本展覽。

10 月，作輓聯《挽許叔璣》。

　　學術貫東西明德所範疇昔桑麻沾化雨；

　　教育遍南北哲人代謝於今桃李泣春風。

10 月，楊惟義代理所長期間，兢兢業業、任勞任怨。

　　楊惟義入靜生所，任動物部技師兼秘書。在楊惟義代理所長期間，除主持所務外，還負責分配剛自盧山轉移至麗江的森林植物園和成立不久的雲南農林植物研究所的經費。〔註 611〕

11 月 1 日，參加董事會會議，決定本社基金保管委員會諸多事項。

　　理事會第 121 次會議（秋季理事大會）記錄（1934 年 11 月 11 日），南京社所開理事會秋季大會，出席者：趙元任、秉農山、楊允中、竺藕舫、周子競、胡剛復、丁緒寶、孫洪芬（趙代）、任叔永、翁詠霓、胡步曾（以上秉代）、伍連德（楊代）。列席者：錢雨農。主

〔註 610〕黃立人主編《盧作孚書信集》，四川人民出版社，2003 年版，第 86 頁。

〔註 611〕1936 年，胡宗剛著《靜生生物調查所史稿》，山東教育出版社，2005 年 10 月版，第 125 頁。

席：秉農山，記錄：楊允中。

主席宣讀孫、任、翁、胡、伍各理事來函及對於本日議程中所列各議案之意見。

討論事項：

（一）本社基金保管委員會宋漢章先生因年邁體弱不勝繁劇，來函辭職案。

（議決）宋先生熱心社務數年如一日，本社基金因得年有增加。先生年高體弱，同人具有同情，惟對於先生之德望及向來一番熱心，實有依依不捨之情緒，故擬請基金保管委員會蔡子民先生婉商宋先生留任，並轉商徐委員新六先生分任保管事務。

（二）本社編輯部長人選案。

（議決）聘請劉咸先生為本社編輯部長，擔任《科學》月刊及本社其他一切刊物之編輯事宜，並兼任圖書館館長，所有聘任條件及部長館長到任日期，請任叔永先生接洽，原有編輯部常任編輯一職，於新部長到任時裁撤。

（三）本社本年度預算案。

（議決）預算收支各列四萬九千元，通過。

（四）組織編纂委員會編輯「科學叢書」案。

（議決）此係本社固有事業，當照常進行，至於如何擴大組織、專事編輯關於普通性之「科學叢書」，原則通過，俟編輯部長到任後，再定詳細辦法。

（五）明年為本社成立二十週年紀念，應如何舉行紀念會案。

（議決）（1）刊行本社概況紀念冊及《科學的民族復興》一書；（2）八月間年會以前在上海舉行慶祝會，十月二十五日在南京舉行紀念會。

（六）依據年會決議提前推定下屆年會論文委員會案。

（議決）公推王家楫、錢雨農、張其昀、曾昭掄、吳有訓、竺藕舫、翁詠霓、張雲、王撫五為本社第二十次年會論文委員會委員，並推竺藕舫為委員長。

（七）上次理事常會交請規定本社職員加薪標準案。

先由楊允中報告本社各部職員姓名、職務、薪水數目及以前加

薪經過情形，並報告職員請求函件。

（議決）（1）本社職員薪水標準，應分學術工作人員與事務人員二種。（2）在規定薪水等級內，一職員之開始薪水，視個人之學歷與經驗而定，最高薪水視辦事之能力與成績而定。（3）加薪標準除服務年代及平時勤惰外，尤須注重個人對於本職之辦事能力。以上係三個原則，詳細辦法俟下次會議時規定。（4）明年一月起，張大瑞月加五元，於星海、蔣世超各月加十元。

（八）各地社友會往往因職員離開乏人負責，應如何加以整理案。

（議決）（1）南京社友會三位職員均不在京，即由在京各理事召集社友會重行組織。（2）杭州、蘇州社友會理事長均已離開，即由其餘職員召集開會，重行選舉。（3）瀋陽社友會保存名義，職員暫缺。（4）規定各地社友會職員每二年改選一次，其有離往別地者應隨時選補。

（九）廣州社友會提議，各地社友會都有零星費用，另外徵收會費困難，應如何加以救濟而利辦事案。

（議決）各地社友會每年費用如有不足時，得憑單據向總社領取津貼，惟不得超過各該地社友實繳該年度社費總數百分之二十。

（十）上屆年會中曾討論現有交通大學等理科學生組織科學社，擬請加入本社為團體社員，但本社章程中無團體社員之規定，應如何變通辦法或修改社章，以資與各大學學生聯絡案。

（議決）於社章內加入團體社員一條，公推楊允中、胡剛復、周子競為起草委員。

（十一）通過下列五人為普通社員：Albert N. Steward（植物學）、易天爵（電話）、冼榮熙（礦冶）、宋國模（天文）、鄭萬鈞（樹木）。

（十二）圖書館函請籌撥年會通過之購書費一萬元，以資添購算學及各種普通科學書籍案。

（議決）照本年度預算購書費列一萬元，比去年已增四千六百元，再多實無法籌措，只能逐漸添購，照預算案通過。〔註612〕

〔註612〕何品、王良鐳編注中國科學社檔案資料整理與研究《中國科學社董理事會會議記錄》，上海科學技術出版社 2017 年版，第 206～207 頁。

11 月 16 日，胡先驌致劉咸信函。

重熙老弟惠鑒：

十三日手書備悉。風潮內容如此，而同門相嫉，殊堪浩歎。科學社編輯聘任一案，據竺藕舫先生私函云，開會結果決定聘任足下明年二月就職，薪水驌等本主張每月三百五十元。以此半年內路季訥先生不易謀事，仍在社支薪，故社中經費不敷，只能出三百元月薪，明年秋間，季訥先生改就他職，當可添加月薪。此種短期辦法，想足下亦不至過於介意也。萬一以後不能達三百五十之數，驌等將建議准與兼課四小時辦法，則在滬生活亦不至過菲。足下以為何如？一切尚待社中正式通知方算決定也。

專此再復，即頌

肇祺

先驌 拜啟

〔廿三年十一月〕十六日

晨接羅佩秋來函，云彼當極力幫忙。故昨託作函與彼，如未寄出，可以作罷。〔註613〕

11 月 19 日，胡先驌致劉咸信函。

重熙仁弟惠鑒：

前函計達。頃接秉師來函，報告科學社理事會決定請足下為總編輯事，並云理事會託任叔永先生與足下接洽。南中諸同學均渴盼足下能於下學期到滬就職，認為社中一大事。至於月薪三百元，以稍有周折，暫不能加到三百五十元，須至七月始能增加。盼足下以事業為重，能不介意也。尊旨如何？尚乞示知為感。

專此，即頌

肇安

先驌 拜啟

〔廿三年十一月〕十九日

又，山大參加海南採集所欠採集費千元，前足下屬此間作正式

〔註613〕周桂發、楊家潤、張劍編注中國科學社檔案資料整理與研究《書信選編》，上海科學技術出版社 2015 年 10 月版，第 88 頁。

公函去索，當可照撥。現海南採集隊即日北歸，日前敝所已去函索取，仍請足下代為催促，盼能即日寄下為禱。又及。〔註614〕

11月23日，胡先驌致陸文郁信函。

辛農先生惠鑒：

手書祗悉一是，《名匯》初稿第八冊已收到不誤，前七冊即將交周梅庵帶呈，以備修正。邇來直言為忙冗，尊著修正迄未著筆，然殊不困難，一俟全稿告成，再為潤色，亦不嫌晚也。

專此即頌

先驌 拜啟

廿三日（1934 年 11 月）〔註615〕

11月24日，任鴻雋致劉咸信函。

仲熙先生道鑒：

關於科學社編輯部長一職，前聞先生可以俯就，無任忻幸。茲經科學社理事會第一百廿一次會議通過，聘請先生為科學社編輯部長，擔任《科學》雜誌及社中其他一切刊物之編輯事宜，並兼任本社圖書館長，月致薪金三百五十元（但明年一月至七月，因前任圖書館館長路季訥先生暫行留職，幫同辦理圖書館事務，以資接洽。在此期間內，圖書館館長由路季訥先生暫任，先生只任編輯部長。尊處月薪暫定為三百元）。

以上辦法諒能得先生同意。茲隨緘送上聘書及應聘書各一份，敬請將應聘書簽字寄還，並盼於明年一月即行到滬就職，以共策《科學》刊物之改進，國內科學前途實利賴之。

臨楮無任企禱，此頌

研安

任鴻雋 敬啟

廿三年十一月廿四日

〔註614〕周桂發、楊家潤、張劍編注中國科學社檔案資料整理與研究《書信選編》，上海科學技術出版社 2015 年 10 月版，第 89 頁。

〔註615〕胡宗剛撰《胡先驌先生年譜長編》，江西教育出版社，2008 年 2 月版，第 220 頁。

再者：頃見步曾先生，聞先生須回鄉一行，明年二月方能到滬就職。鄙意尊駕最好能於明年一月到滬，俟諸事就緒，再行請假回鄉。不知尊意以為何如。雋又及。〔註616〕

11 月，蔡希陶接受《申報》採訪。

蔡希陶在雲南三年採集結束，順利返回北平。抵達北平後，《申報》記者特為採訪，蔡希陶向其介紹在雲南發現新奇之油渣果，「昨據蔡希陶談，吾人此次在雲南採集標本甚多，惟經詳細研究後，方能決定其價值，現僅有餘攜回之油渣果種，已確認為國內所無，在雲南安南交界處之雲南鎮邊縣採集者。……現帶回種子七八十個，預備在本所附設之廬山森林植物園試種，將來是否能生長，則不敢定也。」〔註617〕

12 月 14 日，靜生所致函雲南省政府。

靜生生物調查所有感於蔡希陶在雲南的採集成績，然尚有不曾到達的區域，故於 1935 年再派王啟無等組隊前往，為期 2 年。行前 14 日靜生所致函雲南省政府，請再次給予幫助。其函云：敝所云南採集團蔡希陶等近三年在雲南採集動植，所得標本甚多，深荷貴省政府人力、經濟雙方補助，得以進行，毋任感荷。現蔡希陶等已工竣回所，據稱貴省物產豐富，面積廣袤，未經探採之地尚廣。敝所因又派遣研究員王啟無、俞德濬及楊發浩，技工李元等，定於二十四年一月中旬起程赴滇，繼續採集，期限兩年……仍懇請貴省政府每人發給隨身護照一紙，並令飭經過各縣縣長妥為保護，予以運輸之補助，俾得克竟全功。事關科學研究，諒邀俯允。即希查照辦事。〔註618〕

12 月 21 日，胡先驌致劉咸信函。

重熙仁弟惠鑒：

〔註616〕周桂發、楊家潤、張劍編注中國科學社檔案資料整理與研究《書信選編》，上海科學技術出版社 2015 年 10 月版，第 135 頁。

〔註617〕採集植物標本發現新奇油渣果種，《申報》1934 年 11 月 28 日。胡宗剛著《雲南植物研究史略》，上海交通大學出版社 2018 年 7 月版，第 43 頁。

〔註618〕靜生生物調查所致雲南省教育廳，昆明：雲南省檔案館。胡宗剛著《靜生生物調查所史稿》，山東教育出版社，2005 年 10 月版，第 73～74 頁。

前奉手書，以事冗未復。尊大人雙慶壽詩自當盡其所能，以為頌禱。惟邇年文思枯澀，不能刻期立就，當希諒之。科學社總編輯聘書，任先生想已寄上，此事已成定局，無論何如，一月即赴滬就職可也。楊允中先生云，《科學畫報》編輯事關於工程、物理各方面，請仍由渠負責。足下想亦以為然。

專此，即頌

孿祺

先驌 拜啟

〔廿三年十二月〕廿一日

海南採集費，前已去公函，請促學校復一公函，聲明即寄為禱。〔註619〕

12月24日，胡先驌致雲南省教育廳信函。

敬啟者：

敝所云南採集團蔡希陶等近三年在雲南採集動植物，所得標本甚多，深荷貴省政府人力經濟雙方補助，得以進行，毋任感荷。

現蔡希陶等已工竣回所，據稱貴省物產面積廣袤，未經探採之地尚廣，敝所因又派遣研究員王啟無、俞德濬及楊發浩、技工李元等，定於二十四年一月中旬由北平起程赴滇繼續採集，限期兩年。仍懇請貴省政府每人發給隨身護照一紙，並令飭經過各縣縣長妥為保護，予以運輸之補助，俾得克盡全功。事關科學研究，諒邀俯允，即希查照辦事。

靜生生物調查所所長 胡先驌

廿三年十二月十四日〔註620〕

12月27日，王啟無接受《申報》採訪。

在籌備之中，《申報》記者曾到靜生所採訪王啟無，云：「滇省當局，對該所科學研究，極表贊同，以往在滇工作，俱承龍主席熱誠接見，贊助多方，並予以經濟上與人力上之實際援助，而該省教育廳長袁丕佑先生、民教館長周雪蒼先生之毅力熱心，使該所在滇

〔註619〕周桂發、楊家潤、張劍編注中國科學社檔案資料整理與研究《書信選編》，上海科學技術出版社 2015 年 10 月版，第 90 頁。

〔註620〕《胡先驌全集》（初稿）第十七卷下中文書信卷，第 399 頁。

工作得極大之精神上與物質上種種之方便。頃記者得獲見主持此次
去滇工作之該所研究員王啟無君。據談，該所前在滇工作三年，對
滇省植物已有較廣泛之知識，此次主要目的則在西北角與滇南邊地，
故為工作便利計，分南北兩隊工作，現已籌備就緒，並已與滇省當
局取得密切之合作。」〔註621〕

12月，Notulae Systematicae ad Floram Sinensem V（中國植物分類小誌五）
刊於 Bull. Fan Mem. Inst. Biol.《靜生生物調查所彙報》（第5卷第6期，第305
～318頁）。

12月，為盧開運編《高等植物分類學》作序。

　　中國近年來植物分類學之研究進步甚速，惟對於植物分類學尚
少佳良之教科與參考書，誠憾事也。盧君開運治植物分類學有年，
歷在華北各大學任講席。曾以歷年講授之經驗編纂《高等植物分類
學》一書，用功甚勤，其嘉惠學子者甚大，至可嘉也。

　　其書中科之排列，完全按恩格勒《植物誌科》（Die Naturlichen
Pflanzenfamilien）之第一版。恩氏系統風行世界數十年，雖近日非議
者眾，然終為極重要之分類系統，為初學者所不可不知。又其書在
第二版中科之排列分合，頗有變動，然此版尚未完全刊行，無由取
法，改訂尚可俟之異日。盧君以不佞治此學有年，以全稿之校訂見
屬，即葳事乃為之序，庶治此學者，知所以求津逮焉。

　　　　　　　　　　　民國二十三年十二月胡先驌序於北平〔註622〕

12月，盧開運著《高等植物分類學》由中華書局出版，胡先驌為之校閱，
並作序推薦。

　　覓得《中華民族之改造》以後，過了四個月，一天早上正準備
外出辦事，臨出門前，習慣性地看了一眼舊書網，邁出去的腳步又
停了下來。網上居然新出現了一冊描述為「胡先驌大量親筆批校修
改」的植物學圖書，看照片信息，書是老書，且批校累累，赫然還
有胡先驌的簽名。不敢相信自己的眼睛，反覆比對筆跡後，立即下

〔註621〕靜生生物調查所將再派員調查雲南植物，《申報》1934年12月27日。胡宗
　　　　剛著《雲南植物研究史略》，上海交通大學出版社2018年7月版，第59頁。
〔註622〕《胡先驌全集》（初稿）第十四卷科學主題文章，第139頁。

單購買。

《高等植物分類學》這冊書應該是天津盧弼家的舊藏，賣家也是天津的，原本不理解如若家中東西散出，為何只有孤零零的一件？沒過多久，看見藏書家韋力微博上曬了一本胡先驌送給盧弼的《懺庵詩稿》自印本，以及次年春拍中多件盧家舊藏的胡先驌信札，證實了我的判斷。

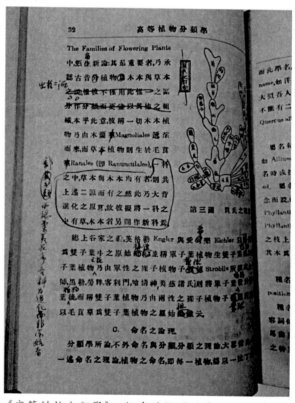

盧開運著《高等植物分類學》，胡先驌校閱並修改手跡（徐自豪提供）

這本《高等植物分類學》印刷於民國二十三年（1934 年），是正式出版前的作者自印本，由北平琉璃廠斌興印書局代印，布面精裝本鉛印。因為還是胡先驌親筆批校本，記錄了胡先驌對此書的修正和校訂意見，尤為珍貴。書的作者盧開運是湖北沔陽人，曾遠赴日美學習生物學，時任燕京大學生物系講師。扉頁編者姓名上方，有胡先驌親筆簽名題記「新建胡先驌校」字樣。

如 32 頁原文為：「……，頗生新論：其最重要者，乃承認古昔分植物為木本植物與草本之說。惟彼不僅用此唯一之區分作分類，

而更益以其他之組織」。批校為：「……，頗有新論：其最重要者，
乃承認古昔植物木本與草本出於二源」。

32 頁原文為：「……，與愛可樂 Eichler 以柔荑花為雙子葉中之
原始組織並稱單子葉植物生雙子前，而雙子葉植物乃由單性之裸子
植物子囊穗所演成」。批校為：「……，與愛希樂 Eichler 以柔荑花為
雙子葉中之原始構造並稱單子葉植物生雙子前，而雙子葉植物之花
乃由單性之裸子植物子葉球所演成」。不難看出，相比原文，修改後
的文字更為簡明扼要，一目了然，足以見出胡先驌的敬業精神和負
責態度。〔註623〕

13 日，胡先驌致陸文郁信函。

　　辛農先生惠鑒：

　　　　自江西歸，接奉本月二日手書，並《植物名匯》稿第七冊。尊
恙極在念，想已籠全康復矣。《廬山志》已刊布，可謂大觀，惟植物
稿多有訛字，殊可惜。即將函上海，將書徑寄，俟書寄到北平後函
告，以便得便來取也。此次南下進行在廬山設立森林植物園，可望
成功，亦一快事也。

　　　　專此即頌

　　臺安

先驌　拜

十三日（1934 年）〔註624〕

12 月，廬山森林植物園歷史及成立過程。

　　廬山森林植物工作報告之園址史略及園之成立經過。

　　本園園址為前江西省立星子林業學校之演習林區，該校創於民
國十六年春，初設於星子縣城，嗣遷至牯嶺。按全園土地除三逸鄉
外，悉為官有。三逸鄉於民國三年至十五年間，為前北京政府時代
參議院副議長張亞農氏所據，蓋造別墅，經營森林，閱十有餘載，

〔註623〕徐自豪《得書記——我的胡先驌手跡收藏》，澎湃新聞，2018 年 7 月 31 日 17
時 36 分。

〔註624〕胡宗剛撰《胡先驌先生年譜長編》，江西教育出版社，2008 年 2 月版，第 218
頁。

規模粗具。洎十六年北伐告成後，北洋政府瓦解，張氏一部分財產遂為政府沒收，三逸鄉林場及其別墅亦不免焉。十七年夏，由省政府決議，連同七里沖、青蓮谷之地，撥歸星子林業學校，作學生演習林區，直至本年五月植物園議成，始由江西省農業院第三次常務理事會決議，呈准省政府，全部撥歸植物園用。

本園設立之動機，始於二十二年冬靜生生物調查所所長胡先驌博士之建議，經由江西省農業院理事會與中華教育文化基金會之贊同，而其經費預算及園址問題，直遲至本年春江西省農業院正式成立後，由院長董時進博士提交該院第三次常務理事會通過，決議呈准省政府，以林校含鄱口演習林區及其房屋為園址，嗣於七月初由沙河農林學校正式移交本園接收。後經短期間之籌備，遂於八月二十日正式成立。此本園成立經過之梗概也。〔註625〕

是年，胡先驌致胡適信函。

適之兄鑒：

今呈上一文，請登《獨立評論》，如汪敬熙從此不再在《獨立評論》作文罵人，弟此後亦不再作此類之文。兄應知汪敬熙屢次作文攻擊農山，其動機實由於中山大學之糾紛，而傅孟真實為主動之人物。若汪仍從續作此類文字或兄以弟此文過於感情用事，不允在《獨立評論》發表，則弟更將作一較此更為明顯之文在它處登載，則與汪、傅倆人之面子殊不好看也。

專此即頌

刻安

弟　先驌　拜

（1934年）

此場糾紛始自辛樹幟，而辛近日與弟及農山感情甚好，傅孟真、汪敬熙態度乃如此，具見渠二人氣度不及辛也。〔註626〕

是年，盧山森林植物園派員進行植物標本採集。

〔註625〕胡宗剛編《盧山植物園八十春秋紀念集》，上海交通大學出版社，2014年8月版。第101頁。

〔註626〕《胡先驌全集》（初稿）第十七卷下中文書信卷，第299頁。

　　　　《廬山森林植物園第一次年報》有這樣的闡述：（黃山、九華山）
二山之植物群落，因地理經緯及氣候與高度之近似於廬山，所有者
大致相同，所異者為其種類較多於匡廬耳，他日廬山植物一經調查
清楚，則九華山及黃山植物之詳盡調查為本園必行之工作，蓋二山
富有園藝森林價值，而尚少聞之特產種類均可引歸，在本園栽培固
屬輕而易舉者也。〔註627〕

是年，蔡希陶在雲南採集標本。

　　　　《靜生生物調查所第七次年報》記載甚詳，摘錄如下：（一九三
四年）蔡希陶君在過去一年採得雲南標本六千號運交本所。蔡君之採
集範圍幾遍雲南全省，於雲南之西北及西部曾有豐富之獲得。〔註628〕

是年，胡先驌與汪敬熙雙方開展一次爭論。

　　　　中國實驗生物學之代表人物中研院心理研究所所長汪敬熙，在
此前之1934年，曾向秉志、胡先驌所領導的經典分類學問難，已引
發了一場較大規模之爭論。汪敬熙將實驗生物學未能如經典分類學
一樣發達，歸咎於秉志等人之壓製和學術視野狹隘。談家楨傳記作
者延續此種論斷，將談家楨遭到王家楫拒絕歸咎為經典生物學者觀
念之落後。其實，一門學科之發展，自有其過程，尤其在創始時期，
艱困自然難以避免。〔註629〕

　　是年，派北平靜生生物調查所採集員蔡希陶到雲南的龍陵、屏邊、潞西、
維西採集了7000多號植物標本。

　　是年，張國璘編著，胡先驌、李順卿校訂《新標準初級中學·植物學》，
北平師大附中理科叢刊社，百城書局初版。

　　是年，雲南發現數個新種。

〔註627〕《廬山森林植物園第一次年報》，1934年。胡宗剛著《靜生生物調查所史稿》，
　　　　山東教育出版社，2005年10月版，第110～111頁。
〔註628〕胡宗剛著《靜生生物調查所史稿》，山東教育出版社，2005年10月版，第73
　　　　頁。
〔註629〕胡宗剛著《江蘇省中國科學院植物研究所·南京中山植物園早期史》，上海交
　　　　通大學出版社，2017年4月版，第139頁。

胡先驌所作初步研究，在雲南植物發現樟科數新種，並發現東越南山核桃 Caryatonkinensis 在中國為首次記載之植物，穗花紫杉 Amentotaxus argotaenia Pilg. 及馬尾樹 Rhoiptelea chilantha 等均為在雲南首次發現。〔註630〕

是年，盧山森林植物園開展界址勘定工作。

靜生生物調查研究所、江西農業院盧山森林植物園

盧山森林植物園成立時，山林地畝係承農林學校的全部面積，但是當時界址並不明確，雖說有近萬畝，卻無法定憑據。1935 年初，植物園發起並組織募集植物園基金活動，募集方式是以出讓植物園土地，作為永租地，供捐款人建造別墅，胡先驌致函江西省主席熊式輝，請求批准實行。熊式輝接讀胡先驌請示函後，認為「來函所稱盧山森林植物園面積九千餘畝，其地點及四至均未述明，殊屬無憑核定」，故令江西省農業院會同盧山管理局「查明界址，核議具報，以憑核辦」。〔註631〕由此展開了為時一年多的勘定，其經過如下：江西省農業院接到 1935 年 4 月 10 日省主席熊式輝的指令後，於 4 月 12 日致函盧山管理局，言明此次勘定界址之緣山，並致函農業院

〔註630〕 胡宗剛著《雲南植物研究史略》，上海交通大學出版社 2018 年 7 月版，第 44 頁。
〔註631〕 《江西省政府訓令》，建字第 3489 號，南昌：江西省檔案館。

盧山林場馮文錦技士派他與盧山管理局接洽,查明核議。4月18日,盧山管理局局長蔣志澄覆函省農業院云,植物園本來之面積,本局「無案可稽,礙難照辦」。〔註632〕4月22日,農業院再致函管理局,言明植物園土地之由來,「查該園所有林地,本系本院附設農林學校所屬演習林場,經二十三年五月七日本院理事會第二次常務會議議決,撥交該園備用,並呈請省政府備案。其面積四至,並經農林學校繪具地圖報院轉至該園存卷備查,茲特繪具一份,送請貴局參考,即希按圖會同本院盧山林場實地勘明。」盧山管理局遂就此事向江西省政府彙報,並請求指令。不知何故,此事被延一年之久,直至第二年11月,江西省政府才以「建一字第七二六○號訓令,為植物園園址界線至今尚未勘明,由農林院向建設廳調取案卷,派員會同盧山管理局迅速徹查」。〔註633〕

是年,江瀚讀《懺庵詩稿》的題識。

> 大著讀竟,欽挹無量,所最心折者,尤在《初度言志》及《樓居雜詩》,通識偉抱,不圖於韻語中得之。太夷謂懺庵長處正在此,誠為知言。顧猶有退之以文為詩之疑,不知議論入詩。步兵《詠懷》,拾遺《感遇》,已開其先矣,至散原推其紀遊之作,以為牢籠萬象,奧邃蒼堅,然此在懺庵,特其末耳。子美詩云:「得失寸心知。」敢抒所見,以質高明。

> 成歲暮長汀 江瀚識〔註634〕

是年,吳宓說:「步曾中國詩學知識及其作詩之造詣,皆遠過於我,我深傾服,並感其指教之剴切率直,益我良多。」〔註635〕

是年,中央研究院致外交部信函。

> 中央研究院作為一個國立的最高學術機構,具有高度的責任感。

〔註632〕盧山管理局致江西省農業院》,南昌:江西省檔案館。
〔註633〕《江西省農業院致盧山管理局》,南昌:江西省檔案館。胡宗剛編《盧山植物園八十春秋紀念集》,上海交通大學出版社,2014年8月版。第020~021頁。
〔註634〕胡先驌著、錢鍾書選編《懺庵詩稿》,張效彬題簽書名,黃曾越為扉頁題簽,第5頁。
〔註635〕呂效祖主編《吳宓詩及其詩話》,陝西人民出版社,1992年3月版,第238頁。

除要求入境的西方考察團與其簽訂相關「約定」外，還盡可能地瞭解各地情況，一旦發現在我國工作或居住的西方人未按要求簽訂協議而從事生物學考察，也會敦促他們前來簽訂相關協議。美國旅行家洛克（J. F. Rock）是一位從 1920 年開始即受聘於美國農業部和美國地理學會，以及哈佛大學等多家機構到中國考察和採集生物標本的學者。他長期在雲南的麗江設點收集，一直未與中央研究院有聯繫。1934 年，中央研究院得到消息，洛克又在西北的甘肅、陝西等地採集動植物標本，遂立即發函給外交部，請他們設法通知洛克前來簽訂協議。當時中央研究院致函外交部時寫道：

敬啟者：頃准本院自然歷史博物館函稱：

「頃據確息，近有美人陸克（J. F. Rock）氏往陝西、甘肅等……照抄云……工作殊有未合」等情：相應函達貴部，即請轉諮美國公使，囑其迅即來訂立限制條件，以符向例。

並希查照處理見復為荷。

此致

外交部〔註636〕

後來外交部根據中央研究院的來函，給美國使館去函瞭解情況，解決了這一問題。

是年，中央研究院自然歷史博物館對外籍人員採集標本進行規範化管理。

1934 年，史德蔚（Albert Newton Steward, 1897～1959 年）將率隊赴湖南採集時，博物館提出監管要求，向中研院致函請示云：

逕啟者：

查本京金陵大學植物系教授史德蔚前曾與美國哈佛大學聯合派遣採集人員往廣西、貴州等省採集，植物標本悉數運往美國哈佛大學。本月三日《中央日報》載有金陵大學又派人往湖南採集標本，消息茲經查實，該校教授史德蔚與美國哈佛大學訂有採集中國植物標本五年計劃，此次往湖南亦在該計劃之中，已決定六月初出發前

〔註636〕中央研究院關於美國人擬往甘陝閩採集動植物標本等與外交部來往公函（1934 年 6 月～1936 年 6 月）〔A〕。南京：中國第二歷史檔案館，全宗號 393，案卷號 530。羅桂環主編《中國生物學史》，廣西教育出版社，2018 年 6 月版，第 425～426 頁。

往。此種情形與外國學術機關直接派人來華採集實無區別，依照向例，凡外國學術機關來中國採集，事前須與本院訂定限制條件，如日人岸上鎌吉、美人史密斯、德人韋哥爾、美籍華僑楊帝澤等均經先後遵辦（事見本院十八、十九、二十等年度總報告）。此次該教授史德蔚之與哈佛大學聯合採集，自不能有違向例，為此特函請貴處迅予致函該教授停止進行，或來院接洽訂立限制條件。

　　此致

　　　　　　文書處自然歷史博物館廿三年五月四日〔註637〕

民國二十四年乙亥（1935）　四十二歲

　　1月1日，靜生生物調查所第六次年報，委員會委員長：任鴻雋；書記：翁文灝；會計：湯鐵樵；委員：丁文江、江庸、周詒春、范銳、金紹基、王家駒、胡先驌（當然）。

　　1月，Analytical Key to the Genus Carpinus in China（中國鵝耳櫪屬的分析鑒定）刊於 Act. Fauna Univ, Ⅱ, Bot，（第120期，第1～10頁）。

　　1月，為唐燿著《中國木材學》作序。

　　　　木材之為學，乃森林利用學上主要科目之一。其目的在研究各種木材之構造及其材性，以期闡明其用途，所謂物盡其用是也。故研究林學者，除樹木學外，當以此為最基本之學科。觀乎歐美各國，對於木材之研究，莫不歲靡鉅資，闢專所以研究之。吾國今日，對於森林，尚未有大規模機械化生產，更談何科學上之應用。然吾人苟一加審察，則知在國外木材充塞之今日，欲樹立中國林業之基本政策，必須加緊中國林木之調查與研究；如是材性之相同者，始可用以代替外貨，並加以合理之開發。而木材之可供特種之用途者，如造紙、製飛機、提鞣質，以及枕木材、建築材等，均可推廣栽植。經過此種選種上之基本研究，始可稱為有目的之造林焉。再則木材學與純粹科學上之研究，亦有相當之關係。蓋木材為高等植物之後生木質部，乃植物演化上最保守之部分，故就其構造上之比較研究，可資以鑒別各科屬植物親緣之遠近，而於木本植物分類學及古植物

〔註637〕胡宗剛著《金陵大學植物繫之採集》，公眾號註冊名稱「近世植物學史」，2022年07月20日。

學之研究有關。現國際木材解剖學會，對於此方面正有大規模之研究，其成績正未可限量也。

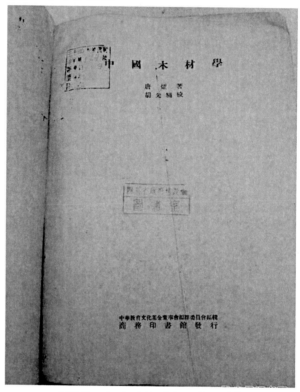

唐燿著，胡先驌校《中國木材學》

唐君燿，自民國二十年即銳意於中國木材之研究。四年以來，篳路藍縷，舉凡典籍材料之搜羅，均已蔚然可觀。其在本所用英文發表之論文，計有《華北重要闊葉樹材之鑒定》《華南重要闊葉樹材之鑒定》《中國裸子各屬木材之初步研究》等重要之專刊。在任何文字中，中國木材之有大規模科學的研究，實以此為嚆矢。以是世界上之以木材為專門研究之學者，均極贊許之。異日，倘唐君之《中國木材圖志》（A Manual of Chinese Timbers）全稿完成，其裨益於中國之森林及工程上，當更大也。

余鑒於斯學在中國之重要，囑其先編著《中國木材學》一書，以供國內林學家及工程家之參考。唐君欣然承諾，出其餘暇，匯作今帙，費時年餘，初稿始成。與其已發表之英文專刊較，除增加通論一篇及何種顯微鏡下之構造外，復增加木材之記載一百屬，計一

百餘種。此等部分均為原始的研究，非與尋常之編纂可比。此書全體，約四十萬言，分為兩篇，篇又各分上下。其通論，除敘述木材結構上之性質外，兼及材性之研究。各論除就中國之正確定名之木材標本，計三百餘種，隸二百十七屬，依郝經生（J. Hutchinson）分類法為系統的記述外，均已面面顧到。篇末附錄六種，包括木材形體學名詞彙編，木材解剖術，有關木材研究之文獻舉隅等，均為可寶貴之參考資料。其各論之個別記載，雖因材料及時間之關係，尚有待於異日之修正，但持以為研究中國木材學之張本，不可謂非中國科學界之一盛事也。余既為校閱一過，並樂於介紹於國人。

中華民國二十四年一月序於北平靜生生物調查所〔註638〕

2月11日，胡先驌致劉咸信函。

重熙仁弟惠鑒：

兩奉手書，知已蒞社任職。《科學》雜誌，從此革新，前途必可光大也。通訊員唐燿君以急於工作，恐無暇晷。且彼今年有出國之望，驌擬由蔡希陶君任之，不知足下同意否？沈嘉瑞之事，懷於省之之喜用手腕，現在張峴僎先生正欲挽之來北大，足下現已脫離，自毋庸更介意矣。

專此肅復，即頌

撰祺

先驌 拜啟

〔廿四年二月春〕十一日

足下舊稿一篇，迄未完全潤色，至以為歉，茲特寄還。年來重要論文增加不少，請再為整理一過，並請秉、錢兩師潤色一過，再行刊布可也。〔註639〕

2月，在雲南採集標本獲得重要成果。

《中國植物學雜誌》於王啟無在雲南之行程，報導甚多，恰可補此檔案資料之欠缺。其云：雲南植物採集近訊靜生生物調查所今

〔註638〕《胡先驌全集》（初稿）第十四卷科學主題文章，第163～164頁。
〔註639〕周桂發、楊家潤、張劍編注中國科學社檔案資料整理與研究《書信選編》，上海科學技術出版社2015年10月版，第91頁。

春特派王君啟無前赴雲南採集植物標本，一年來所獲竟得種子植物及蕨類植物八千餘號之多，在歷年來各次中外採集隊中，實為僅有之優越成績。頃據王君自滇緬藏交界之菖蒲桶來函，謂今春抵大理，適當杜鵑、櫻草及柳屬等植物怒發之候，所獲極富。其後即北上維西、葉枝，及藏屬之察瓦龍，日住帳篷，旅行於蠻雨荒煙之中。察瓦龍以前從未有植物學家到過，興味尤濃。山脊針葉林密布，蔭天蔽日；而溪壑中則楊樺、山躑躅、花楸諸木雜生，種類繁多。菖蒲桶盡為闊葉林樹，大數圍，高與天齊。枝幹經年累月，苔蘚蔽生，假寄生之蘭科及蕨類植物，即繁生其上。龍膽、虎耳草諸屬之草本植物，遍山滿谷，美不勝收。〔註640〕

2月，秉志致劉咸信函。

中國科學社生物研究所申請中基會新一週期資助，丁文江是中基會非常有力的人物。秉志致函其學生、時任《科學》主編的劉咸說：「茲有欲與弟言者，即去歲丁在君欲吞併吾所未得成功，今年恐又捲土重來。彼以科學社社員未便公然為難，去歲文化基金開會，吾所請求補助，彼授意協和之顧臨出面搗亂。顧臨適因事回國，寫一極有力之信要求該會停止吾所之補助。幸顧臨已不到會，各董事已曉其內情。該會原定予吾所三年補助，而丁出而反對，結果給予一年，俟明年再說。今年又須續請，其開會決定提前在四月間。顧臨有於六月離華之說，而四月開會，彼必到場，倘彼二人合力搗亂，吾所今年必受其害。然丁係最勢利之人，倘見有實力之人出而為所於事前仗義執言，彼之陰謀即刻雲消霧散矣。」〔註641〕

2月，派靜生所職員王啟無率隊前往雲南採集。先在昆明附近，隨後西行至大理、維西等高山區域，再渡瀾滄江、怒江，進入葉枝、菖蒲桶、察瓦龍等地。採得臘葉標本9600餘號，木材標本300餘種及大批苔蘚類、藻類標本與球根植物標本和種子標本。「一九三五年王啟無在雲南大理、維西、葉枝、菖

〔註640〕靜生生物調查所致雲南省教育廳，昆明：雲南省檔案館。胡宗剛著《靜生生物調查所史稿》，山東教育出版社，2005年10月版，第74～75頁。
〔註641〕張劍著《賽先生在中國──中國科學社研究》，上海科學技術出版社，2018月12月版，第395頁。

蒲桶、察瓦龍採集植物標本九千六百號。」〔註642〕

3月3日，接受《世界日報》記者賀逸文專訪，發表「植物學專家胡先驌」文章。

一、他不但是植物學專家，文學根底也很好；胡說：他本人是反對語體文的

我國自然科學界，近數年來，突飛猛進，追蹤泰西，博得國際間無限的榮譽。不過科學研究的發達，直接對於社會沒有顯著的牽動，而不為普通人所注意。同時從事於科學研究的人，整年的時光，完全消磨在埋頭研究中，更不易引起社會人士的注意。所以許多優良的科學研究者，全在這種情形之下，被忽視了。

現任靜生生物調查所所長胡先驌氏，為我國植物界獨出人才。他的學術研究，被中外學者所重視。今年七月中，將出國赴荷蘭，代表政府出席萬國植物學會年會。最近並著手編輯《中國樹木志》，調查我國樹木約計 3000 種以上，詳述其性狀及用途等等，並有插圖說明。將來出版，必為科學界一極大的貢獻。同時胡氏雖為潛心研究科學者，但是他的文學根底更好，尤長於詩詞，曾與吳宓合編《學衡》雜誌，發表散文與詩詞很多。他的天資很高，對於政治教育也很注意。他自己也說：「假若當時不是被社會的風氣轉移而去研究自然科學，使能專心研究文學，恐怕不止現在的成就。」

胡氏今年 42 歲，一撮短短的鬍鬚，同托力克眼鏡，顯得好像紳士的派頭。記者雖然與胡相識已久，可是沒有看見他穿過西服。同時他的青馬甲，好像與他有特別關係似的，時常罩在袍子上，所以有的人說他「身」部是個生意人。他說話總是很剛強的，命令詞同請求詞的語調，在他的口裏，是不能成比例的，其實他更有著忠摯待人的心腸。

我們在他的辦公室裏，談了些他自己的事，同許多社會的問題。我說明這次來意後，胡氏首先告訴我，他是在甲午年中日戰爭時生的，那年在我國歷史上是國難發端的一年，他隨著國家許多的滄桑到現在。胡氏的原籍，是江西新建縣。他的曾祖胡家玉，做過左都

〔註642〕胡先驌著《植物分類學簡編》，高等教育出版社 1955 年 3 月版，第 4～5 頁。

御史，是首先提倡辦海軍的人。所以胡氏能夠造成很好的國文程度。他在極年輕的時候，在本省洪都中學畢業。民國元年的時候，進京師大學（即現在北京大學）預科求學。

　　胡氏說到這裡，點著一支煙，轉了轉身，我們互相地看了一眼，會意地繼續談下去。於是他說：「民國元年考取江西省官費留美生，在美國康里佛尼亞大學學植物學。到民國五年回國，便做盧山森林副局長。兩年後，到南京高等師範東南大學教書，民國十七年大學改組的時候才離開。民國十二年到十四年的時候，得到美國哈佛大學的科學博士。離開東南大學後，任科學社生物研究所植物部主任，第二年任靜生生物調查所植物部主任，後任所長，直到現在。」

　　他在民國十五年同十八年，曾代表中國出席兩次太平洋會議。民國二十二年，被選為北京博物學會會長。去年，被選為中國植物學會會長。現為科學社理事，江西農業院理事，黃海工業化學社理事，同美國麻省園藝、美國蘭科學會的通信員，萬國理科教授會名譽會員，還得過北京博物學會金氏獎章。這是金叔初先生紀念他父親的，他得的是第二次。

　　他的重要的著述有《中國植物圖譜》，同《中國種子植物誌屬》，其餘的短篇，發表在中外各種雜誌上。此外，還喜歡做點文學的東西。我當時想不到他還對文學有過研究，所以撇開預定的問話，而接著問他：「先生在學術上一定有許多文字發表，大概都是關於哪一類的？」

　　「我所發表的文章，多是批評明清詩家的文字。那時，我還擔任《學衡》詩類欄主編。現在我曾為個人消遣計，把蘇東坡有些詩，譯成英文。我是個贊成文言文、反對語體文的人。在人生觀上，絕對地贊成孔子之學」，他仍是很冷靜地說。雖然他的話是這樣簡單的兩句，可是使得我已經十分驚訝了。他同提倡語體文的胡適，學歷與時代，極端地相同而有絕對相反的主張。他好像看出我的驚訝似的，接著又說點理由。〔註643〕

　　3月4日，接受《世界日報》記者賀逸文專訪，發表「植物學專家胡先驌」

〔註643〕張雷編，賀逸文等撰《北平學人訪問記》，商務印書館出版社，2020年7月版，第72～75頁。

（續）文章。

二、胡對文化主張保守，對政治主張趨新；
他說：現在的教育家都忽略了「兩性問題」

「『五四運動』以後，一方面是解放，大部分是破壞我國固有的文化精神，大規模的讀經運動我也是反對，而這種解放，卻流為頹喪。但所謂吃人的禮教——就是宋明以後變本加厲的禮教——我也是反對的，因為那不是真正孔子之教。現在的新生活運動如得其中道，謹慎行之，是中國民族復興的機會。有的人說中國文化內容貧乏，如同胡適先生的主張，都是過火的偏激之言，對於中國利少害多。」他這樣的直率，使得我愈加驚訝。固然是有他的理由，這種理由也是很簡單的，就是我國的文化精神，並不是落後的，甚至於比別的國家還要光榮充分些，現在我們只要能保守同發揚光大這種文化，就可以的了，用不著完全去抄襲人家的文明，或者創造一種所謂的新文明。因此我又順便地問他一些對於政治的主張。

「我對於文化的主張，固然是保守，但是關於政治方面，卻是主張趨新的，並主張採用民主政治。不過，在民主政治裏，對於出類拔萃的領袖，可以多給以權柄。這樣變通辦理，或者能成為一種很適合時代的政治制度。現在我國領袖的誠懇救亡態度，是可以佩服的。至於經濟方面，應當以三民主義為出發點，而用社會主義的方法，以免引起階級的鬥爭。因為中國社會現在還沒有發達到資本主義社會，假若發達到英國那種程度的時候，就容易發生危險的。在目前的中國，農村復興最要緊，在發達工業方面，須得量力而行，而以國防為本位。」

他的文才同學識都很好，每一個問題，都有深切的瞭解，說起來更是原原本本的，不失為學者的態度。「先生對於最近的建中國本位文化運動的意見如何？」我轉一個方向問他。「建設中國本位文化運動，極端贊成。和平慈愛，是我民族的思想，也是我們民族特別優越的。但同時中國人也要有尚武的精神，在從前有『朝聞道，夕死可也』的話，就是尚武的精神。我們應該提倡所謂『儒俠合一』的精神。簡單地說，就是一個『勇』字。這種勇自然不是野蠻的勇，而以勇樹立國民的自立，以仁樹立博愛，以智樹立探討學術的精神。

我們要發揚我們固有的精神文化，而吸收沒有的物質文化。」

他說完站起來，自己倒了一杯茶喝了，又說：「中國現在還有一個重要的問題，就是兩性問題。這個問題，比普通問題全都要緊。不過想要有很健全的兩性觀，應當是教育當局的責任，而現在的所謂教育家，對於這些重要的問題，都忽略了，或者是怕難不敢過問。現在的高中同大學的學生性慾問題，教育當局太沒有指導。本來性慾是一般動物的普遍現象，若沒有指導，很容易引起不幸的事情，可以使很多有用的青年，都慢慢地頹喪了。」

他以他在教育界快 20 年的經驗，認為現在的教育，並不能教育人，就是學識方面，也不能完全靠得住。他並且舉出一個例，說他的侄子並沒有上過中學，也能考取大學。同時他認為現在的學校過於貴族，不能使貧寒子弟受完全的教育。他認為現在的學校制度，必須改為活動些，使得貧寒子弟有極多的機會，得到高等教育。他說靜生生物調查所，就有一個天分很好的職員，並沒有完成他的大學教育，可是比大學畢業生還強。他更認為現在中國教育缺乏人格教育，在外國有宗教維持人心，在中國沒有中心的宗教，自然是應當是由負教育責任者去訓練。可是受過教育的人，反易流為卑污，這是最失敗的一點。

最後他說：「現在學生的最大毛病，是喜歡表功。因為在學校的時候，從小就訓練他表演等事，後來做事時，只知道表功，而不肯埋頭做實際的事，所以不能養成什麼堅忍不拔的人才。現在的學校辦得不好，是教員不忠於事，可是教育當局，卻以會考的方式來補救。這種不揣其本，而求其末的辦法，恐怕仍是不能見效。與其如此，莫如考試中學教員。因為現在的教員，過於老舊，如舉行大規模的中學教員檢定，我想結果是反較現在好些。」我們的談話，到這裡告一段落，雖然我想繼續採訪，沒有得到回答，然而整日所得的足以相抵了。〔註644〕

3月，與陳煥鏞編撰《中國植物圖譜》（Icones Plantarum Sinicarum）（第四卷），共50頁，有50圖版，靜生生物調查所印行。封面從右到左，上下排，

〔註644〕張雷編，賀逸文等撰《北平學人訪問記》，商務印書館出版社，2020 年 7 月版，第 75～78 頁。

印倆位著者工作單位，職務及畢業大學，專業，學歷等。靜生生物調查所所長、美國哈佛大學科學博士胡先驌；國立中山大學農林植物研究所所長、美國哈佛大學森林學碩士陳煥鏞編撰。

3月，王啟無致龔自知信函。

> 王啟無抵達昆明後，致函龔自知，云：「敝所續派啟無及團員李春茂、李元來滇，去迤西、迤南各縣繼續工作，已由敝所有函到貴廳外，謹援前例，請派人兩名同往工作。」〔註645〕教育廳於護照、訓令，自易辦理，3月30日雲南省政府給靜生生物調查所植物調查團發放護照4張，並由省主席龍雲簽署下達沿途各縣政府訓令，云：本府填給護照四張，交與該團團員王啟無、李元、李春茂及本省所派農校學生楊發浩等，每人攜帶一張，以利嵩行。又請令飭經過各縣之縣長，妥為保護及補助運輸之處。又飭該縣長於該團經過該縣所屬地方之時，檢派得力團警妥為保護，遇有該團請求雇役運輸及雇用船馬，代辦食宿等事，仍由該縣長妥為照料，所需夫馬食宿等費，應由該團照市價給價，毋須地方供給。此外遇有該團商辦事件，亦應酌量補助可也。〔註646〕

春，推薦唐燿赴美深造，並且申請獎學金。

> 秉志、胡先驌向美國洛氏基金會推薦，申請獎學金，該會副主席東亞部主任甘氏親往靜生生物調查所加以考察，認為唐燿木材實驗室成績優良，允為贊助赴美繼續研究。是年夏即為啟行。唐燿與胡先驌告別，他有這樣的回憶：「我離開北平向所長辭行時，我還記得他很高興地對我說：當他四年前邀請我開始研究中國木材學時，原是抱著一嘗試的態度，不期數年間即在國內開始了中國木材解剖研究。」胡先驌的欣慰實有宗師風範。〔註647〕

〔註645〕王啟無致龔自知函，1935年3月12日。雲南省檔案館藏教育廳檔案，1012-004。

〔註646〕雲南省政府訓令186號，1935年3月30日，雲南省檔案館藏教育廳檔案，1012-004-1080。胡宗剛著《雲南植物研究史略》，上海交通大學出版社2018年7月版，第59～60頁。

〔註647〕唐燿，《木材學研究五十年》，自印本，1983，6。胡宗剛著《靜生生物調查所史稿》，山東教育出版社，2005年10月版，第49頁。

春，與秉志推薦唐燿申請獎學金，赴美留學。

秉志、胡先驌向美國洛氏基金會推薦，申請獎學金，該會副主席東亞部主任甘氏親往靜生生物調查所加以考察，認為唐燿木材試驗室成績優良，允為贊助赴美繼續研究。〔註648〕

4月10日，討論通過廬山森林植物園募集基金原則。

廬山森林植物園委員會在南昌江西省教育廳召開第二次會議，出席會議的委員有龔學遂、程時煃、董時進、胡先驌、秦仁昌，會議通過了募集植物園基金原則，並囑植物園擬具詳細辦法，呈請江西省政府核准。〔註649〕此次大規模募集基金得到了國內各界名流的支持，紛紛加入發起人行列。他們是：林森、蔣中正、蔡元培、張人傑、黃郛、孔祥熙等，共計40人。惜募集活動開展未久，即遇抗戰事起被迫中斷，捐款者僅有任鴻雋、黃郛、陳登恪、韓復榘四位先生而已。〔註650〕

4月10日，本園委員會在南昌召開，建廬山森林植物園需要大量資金，不僅需要政府扶持，還需要社會各界人士的支持，採用了大規模募集基金的辦法。胡先驌認為，募集發展基金，最為重要。借鑒國外植物園成功的做法，結合本園實際情況，把本園不適於植物地段，劃為永租區，凡國人捐助1000元，或1000元以上者，本園劃園地2畝，以供建築別墅用，得到與會者一致贊同。

胡先驌回到北平之後，起草了《廬山森林植物園募集基金計劃書》，以靜生生物調查所和江西農業院名譽發布，全文分為兩章，第一章植物園計劃，包括植物園之旨趣，園址及地勢，園址史略及本園成立之經過，本園現狀、本園事業、植物分類區，經濟植物博物館等七節。第二章募集基金辦法，包括旨趣，募集方式，基金保管辦法，永租地管理暫行辦法等四節。

胡先驌撰寫了《廬山森林植物園募捐基金啟》，這些人物中，有政府首腦、

〔註648〕王希群、傅峰、劉一星、王安琪、郭保香編著《中國林業事業的先驅和開拓者——唐燿、成俊卿、朱惠方、柯病凡、葛明裕、申宗圻、王愷年譜》，中國林業出版社2022年3月版，第010頁。

〔註649〕《廬山森林植物園委員會記錄》，南京：中國第二歷史檔案館，609（12）。

〔註650〕《廬山森林植物園募捐簿》，南京：中國第二歷史檔案館，609（15）。胡宗剛編《廬山植物園八十春秋紀念集》，上海交通大學出版社，2014年8月版。第020頁。

國府要員、社會名流、專家學者、巨商賢達等，胡先驌把材料寄給他們，徵求他們的意見，最後共四十位名人作為發起人，為植物園募集基金。

廬山森林植物園募捐基金啟

吾國天產號稱富饒，而植物種類之繁多，尤甲於溫帶。蓋因氣候溫和、雨量充足而地形差別極大。名山大壑，平原沙磧，靡不具備，其森林帶較之同緯度之美國高至二倍以上。加以四境與性質不同之植物系統鄰接，種類錯綜，尤易繁賾，故奇花異卉為世界所豔稱，久有花園之號，又擅園庭之母之譽。以樹木種類論，北美洲所有者僅六百餘種，而在吾國則數逾二千；以名花論，杜鵑、報春皆以吾國種類為最多，其他珍卉，尤難覼縷。故海通以還，歐美各國不惜派專家輦重資，至吾國搜集花卉苗木種子，甚至組織專門學會，如杜鵑學會者，以從事研究焉。

吾國天產既豐，而園藝技術發達亦早，然除昔日以帝王之尊，尚知以上林艮嶽為搜集卉木之用，以供個人娛樂外，政府或社會設立之植物園則闃然無聞焉。故吾國園藝森林學術不進步，良有以也。至於近世以科學稱先進諸邦，則莫不有規模宏大之植物園，蓋不僅廣栽卉木，美化人生，且以植物園為研究植物學之中心也。如英國邱皇家植物園與印度之加爾客答植物園，則為印度茶業之發祥地。而爪哇之茂物植物園，則為南洋橡皮業與金雞納霜業研究之中心，皆所以增加印荷兩國無量之富源者也。吾國森林樹木種類極多，而森林砍伐極濫，雖歷年中央與地方政府耗費鉅款造林，然一般從事林業者，既不能辨國產林木種類，復不能知各種國產木材之性質，故雖年年造林，而於國計民生裨益甚少焉。靜生生物調查所有鑑於此，乃與江西省農業院合辦廬山森林植物園於牯嶺附近之含鄱口，其地氣候適宜，土壤肥沃，水源充足，地積近萬畝，規模宏大焉東亞之冠。而自成立以來，成績卓著，為世界各國所重視，自開辦迄今，本園搜集及與各國交換之種子苗木已達一萬二千餘種，鎡其已立，發展堪期。惟常年經費過少，而計劃不能達所預期，是以呈准江西省政府，為大規模基金之募集，尚乞國中賢達，惠然解囊，集腋成裘，眾擎易舉，使茲名園經濟基礎可以奠定，事業得以積極進行，則國家社會咸利賴之。

　　　　發起人：林森、蔣中正、蔡元培、張人傑、黃郛、孔祥熙、王
世杰、吳鼎昌、王正廷、石瑛、翁文灝、陳果夫、韓復榘、熊式輝、
朱家驊、程天放、劉健群、金紹基、周詒春、胡適、錢昌照、李範
一、孫洪芬、蔣夢麟、任鴻雋、梅貽琦、羅家倫、范銳、陶孟和、江
庸、湯鐵樵、俞大維、盧作孚、鄒秉文、辛樹幟、秉志、程時煃、龔
學遂、董時進、胡先驌。　　　　　　　　　　　　　　謹啟〔註651〕

4月12日，江西農業院致廬山管理局信函。

　　　　江西省農業院接到省主席熊式輝的指令後，致函廬山管理局，
言明此次勘定界址之緣由，並致函農業院廬山林場馮文錦技士。派
他與廬山管理局接洽，查明核議。4月18日，廬山管理局局長蔣志
澄覆函省農業院云，植物園本來之面積，本局「無案可稽，礙難照
辦」〔註652〕。4月22日，農業院再致函管理局，言明植物園土地之
由來，「查該園所有林地，本系本院附設農林學校所屬演習林場，經
二十三年五月七日本院理事會第二次常務會議議決，撥交該園備用，
並呈請省政府備案。其面積四至，並經農林學校繪具地圖報院轉至
該園存卷備查，茲特繪具一份，送請貴局參考，即希按圖會同本院
廬山林場實地勘明。」廬山管理局遂就此事向江西省政府彙報，並
請求指令。不知何故，此事被延一年之久直至第二年11月，江西省
政府才以「建一字第七二〇號訓令，為植物園園址界線至今尚未
勘明，由農林院向建設廳調取案卷，派員會同廬山管理局迅速徹查」。
12月15日基本勘定完畢。〔註653〕

4月29日，吳中倫致龔自知信函。

　　　　吳中倫致龔自知函。一為報告陳謀去世消息，一為運送陳謀靈
柩，而請教育廳幫助。分別錄之如下：
謹啟者：

〔註651〕胡宗剛編《廬山植物園八十春秋紀念集》，上海交通大學出版社，2014 年 8
　　　　月版，第 71～72 頁。
〔註652〕《廬山管理局致江西省農業院》，江西省檔案館。
〔註653〕江西省農業院致廬山管理局》，江西省檔案館。胡宗剛著《廬山植物園最初三
　　　　十年》，上海交通大學出版社，2009 年 7 月版。第 63～64 頁。

敝團此次在貴省工作，瞬將一載，自度收穫尚能滿意，熟知天有不測風雲，人有旦夕禍福。敝團採集員國立中央大學農學院森林系助教陳謀君於去歲十一月一日在大理洱海邊略受風寒，當延醫診治數日，即告霍然，直至鎮康，一路均健康如常。迫至由鎮康將出發，是病復發，嗣後時輕時重，綿延至本月二十七日，行抵墨江縣境內二補沖地方，突然嚴重，施救不及，卒至長逝。現已去電南京主管機關報告種切，並將屍體入殮，暫寄墨江城外廟宇內，專候京方回電，再行辦理後事。同人等於痛悼之餘，特此奉聞。臨穎悲泣，未盡欲言。敬請雲南省教育廳廳長龔鈞鑒

國立中央大學農學院、中國科學社生
物研究所植物採集團吳中倫 謹啟

四月二十九日〔註654〕

4月，楊發浩致龔自知信函。

楊發浩許諾參加王啟無調查團之前，為個人前途和生活待遇計，稍有遲疑，其致函龔自知，云：「生謬蒙知遇，與梁、倪兩同學先後被派參加該團工作，具奉鈞長面諭，俟考察完竣，由公費送出省外研究，以養成雲南是項專門人才。當該團第一組暫行結束回省時，梁、倪兩同學以野外工作完畢，即蒙送平所中作室內研究。茲生值該團第二組重複繼續來滇，又蒙派參加該組工作，計期兩年以後，方能結束，則生在該團服務須達四年之久，始能出省研究。生現與該團接洽結果，除供給旅費外，在研究期間，每月僅允給津貼十元，似此菲薄，生活尚難維持，研究不能專一。生家道寒微，無力補助，將來出省之事，恐為事實所不許，於願未卜，且負鈞長栽培之厚意。故縷陳到團接洽經過，請予鑒核，懇俯准援照前送梁、倪兩同學先例，從優待遇，批示祗達，俾生得安心工作，俟兩年完畢，再請查案，送平研究。」〔註655〕

〔註654〕吳中倫致龔自知函，1935年4月29日，雲南省檔案館藏雲南省教育廳檔案，1012-004-1808。胡宗剛著《雲南植物研究史略》，上海交通大學出版社2018年7月版，第56～57頁。

〔註655〕楊發浩致龔自知函，1935年4月，雲南省檔案館藏教育廳檔案，1012-004。胡宗剛著《雲南植物研究史略》，上海交通大學出版社2018年7月版，第59～60頁。

4月，靜生生物調查所派員進行動物標本採集。

　　《第七次年報》：動物部未舉行大規模集團遠征採集，僅有小量之個別採集。壽振黃君除在北平近郊，時時採集鳥類外，四月曾赴懷來、塘沽等處採集。唐善康君曾於十月十一月至河北南部磁州、東明等處採集脊椎動物。張春霖君於魚類兩栖類及爬蟲類均有所採集。喻兆琦君於本所蟹蝦標本體中搜得寄生等足類二十四號，魚類標本鰓中搜得魚怪類四十八號。那華彥君亦於本所魚類標本之鰓中搜得寄生橈足類三百十號，潘次儂女士及顧東嶽君於北平近郊之軟體動物各有採集。趙安祥君亦於北平之昆蟲時時搜集。〔註656〕

5月13日，胡先驌致劉咸信函。

　　重熙仁弟惠鑒：

　　　　五月八日手書拜悉。蔡希陶君近即有敝所消息寄上，彼事甚忙，但決非置《科學》通訊於不顧也。本年萬國植物學年會在 Amsterdam 開會，我國所派代表為驌與李繼侗及陳煥鏞先生三人，陳先生恐不能出席，李繼侗則由俄國出席生理學會之後，再赴荷蘭，並擬在彼國研究植物生理學。驌則先赴英國倫敦，再赴荷蘭。該會五年開會一次，歐戰後直至一九二五，始在美國康南耳大學開會，一九三〇年在倫敦開會，今年在荷京開會。驌與陳師並金大植物學教授為代表中國之植物學名審查會之永久會員。驌此次出席並代表中國植物學會與北京博物學會。唐、汪、唐三君，今年雖出洋，但植物部尚有研究員三人，且三君將來皆回至敝所服務，故敝所目下不能添人。又，驌與河北各中等學校毫無聯絡，亦無法代為謝君介紹，至以為歉。驌暫定七月十日在上海出發前數日南下，當謀一晤也。

　　　　專此肅復，即頌

著祺

先驌 拜啟

〔廿四年五月〕十三日〔註657〕

〔註656〕《靜生生物調查所第七次年報》。胡宗剛著《靜生生物調查所史稿》，山東教育出版社，2005年10月版，第83頁。

〔註657〕周桂發、楊家潤、張劍編注中國科學社檔案資料整理與研究《書信選編》，上海科學技術出版社2015年10月版，第92頁。

5月15日，胡先驌致劉咸信函。

重熙仁弟惠鑒：

　　昨函諒可先達。茲有啟者，桂秉華女士擬加入科學社為會員，除驌外，擬請足下亦簽名為介紹人，茲將渠入社願書寄上，請即順交社中收為要。

　　此頌

犖祺

先驌 拜啟

〔廿四年五月〕十五日〔註658〕

6月10日，吳中倫致龔自知函。

仲鈞廳長勛鑒

　　竊敝團來滇工作，瞬將一載，差已步遍兩迤，自知經驗欠缺，見識膚淺，成績未能滿意，然事關雲南科學，安容敷衍，故始終未嘗稍敢貪安，無日不努力工作。孰料事有不測，敝團陳謀君竟以工作勞碌，感受疾病；又以滇邊交通困難，未及回省醫治，至在墨江長逝，業已備函奉達，並蒙鈞長慨允經濟、紀念、事務各方面之援助，殊深感謝！

　　惟是陳柩早託墨江縣政府代為雇夫運昆，乃時將一月，猶音信杳然，令人焦念非常；且今南京敝社又來電，速令返京。如此欲即去昆，則陳君後事尚無頭緒，欲留則敝社電令又未便輕違。特懇鈞長代為函催墨江縣政府，速為雇夫運昆。至於後事如何辦理，定今日下午一時半前來貴廳叩謁，稟商種切。

　　肅此，謹請

勛安

吳中倫 六月初十〔註659〕

6月12日，靜生生物調查所致雲南省建設廳信函。

〔註658〕周桂發、楊家潤、張劍編注中國科學社檔案資料整理與研究《書信選編》，上海科學技術出版社 2015 年 10 月版，第 93 頁。

〔註659〕吳中倫致龔自知函，1935 年 6 月 10 日，雲南省檔案館藏雲南省教育廳檔案，1012-004-1808。胡宗剛著《雲南植物研究史略》，上海交通大學出版社 2018 年 7 月版，第 56～57 頁。

　　洛克在雲南所採標本之價值，在其採集之時即為中國植物學家所重視。1933 年洛克採集完成後，曾贈送一份標本予雲南省實業廳。1935 年靜生生物調查所王啟無在雲南採集時，獲悉此事。即由靜生所致函建設廳，要求借閱洛克所採標本。函云：「近聞美國羅約瑟（J. E. Rock）博士前贈送貴省實業廳之雲南標本，現已歸併貴廳保管，其中或有不少可供敝所研究借鏡者，或有須重加研究審訂者，用特函貴廳可否將羅氏標本全數借與敝所，以茲參考，一俟用畢，即當如數歸還，所有郵寄包裝等費用自當由本所負擔，請先代墊，容後奉還。」此時雲南省建設廳又改為雲南省經濟委員會，前建設廳廳長遂轉靜生所之請於經濟委員會。其後，靜生所併未借得。〔註660〕

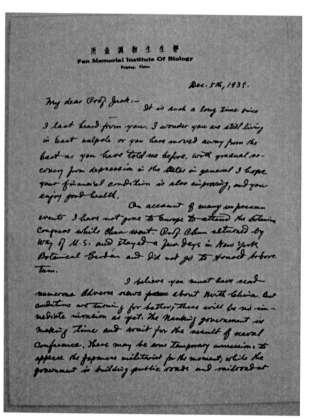

胡先驌英文手跡

〔註660〕靜生生物調查所致雲南省建設廳函，1935 年 6 月 12 日，雲南省檔案館，1077-001-04125-030。胡宗剛著《雲南植物研究史略》，上海交通大學出版社 2018 年 7 月版，第 23 頁。

6月19日，在南京中研院總辦事處選舉首屆評議員。議決聘任評議員學科分配人數，並對候選人資格進一步細化：兩人學資相當，若一人為中研院成員，舉另一人；若一人為研究機關領導，舉之；若一人已改行不做研究，舉另一人；若一人在國外，舉在國內者。6月20日正式選舉，當場選定聘任評議員30人，當然評議員11人共41人組成首屆評議會，任期1935年7月3日至1940年7月2日。評議員則分當然評議員和聘任評議員，前者為中央研究院的專家，後者則聘任國內各大院校、科研機構的著名學者，當然也並不完全按照這兩項區分。胡先驌身份是北平靜生生物調查所所長，不是國立中央研究院直屬機構，就不算當然評議員，是中華教育文化基金會重點支持的民間著名研究單位，為聘任評議員，植物組三人之一。

中央研究院評議會第一屆評議員名單。議長：蔡元培；秘書：丁文江。當然評議員11人：蔡元培、丁燮林、莊長恭、周仁、李四光、余青松、竺可楨、傅斯年、汪敬熙、陶孟和、王家楫。聘任評議員30人：物理組：李書華、姜立夫、葉企孫。化學組：吳憲、侯德榜、趙承嘏。工程組：李協、凌鴻勳、唐炳源。動物組：秉志、林可勝、胡經甫。植物組：謝家聲、胡先驌、陳煥鏞。地質組：丁文江、翁文灝、朱家驊。天文氣象組：張雲、張其昀。心理組：郭任遠。社會科學組：王世杰、何廉、周鯁生。歷史組：胡適、陳垣、陳寅恪。語言考古人類學組：趙元任、李濟、吳定良。〔註661〕

6月20日，胡先驌談中國植物學家出席在荷蘭舉行第六屆國際植物學大會。

> 1935年第六次大會在荷蘭舉行。此時之中國植物學更是蓬勃展開，理應有更多學者前往參加，但僅有陳煥鏞、李繼侗兩位與會，而關於此會記載卻甚少，此就所見兩則新材料，作一介紹。1935年6月20日胡先驌接受《華北日報》記者採訪，談赴會人員和其本人赴歐使命。記者昨晤該會代表胡先驌博士，據談如次：我國對於此次世界植物學會，經接通知後，即決定準備赴荷參加，計代表人選：1. 廣州陳煥鏞，代表廣州國立中山大學及植物研究所。2. 南京金陵大學教授史德蔚代表金陵大學。3. 北平由本人代表中國植物學會及北京博物學會出席參加。至研究投票僅贈南京生物研究所、北京大

〔註661〕陶英惠著《中研院六院長》，文匯出版社，2009年10月版，第31～33頁。

學生物系及廣州中山大學森林系各一張，以備提出問題，投票審查。
此次出國經費，將由政府核撥，但本人則由中華教育文化基金董事
會撥助經費，不與陳、史兩代表同行云。本人擬於七月中旬放洋，
除出席世界第六屆植物學會外，並準備調查歐洲各國博物進展程度，
研究博物之情形方法，作一實地考察，以供國人研究博物參考，此
外，並收集植物之標本，或交換標本，以備國內博物學家之實際考
據，故行程預定首至意國留四五月，再由意赴法，約留一月，次由
法至英，三月後再由美赴德，定明年七月間返國。本人任職迄今七
年，例應休假，故乘假期作長時間之旅行。胡先驌以將其出國期間，
靜生生物調查所所長職務請動物學家壽振黃代理，得到靜生所委員
會同意。但在是年夏初，胡先驌受政府要員召見，對中國科學文化
建設事業有所委任，而其所領導之植物學事業，也亟待政府予以有
力支持，故不便出國。兩年之後，胡先驌再次籌劃赴歐，卻因抗日
戰爭全面爆發，又未成行。……會期臨近，陳煥鏞得悉胡先驌決定
不能參加，而其自己又被會議正式聘為植物分類組副主席，不參加
則有不妥，中山大學農學院院長鄧植儀也認為應當參加，遂向校長
致函申請旅費。其云：本國植物學界同人，因鏞於本屆大會，受該
會正式聘為植物分類組副主席，且本國植物分類學者出席原有胡先
驌博士及代表金陵大學之西人史德蔚及鏞三人，現胡博士因其他故
障決不出席，倘鏞復不出席，則植物分類組之代表本國者只有金陵
大學之西人，殊屬有損國體，如同鄧院長亦以該會經報知本校有一
選舉權，若不出席亦於提高本校在國際地位有關。〔註662〕

　　6月，Notes on the New Distribution of Plants in Southeastern China（中國東
南部植物之分布）刊於 Bull. Chin. Bot. Soc.《植物學會彙報》（第1卷第1期，
第8～10頁）。

　　6月西文《中國植物學彙報》第1卷第1期正式出版。

　　6月，中國植物學會編輯《中國植物學彙報》（Bulletin of the Chinese
Botanical Society）（西文）第1卷第1期正式出版，經大會用通信法選舉李繼

<hr />

〔註662〕胡宗剛著《1935年中國植物學家出席第六屆國際植物學大會》，公眾號註冊
　　　　　名稱「近世植物學史」，2022年1月24日。

侗為總編輯，李良慶為幹事編輯。1937 年徐仁接，編輯員張景鉞，錢崇澍，戴芳瀾，段續川，湯佩松。雜誌每年出版兩期為一卷，為半年刊。專載西文研究論文，用英德法三國文字專載國內植物學者研究著作，並附載已在國內發表之研究論文摘要。由中國植物學會編輯發行。第 1 期發表研究論文 5 篇：如錢崇澍的《中國蕁麻科誌》，胡先驌的《中國西南部新發現之植物》，戴芳瀾的《中國菌類研究》，秦仁昌的《亞洲蕨類植物 Pyvrosia 屬之概觀》，馬心儀的《菌類生長及實驗》等。到 1937 年，由於戰亂頻繁，經費緊張，該雜誌出版到第三卷第一期輟刊。

西文《中國植物學彙報》

　　7 月 1 日，中央研究院動植物研究所顧問改為通信研究員，且僅聘秉志、錢崇澍、錢天鶴、胡先驌等四人。

7月2日，國民政府發表中央研究院評議會第一屆評議員聘書：敦聘李書華、姜立夫、葉企孫、吳憲、侯德榜、趙承嘏、李協、凌鴻勛、唐炳源、秉志、林可勝、胡經甫、謝家聲、胡先驌、陳煥鏞、丁文江、翁文灝、朱家驊、張雲、張其昀、郭任遠、王世杰、何廉、周鯁生、胡適、陳垣、陳寅恪、趙元任、李濟、吳定良國立中央研究院評議會第一屆評議員，此聘。〔註663〕

7月12日，中國科學社理事會啟事。

中國科學社理事會啟事：

本社所出《科學》月刊，純為發表學術論文及科學消息機關，對於國內時政及政府行為，向來不加評論。茲查本刊第十九卷第六期有覯化君所作《中央研究院評議會成立》一文，對於中央研究院之組織有所論列，措詞並有欠妥之處。此自屬覯化君一人之意見，不能作為代表本社的言論。因其登載本刊首篇，恐滋誤會，特此聲明。

廿四年七月十二日

草者：任鴻雋

贊成用此稿者：孫洪芬、胡先驌、秉志（以上據任致趙函）、趙元任、竺可楨、丁緒寶、周仁。

（張劍先生提供）

7月13日，胡先驌致劉咸信函。

仲熙仁弟惠鑒：

讀《科學》十九卷第六期，關於「國立中央研究院評議會成立」所作之社論，方以為立言得體，然不知己犯投鼠忌器之嫌，故社中不得不有所更正。任叔永先生頗能與足下表同情，惟惜此舉未能三思與未能與多人商榷而再發刊。在中國社會，凡事皆須顧慮社會背景，不能全憑理論。閱世久，當自知之，弟切勿以此而稍灰心，但視若一小小波折可耳。《科學》自足下主編後，面目大改，公道自在人心，即對足下此文不滿者，亦不能不承認也。

專此，即頌

著祺

〔註663〕《國民政府公報》，聘書字第1783號。宋廣波編著《丁文江年譜》，黑龍江教育出版社，2009年版，第446頁。

先驌 拜啟

〔廿四年七月〕十三日〔註664〕

7月16日，胡先驌致劉咸信函。

仲熙仁弟惠鑒：

前上一函，藉以相慰，諒已收到。昨於王仲濟致秉師函中得知中研院諸公忿猶未息，除一面由秉師與任叔永先生商酌，再去函解釋外，驌覺足下亦須有所準備。中研院自丁在君繼任總幹事後，氣焰極盛，而傅斯年為人尤不可耐，趙元任、李濟之亦然。或彼等竟欲以勢力相凌，亦未可知。彼等為人極其勢利，以張其昀近年甚活動，且在國防委員會任職，竟聘之為評議員，實則張並非氣象專家，所以聘之者，純為拉攏計也。

在今日治學術而猶須倚賴勢力，至為可慨。然欲不為人所凌，則自身亦須與之旗鼓相當。東大同學在此點未免有遜色，允宜力圖補救之者。驌憶足下前有函告知，雲羅佩秋有介紹足下至國防委員會任人種研究之意。驌意不妨與佩秋相商，仍申前議，即不受薪，得一名譽職亦可。陳果夫現正網羅人才，不妨託佩秋介紹，與之發生關係，苟能與之相處甚得，以足下之才能不難有重大發展也。何炳松任暨南大學校長，想亦係陳氏為之支持，不妨設法在該校取得地位，教授一班人種學也。盧於道近為汪敬熙所排擠，頗有求去之意，如能介紹至暨大任生物系或心理系教授，亦是佳事，請便為圖之為盼。

專此，即頌

著祺

先驌 拜啟

〔廿四年七月〕十六日

頃至中基會，任叔永、胡適之兩先生均允出為調解，且看將來發展如何。又及。〔註665〕

〔註664〕周桂發、楊家潤、張劍編注中國科學社檔案資料整理與研究《書信選編》，上海科學技術出版社 2015 年 10 月版，第 94 頁。

〔註665〕周桂發、楊家潤、張劍編注中國科學社檔案資料整理與研究《書信選編》，上海科學技術出版社 2015 年 10 月版，第 95～96 頁。

7月，石聲漢譯，胡先驌校，（德）Emil Bretschneider 著《中國植物學文獻評論》，國立編譯館初版。

8月11日～15日，中國植物學會在廣西南寧舉行第二屆年會，選舉第三屆負責人，陳煥鏞（1935～1936 年）為會長，戴芳瀾為副會長，張景鉞為書記，秦仁昌為會記。評議員進行改選為裴鑒、劉慎諤（1934～1936 年）；鍾心煊、李繼侗（1934～1937 年）；錢崇澍、胡先驌（1935～1938 年）。收到論文23篇，作者分別是錢崇澍、胡先驌、張景鉞、鄭萬鈞、方文培、馬保之、嚴楚江、李良慶，也有外國學者日本木村康一。作為中國植物學會會長，胡先驌在大會上做了著名的學術講演，主題是探討東亞和北美東部的植物地理系。

8月13日上午，在廣西南寧省政府大禮堂舉行中國科學社第20屆年會，工、化、動、植、地等學會分別致詞。

次中國植物學會代表董爽秋報告，據云：「中國植物學會，經多數先進學者胡先驌、陳煥鏞、劉慎諤、錢崇澍、辛樹幟、李繼侗、張景鉞等之發起及籌備，於民國廿二年八月開成立大會於四川重慶，選舉錢崇澍為第一屆會長，陳煥鏞副之，張景鉞為書記，秦仁昌為會計。民國廿三年八月，舉行第二次年會於江西廬山，改選胡先驌為會長，其副會長、書記、會計等職，仍由陳煥鏞、張景鉞、秦仁昌分別繼任。第一次年會與中國科學社聯合舉行，第二次年會又有新成立之動物學會加入聯合舉行，而本年之參加聯合年會者，共有六學術團體之多，誠空前之盛舉也。本學會會長胡先驌先生，此次因事未能到會，本會同人囑兄弟代表報告，深為榮幸。

植物學一科，在中國為國人所注意比較不算在他科之後，中國人以科學方法研究植物學已二十年了，這亦因植物學在醫藥上在農業上佔了重要的位置，所以中國古時即已有研究植物學者，如《本草綱目》《植物名實圖考》等書，皆中國古時植物學之名著，但此等書之作成，皆缺少科學方法，求能用近代科學方法以研究植物學者，只近二十年之事，且所研究目標，要皆側重於分類學，因此對於調查採集工作，大家都特別注意。十餘年來，國內各大學各研究機關所搜藏之植物標本甚多，如中央大學、中央研究院、科學社所藏長江流域各省之標本，北平靜生生物研究所、國立北平研究院所藏華北各省之標本，中山大學生物學系所藏廣西、廣東、湖南、貴州各

地之標本，中山大學農林植物研究所藏兩廣及海南島之標本，他如燕京大學、清華大學、北京大學、山東大學、金陵大學、嶺南大學、武漢大學及四川大學等，亦皆各藏有一部分標本，為學術界所珍視，現在國內各植物學者正從事於此等標本之研究。至植物形態學方面亦同時為人所注意，如張景鉞等早即專攻植物形態學。近年來亦有專攻植物生理學者，如羅宗洛等是。最近研究植物學者又漸漸趨近於實用植物學，而欲將純粹科學與實用科學融會而一貫之。中國植物學會實負有聯絡研究人員、介紹研究成績之責。中國植物學會成立不過三年，因國人努力已有兩種刊物出版，一為中文《植物學雜誌》，專為灌輸植物學識於國人之用，他則為西文者名曰 Bulletin of the Chinese Botanical Society，所刊皆係專門研究，但植物學會出世才只三齡，力量不到之處，當然很多，尚望各團體各學者不吝指教而加以贊助，則敝會同人不勝感荷云云。」〔註 666〕

8 月 13 日上午，在廣西南寧省政府大禮堂舉行中國科學社第 20 屆年會，提交《中國與北美東部木本植物之比較》論文，並宣讀論文。

十三日為大會第二日，上午七時由講演委員會敦請第四集團軍李總司令宗仁講演，暢談廣西建設之經過及對國事之感想，歷二小時之久，末由顧毓琇致謝詞。

九時致十二時照會程表規定，動、植、地、化、工五組開會宣讀論文。動植物組以論題關係，合組宣讀，主席王家楫，計動物組有論文六十二篇，植物組二十四篇，以時間關係，凡著者未能親自到會宣讀者，例由主席代讀題目；地理組有論文二十一篇，主席竺可楨；化學組有論文十五篇，主席曾昭掄；工程組有論文十二篇，主席周仁。各組均有討論，頗獲切磋之益，極合年會主旨。茲將各組宣讀論文之重要題目摘錄如次：

植物學組論文

1. 胡先驌之會長詞，題為：《中國與北美東部木本植物之比較》；

2. 錢崇澍：《中國東部蘭科之一新屬》；3. 鄭萬鈞：《中國木本植物

〔註 666〕王良鏞、何品編注中國科學社檔案資料整理與研究《年會記錄》選編，上海科學技術出版社 2020 年 12 月版，第 288～289 頁。

數種》；4. 周宗璜：《馬勃菌科一新屬》；5. 方文培：《廣西杜鵑新種》；6. 裴鑒：《亞氏鐵線蓮近鄰種之討論》；7. 王志稼：《線毛魚上之藻》；8. 李良慶：《青島與煙台海藻誌》；9. 同：《四川東部之淡水藻類》；10. 嚴楚江：《楊梅果實形態及解剖初誌》；11. 張景鉞：《馬尾松之木薄膜細胞》；12. 李中憲、張景鉞：《珍珠梅芽內各器官之外部形態及發生》；13. 李順卿：《山東嶗山植物環象之初步觀察》；14. 陳煥鏞：《中國安息香料之研究》；15. 蔣英：《中國香積藤屬之研究》等二十四篇。〔註667〕

8月，A New Huodendron from Yunnan（雲南的一種新的山茉莉）刊於 Sunyatsenia《中山大學學報》（第3卷第1期，第36～37頁）。

8月，在廣西南寧召開的中國植物學會第二屆年會上，全體會員一致推選胡先驌、陳煥鏞、秦仁昌、張景鉞、傅煥光、斯行健、林崇真等六人，由教育部認可作為中國植物學代表，於年底出席在荷蘭阿姆斯特丹（Amsterdam）召開第六屆國際植物學會議大會，胡先驌因靜生生物調查所和《中國植物學雜誌》總編輯的工作極為繁忙，本應邀出席，後因故未能參加，僅陳煥鏞、秦仁昌、張景鉞、傅煥光、斯行健、林崇真等參加。這次大會，胡先驌當選國際植物學會副主席，陳煥鏞教授被選為國際分類學組執行委員和植物命名法規委員會副主席。這說明我國植物分類學的研究已逐漸與世界植物學研究同步。根據《中國植物學雜誌》1935年8月第二卷第二期記載：「胡先驌博士本擬於7月初赴荷蘭代表我國出席世界植物學會，並考察各國生物學研究機關最近狀況，乃以所務紛繁，諸事待理，不克分身，已向教育部辭去赴代表之職，展期出國考察。」

8月，胡先驌擬定中國植物學雜誌投稿簡章。

一、本雜誌登載關於純粹與應用植物學之文字，不拘體裁，無論文言、白話，撰著或翻譯均所歡迎，惟篇中有引據之處，須一一注出用便閱者。

二、本會備有特製之稿紙，每面橫廿五行、直三十行，投稿人可按稿之長短向本雜誌總編輯函索（北京靜生生物調查所），或依樣自備亦可，一律自左向右，橫書繕寫清楚並加標點符號。

〔註667〕 王良鑌、何品編注中國科學社檔案資料整理與研究《年會記錄》選編，上海科學技術出版社2020年12月版，第292～293頁。

三、文中插圖除照像外，須用白紙黑墨水給製，務求清晰，圖長不得過十七生的、寬十五生的。

四、稿件揭載後，作者得享有五十份單印本之酬報，如須加印由作者納費，詳情函商，惟未聲明，需用單行本不送。

五、原稿登載與否，概不退還，惟未登載之稿件，得因預先聲明並附寄郵資可以檢還。

六、投稿題目下面請署作者姓名，如係譯稿須注明原著者姓名及雜誌或書板名稱與出版時期及地點。

七、稿件內容得由編輯酌量增刪，如有不願者請先聲明。

八、投稿請寄北平文津街靜生生物調查所本雜誌總編輯胡先驌先生收。〔註668〕

9月7日～8日，參加在南京舉行的中央研究院評議會成立會和第一屆第一次會議，選舉丁文江為評議會秘書，評議會規程起草委員主席李書華報告了起草評議會議事規程、處務規程、選舉規程之結果，主要審議評議員所提7個議案。其中有胡先驌「提議呈請政府撥專款設立國家科學研究補助金案」及「提議由中央研究院諮請交通部減輕我國各研究機關寄往國內外博物學品寄費案」，呼籲國家對科學的重視，政府對科學事業在政策上給予支持。此文為1935年9月8日胡先驌在中央研究院評議會第一次年會上的二項提案。本次年會共有7項提案。後載於《國立中央研究院首屆評議會第一次報告》102頁和106頁，1937年。

國立中央研究院第一屆評議會成立紀念，左起：8. 秉志、9. 胡先驌、10. 汪精衛（行政院院長）、11. 蔡元培（中央研究院院長）、12. 戴季陶（考試院院長）

〔註668〕中國植物學會編行《中國植物學雜誌》，1935年8月，第2卷第2期，第673頁。

第二案、提議呈請政府指撥專款設立國家科學補助金案：

近年國內科學研究機關漸多從事科學研究，而卓有成績之青年學者亦眾。此類學者除在各大學及各研究機關服務外，多數限於經濟，不能從事於科學研究。查歐美各國多設有國立研究評議會，而會中復設有研究補助金額，與青年科學家以經濟上之補助與精神上之鼓勵，用意至善也。至吾國則除以退還「庚子賠款」所辦之基金會外，國家別無此項事業，殊非國家提倡科學研究作育人才之道：應請中央研究院呈請政府每年撥款十萬元，設立國家科學研究補助金，由中央研究院評議會主持，聘請國內科學專家任審核之責。凡大學畢業生成績優異，畢業後曾在各研究機關從事研究二年以上成績卓越者，得由主管機關或各大學研究院介紹陳請研究補助金，在國內或國外從事研究。此項研究補助金名額，暫定一百名，自然科學，應用科學，社會科學各居三分之一。補助金分甲、乙、丙三等：甲等每年一千五百元，乙等一千元，丙等五百元。甲、乙、丙三等各居名額三分之一。研究機關及研究題目，得由中央研究院評議會指定。如此則從事科學研究者可多得經濟上之援助，有裨於吾國科學研究者必非淺鮮矣。〔註669〕

第六案、提議由中央研究院諮請交通部減輕我國各研究機關寄往內外博物學品寄費案：

查我國各研究機關寄往國內外博物學物品，即烘乾之動物植物標本，照交通部所定郵政章程，概須按寄包裹各件付郵，而各國寄來之標本則所貼郵票為數甚少，與書籍印刷物大略相同，絕非視同包裹寄遞者可比。查我國郵政章程第九十五條，凡印版或單件之鑰匙或新折之鮮花或關於博物學之物品（烘乾或製過之動物植物並地質標本等類）或血清藥管及以參考病理為目的之物，其製法包法均屬妥當不致傷害他人者，可按貨樣資例寄遞。但前項對象均不得寄作貿易之用，其封裝情形須照貨樣類普通章程辦理。第九十六條，貨樣包件之重量不得逾五百公分，其長度不得逾四十五公分，寬不

〔註669〕《國立中央研究院首屆評議會第一次報告》，胡宗剛撰《胡先驌先生年譜長編》，江西教育出版社，2008年2月版，229頁。

得逾二十公分，厚不得逾十公分。若係成卷，長不得逾四十五公分，徑寬不得逾十五公分云云。逾此限者，概按照包裹章程收費。再查書籍印刷，係按文化物品收費，故分量較重而寄費反輕。動植物標本專為科學研究之用，亦係文化物品，無絲毫商業價值，自應與書籍印刷物品同列，不能以郵政章程第九十六條所定之重量為限。為獎掖科學研究計，茲特提議擬請中央研究院諮請交通部修改郵政章程，凡博物學物品（即烘乾之動植物等標本）寄往國內外者，仍按照書籍印刷類收費，惟重量容積則照寄遞包裹章程辦理，實為公便。〔註670〕

9月9日，董事會會議，增補生物研究所本年度預算經費。

理事會第 127 次會議記錄（1935 年 9 月 9 日），南京社所開理事會，出席者：胡先驌、胡適、竺可楨、趙元任、周仁、秉志、丁緒寶、楊孝述。主席：趙元任，記錄：楊孝述。

（一）京社空地出租辦法案。

緩議。

（二）編輯部提改進《科學》雜誌編制案。

（說明）為增進《科學》讀者興趣，及減輕《科學》印刷費，並推廣銷路計，擬自明年二十卷起，將《科學》格式及內容再加改革。其要點如左：

（1）參照英國之 *Nature*、美國之 *Science*、日本之《科學》成例，不印彩色封面，其式樣大小與現在發行者同。

（2）用褶訂式，中間加騎縫紐。

（3）改用五號及新五號字（科學公司正在趕製），每頁分兩項排印。

（4）每期擬規定至多不得過八十頁（日本《科學》月刊，每期約五十頁上下），希望能以縮短篇幅，刊載與現在同等分量之材料（最近兩期《科學》均百七十餘頁，分量重，郵費亦增加）。

（5）改用道林紙，以資永久，並壯觀瞻。

（6）插圖不印專頁，改印在本文之內，以節印刷紙張費用。

〔註670〕《國立中央研究院首屆評議會第一次報告》，胡宗剛撰《胡先驌先生年譜長編》，江西教育出版社，2008 年 2 月版，230 頁。

（7）減少專著文字，擬增設「研究菁華」欄。

（8）編輯內容，分欄如下：a. 科學論壇、b. 書報紹介、c. 論著（選登）、d. 科學通訊、e. 科學思潮、f. 科學新聞、g. 研究提要、h. 科學拾零。

（9）定價酌減，善登廣告，推廣銷路，徵求定戶，訂定優待學生訂閱辦法。

（10）由經理部多拉書店、製造廠等處廣告，以增收入。

以上粗陳大要，是否有當，諸希公決，俾有準繩，是所企盼！

議決：接受編輯部改革案。

（三）《科學》編輯部提請本會先聘任社友范會國、呂炯、錢崇澍、徐淵摩、盧於道、歐陽翥、楊孝述、馮澤芳、張江樹、張其昀、楊鍾鍵、李珩、曹仲淵、吳定良等十四人為本年度《科學》雜誌編輯，其餘俟接洽定當再行提請案。

議決：照名單聘任，其餘俟編輯部接洽定當再行追認；醫學方面聘任李賦京為編輯。

（四）公推曹惠群、盧於道、徐韋曼、劉咸、周仁、張延祥為《科學畫報》常務編輯。

（五）《科學畫報》編輯部提請聘任李賦京、張巨伯、沈慈輝、竺可楨、魏嵒壽、關實之、曹仲淵、裴維裕、徐淵摩、楊肇濂、王家楫、李鑒澄、張景歐、殷源之、鄭萬鈞、趙元任、趙燏黃、徐善祥、孟心如、程孝剛等二十人為《科學畫報》特約編輯案。

議決：照名單聘任。

（六）蘇省停撥本社補助費每月一千一百餘元，應如何補救而資維持社務案。

由楊允中報告：遵照上次理事會議囑託，曾研究開源節流辦法，惟本社經濟素不充裕，在本年狀況下欲確立預算，事甚困難，只好力求各部暫時緊縮，勉渡本年度難關，同時仍須徐圖補救，以維本社永久事業。目前所可設法者約有數端：（1）特別設計《科學》印製方法，減少英文本年會論文專刊及其他零星印件，並商由科學公司對於一切印件特別補助，年可減支印刷費三千元；（2）出租滬社所舊屋，年可收入一千餘元；（3）極力節省各部消耗、雜支、紙張、

修理、購置，年可減支三四百元；（4）由上年度新增添購圖書費預算中減去二千四百元；（5）推廣《科學畫報》，並整頓廣告收入，年可收入二千元。以上開源節流所得約九千元，其餘不足之數須賴：（1）社員繳費人數增多；（2）歷年基金息剩餘尾數項下掃數撥充。

胡步曾謂：生物研究所本年度預算尚少二千元，可否設法補其半數？

周子競謂：在本年狀況下，能維持往年經常開支年六千元已屬萬幸。

秉農山謂：俟編制預算時，務請留意。

楊允中謂：至少限度當保留六千元之數。

議決：照楊君所陳辦法，編制本年度各部預算，一方面另籌補救辦法，以維本社各項事業之永久。

（七）議決：滬社老屋由總幹事全權設法出租。

（附條議決記錄對外可不發表。）如無相當租戶，請總幹事遷入自住，以免該屋閒置，且可得人管理社所，租金以總幹事目前所租屋之租金為準，惟如不滿百元，應在樓下留出一間宿舍，以備社中職員住宿之用。

（八）籌備本社二十週年紀念案。

定於十月二十七日假南京中央大學舉行，並公推羅家倫、丁緒寶、趙元任、竺可楨、秉志、楊孝述、孫光遠、鄒樹文、盧恩緒、辛樹幟、周仁十一人為籌備委員，羅家倫為委員長，丁緒寶為秘書。

（九）改革本社圖書館案。

議決：規定改革原則二條：

一、本社明復圖書館添購圖書雜誌，應避免購買上海各專門學術機關圖書館之已備有者。

二、注重通俗科學及數學圖書雜誌。

公推胡剛復、王雲五、尤志邁、楊孝述、劉咸為本社圖書館委員會委員，主持圖書館行政方針，並選購圖書雜誌。

（三）通過下列五十七人為普通社員：

陳德榮（心理）、蔡誦芬（染織）、張彭春（教育）、陳德貞（物理）、楊競學（生物）、吳汝麟（物理）、韋謙（化學）、唐國正（化

學)、林文香（生物）、鍾濟新（生物）、甘蔚文（政治）、許維樑（化
學）、陳重華（農科）、黃幼垣（歷史）、董紹良（地理）、宋澤（醫
學）、梁毓萬（昆蟲）、黃榮漢（理化）、古桂芬（農科）、聞宥（語
言）、陳公弼（理化）、楊亮功（教育）、陳立卿（生物）、黃崑崙（昆
蟲）、顧毓琇（電工）、莫如玉（生物）、陳雨蒼（醫學）、徐金聲（社
會）、朱志滌（物理）、楊鍾英（機工）、湯家裕（教育）、黃汝光（土
木）、沈啟彝（算學）、秦道堅（化學）、陳任（醫學）、陳懷書（電
工）、梁緒（機工）、蘇宏漢（生物）、歐文炎（農科）、黃錫九（土
木）、陳堯典（化工）、鍾嘉文（化學）、黎煥森（化學）、張熙（化
學）、褚葆真（醫學）、黃震（生物）、唐波澂（教育）、葛其婉（生
物）、趙煦雍（化工）、周宗璜（菌學）、郭一岑（心理）、吳紹熙（心
理）、徐陟（農科）、蔣綱（機工）、王鍾文（物理）、薄毓相（物理）、
黃瑤。〔註671〕

9月13日，胡先驌致劉咸信函。

重熙仁弟惠鑒：

北返前一日，接奉由仲濟轉到足下手書，敬悉一是。以為期過
晚，而又恐徐州水漲，歸車或斷，故未函告佩秋，至以為悵。文化
部事由他人執筆作文，未始不可。足下決不可作此文，否則或又引
以風波也。遲日當再直接函佩秋，討論此事兼及他事。微聞奉化現
用全力整理川政，或以此為不急之務，亦未可知也。科學社廿周紀
念一文，不日即可草就寄上。今冬不知須返贛一行否，若能往則歸
途或可至鎮、滬等處一行，亦未可知。

此頌

撰祺

先驌 頓首

〔廿四年九月〕十三日〔註672〕

〔註671〕何品、王良鐳編注中國科學社檔案資料整理與研究《中國科學社董理事會會
議記錄》，上海科學技術出版社 2017 年版，第 216～218 頁。

〔註672〕周桂發、楊家潤、張劍編注中國科學社檔案資料整理與研究《書信選編》，上
海科學技術出版社 2015 年 10 月版，第 97 頁。

9月27日，楊發浩致龔自知信函。

　　在採集途中，楊發浩確知自己津貼每月僅為滇幣150元，為此致函龔自知，申訴待遇不公；王啟無也去函，為楊發浩鳴不平，並報告途中採集情況。楊發浩致龔自知函：

　　仲鈞先生賜鑒：

　　西行大理曾奉請諭示，六月北行維西，七月復北上康晉、葉枝，八月進菖蒲桶，沿怒江北極康邊，西達求江交界，工作情況甚佳。生勤慎從事，未辱所使。

　　茲謹稟者：生於廿二年秋奉派參加中央研究院雲南科學調查團，當結束時，會鈞長外出考察，未得主持外出深造。繼奉袁代廳長面諭，再參加靜生雲南生物調查團，往南方工作至結束回省。時又謂中央研究院調查團已走，津貼應該停止，幾經呈請，直至鈞長理事方准發至去年十月，至外出事仍未得俯准。生徘徊中途，莫知所之。繼至本年春靜生第二組雲南生物調查團來滇，奉派參加，復承鈞長俯識，敢不宣力。

　　奉派之次，匆匆成行，迄今已閱六月餘，山間郵遞不便，消息茫然。昨日回署，得帶領款人書，謂廳中津貼只給一百五十元，較前奉公函稍有出入，敬謹上達廳中公函。照梁、倪兩生舊案，月給舊滇票二百五十元，自思梁、倪兩同學參加靜生第二年已蒙鈞長斟酌情形，月給二百五十元，參加中國科學社、中央大學之殷、嚴兩同學亦同然。生承鈞長驅使，三年來勤謹從公，早在洞鑒，自度當可照同學舊案。生蒙於數百同學中獨承識拔，感荷知遇，無時或已。炎炎微事，何庸累牘，惟旅途消費稍多，各地交際酬答，亦非得已。現已枯窘萬分，節縮無由。生家道寒素，無力貼補，若再減發，將何以處。承我公名睞青鑒，一再俯拾，自慚未能無盡力，來日方長，但聽驅使。謹屢書實況，良非得已。炎炎微事，敬乞一顧。臨筆神馳，不勝企盼，尚請賜福。

　　敬請

教祺

　　　　　　　　　　　　　　　　　生　楊發浩　謹上

　　　　　　　　　　　　　　　　　九月廿七日

菖蒲桶賜復擲交維西縣葉枝土司署〔註673〕

9月29日，王啟無致龔自知信函。

教育廳顯然對於楊發浩不公，為此王啟無以靜生生物調查所云南生物採集團名義致函教育廳，提出此事有失公允；王啟無尚有不平，又致私信與龔自知，多所質詢，沒有客套，與楊發浩之謙卑，迥然不同，函文如下：

仲鈞先生賜鑒：

行前諸承照拂，離省西行，以迄緬藏之交，窮極邊隅。近六十年來植物學家 Forrest 以至 Henry 未竟之業，差堪告慰。同人等勉盡職責，而地方當道臂助多方，克底於成，皆賴我公大力，承廳方遣楊發浩君同行。楊君先後已隨中央研究院及敝團第一組工作二載，經驗堪深，故此行出入藏緬，地多險阻，事尤繁劇，而楊君施應裕如，真滇省英才，我公也善知人者，能相割愛，至感至感。近聞楊君談及廳方津貼，前通知楊君時，公函中明訂為滇票二百五十元。近得昆明取津貼有人來書云，廳方只允發百五十元，並云通知者係筆誤。事屬輕微，楊君不欲上瀆，念彼清寒，故願為我公陳之。

廳方派遣隨習，此非首次。前敝團第一組有倪、梁兩君，中央研究院有施、楊兩君，中國科學社中央大學有殷、嚴兩君。聞初派時俱為津貼一百五十元，有舊案可稽；而後或一年（如梁、倪兩君）或數月（如嚴、殷）俱增至二百五十元。往跡猶新，此舉適所以獎勉勤奮，至當至當。

平心論之，楊君之派來敝團第二組，確為第一年，照舊案，則通知者，確為筆誤，津貼確為一百五十，然試查以往，已隨中央研究院一年，又來敝團第一組隨習一年，今復派來敝團第二組工作，也近一年。隨習三年事，想也有案可稽，先生想也深悉。而楊君從習勤奮，中研院蔣君、敝團蔡君類能道之，先生想也洞悉。如據舊案，也以二百五十為宜，以為如何？如奉獎掖後進之旨，也以二百五十為宜，以為如何？知人如我公，愛才如我公，此事當可了然。

〔註673〕楊發浩致龔自知函，1935 年 9 月 27 日，雲南省檔案館藏教育廳檔案，1012-004-1080。胡宗剛著《雲南植物研究史略》，上海交通大學出版社 2018 年 7 月版，第 62 頁。

進一步言之，如前通知楊君者非筆誤自佳，免以少數而傷大信，免少數而失公允。退一步言之，若以往事難更，現本季工作結束在即，年來楊君從習奮勉，同行欣悅，自即日起，以二百五十照發，正所以獎忠奮而勵勤勉，以為然否？明鑒如我公，此情早所深悉，不待此言。念楊君清寒，而所上公函中又多未盡之意，再詳陳之，望即准所請，是懇。

現在求江上游，下月底結束，即南下，預計為五福、車裏、江城沿邊一帶。來日大難，艱巨尤多，結果如何，毫無把握，但願同人共勉耳。賜復大理郵局轉。

敬請

秋安

王啟無 上 九月廿九〔註674〕

吳雷川題寫北平博物雜誌出版

9月30日，胡先驌致劉咸信函。

重熙仁弟惠鑒：

廿四日手書敬悉。《植物學進步》文稿未提及驌個人工作，蓋在驌殊難自為評價也。若作注，有數點可以言及：（一）驌為起首研究

〔註674〕王啟無致龔自知函，1935 年 9 月 29 日，雲南省檔案館藏教育廳檔案，1012-004-1080。胡宗剛著《雲南植物研究史略》，上海交通大學出版社 2018 年 7 月版，第 63～64 頁。

中國東南部植物之人，對於中國植物之分布頗有貢獻。（二）編纂有
《中國種子植物誌屬》（英文本）一書，尚未付印，為治中國分類學
之基本要籍，歷年後進植物學家皆利用之。（三）編纂《中國植物圖
譜》，已出版者有四集。（四）創辦東大及科學社生物研究所、靜生
生物調查所三植物標本室。（五）創辦廬山植物園。此五點總算有永
久性之貢獻也。左景烈君九月初間即到上海，現想早已出國矣。

　　專此肅復，即頌

撰祺

先驌　頓首
〔廿四年九月〕卅日〔註675〕

　　秋，哈佛大學阿諾德森林植物園芮德教授曾發現安息香科一新屬，稱為胡
氏木。

　　　　去年秋間哈佛大學阿諾德森林植物園芮德教授曾發現安息香科
　　一新屬，稱為胡氏木（Huodendron）。此屬先後為胡君及陳煥鏞君發
　　現為新屬，惟芮德教授發表較早，而胡君發現之新屬芮德木
　　（Rehderodendron）已發現至第八種云。〔註676〕

北京博物學會成立十週年合影，前排左3胡先驌、4葛利普、5胡經甫

〔註675〕周桂發、楊家潤、張劍編注中國科學社檔案資料整理與研究《書信選編》，上
　　　　海科學技術出版社2015年10月版，第98頁。
〔註676〕《社友》第53號1936年2月20日信息。張劍、姚潤澤編注中國科學社檔
　　　　案資料整理與研究《〈社友〉人物傳記》資料選編，上海科學技術出版社2020
　　　　年版，第161頁。

第六屆國際植物學大會

10月1日～10日，第六屆國際植物學大會在荷蘭阿姆斯特丹召開，有代表963人。教育部原擬派中國植物學會胡先驌、陳煥鏞、李繼侗、傅煥光四位教授參加，但因各種原因，最後僅陳煥鏞、李繼侗（清華大學）兩位教授參加了會議。

10月28日，董事會會議，選舉常務理事。

理事會第127次會議記錄（1935年10月28日），南京珞珈路竺宅開理事會，出席者：翁文灝、馬君武、秉農山、丁緒寶、竺可楨、任鴻雋、周仁、楊孝述。主席：任鴻雋，記錄：楊孝述。

一、報告理事會職員選舉結果，共收到十四票。

（甲）會長：任鴻雋五票當選。次多數翁文灝四票，竺可楨、秉志各二票，馬君武一票。

（乙）會計：周仁九票當選，秉志、竺可楨、伍連德、丁緒寶、楊孝述各一票。

（丙）常務理事：趙元任十票、胡剛復九票、秉志九票、竺可楨八票，以上四人當選。次多數丁緒寶五票，伍連德、胡適、任鴻雋、周仁各三票，李協、馬君武、胡先驌各一票。（選舉票存）〔註677〕

10月，《二十年來中國植物學之進步》文章在《科學》雜誌（第19卷第10期，第1555～1559頁）發表。本文為係為紀念中國科學社成立二十週年系列文章之一，科學社編輯劉咸將此系列文章編成《中國科學二十年》一書（1937年出版，第192～214頁）。劉咸在文後寫有按語。摘錄如下：

〔註677〕何品、王良鏞編注中國科學社檔案資料整理與研究《中國科學社董理事會會議記錄》，上海科學技術出版社2017年版，第219頁。

《二十年來中國植物學之進步》文章

中國地處溫帶，幅員之廣，物產之富，在世界溫帶諸邦，殆無倫比，而國人自太古以來勤於稼穡，利用天然富源之能力，亦遠在他民族之上。故自周秦以來，博物學研究，即已發軔，《爾雅》、《說文》，已肇其端，至本草之事，雖託言神農，荒渺難信，而自陶隱居以次，代有增益，至明李時珍而集大成，已足與歐洲中古之本草學抗衡矣。至清中葉吳其濬之著《古今植物名實圖考》，則著眼已出本草學範圍，而駸駸入純粹科學之域，在吾國科學前期而有此偉著，不能不引以自豪也。

惟近代式之植物學之發達，則為入民國以後事。民國初年各大學與高等師範學校之教授生物學課程，當惟日本植物學界是賴，考訂名稱，每多依附，獨立研究，殊少所聞。至民國五年以後，則大規模之植物採集與研究，已漸開始。躬行萬里不避險艱，惟珍奇卉木之是求，不得不推北京大學鍾觀光先生為得風氣之先，同時教會學校如金陵大學與嶺南大學，亦繼起從事於此。自南京高等師範學

校農業專修科成立,在民國八年秋間開始大規模採集浙江省植物後,中國植物學研究乃開一新紀元。至於今日,研究植物學者有十餘大學與九研究所,不可謂非一時之盛也。

植物學富有地域性,故採集植物標本鑒定其名稱,實為基本工作,亦即植物分類學在吾國今日特別發達之原因。今日國內研究植物分類學之機關有國立中央研究院動植物研究所、國立北平研究院植物研究所、國立中山大學農林植物研究所、廣西大學植物研究所、中國科學社生物研究所、靜生生物調查所、西部科學院生物研究所、國立清華大學生物系、國立武漢大學生物系、國立山東大學生物系、金陵大學生物系、嶺南大學生物系、廈門大學生物系、福建協和大學生物系,而以各研究所研究植物分類學最為積極。國立中央研究院動植物研究所首先在廣西與貴州大規模採集植物,其成績之卓越,為世所稱道。主其事者為裴鑒博士,專治馬鞭草科;而耿以禮博士之治禾本科,成就尤大。國立北平研究院植物研究所則致力於研究中國北部之植物,其新疆與內蒙古之採集極為可稱。國立中山大學農林植物研究所,則在陳煥鏞教授主持之下,成績之佳,在國內首屈一指。該所專研究廣東省與海南島之植物,發明之多,為前代所未見。廣西大學植物研究所近始成立,亦歸陳煥鏞教授主持,其成績之佳不難預卜。中國科學社生物研究所為各研究所中成立最早者,其植物部現歸錢崇澍教授主持,致力於四川、江蘇、浙江三省植物之採集與研究,為華東植物學界之重鎮。靜生生物調查所於民國十八年設立於北平,曾大規模在河北、山西、吉林、四川、雲南諸省採集,近年尤著重雲南植物之研究,且編纂《中國植物圖譜》,頗為世所稱道。西部科學院成立甚晚,專從事於四川與西康植物之採集與研究,成績亦著。至若金陵大學生物系植物標本室,創始歷有年所,標本甚為豐富,為華東私立大學之冠,今猶繼續採集,惟工作頗為經費所限。嶺南大學首以大規模採集海南島植物聞於世,今仍能維持其盛業焉。廈門大學與福建協和大學則已往皆著重於福建植物之採集,今工作已中輟。國立中央大學以採集研究東南各省植物著稱,今以研究所林立,採集工作亦已放棄。國立武漢大學植物標本室,近年始成立,將致力於華中植物之採集與研究焉。

　　除上述各研究機關外，各學者之造詣亦多可述。研究華南植物與木本植物自以陳煥鏞教授為巨擘，樟科與山毛欅科，尤為陳教授之專長。李順卿與陳嶸兩教授亦專治木本植物者，研究樹木學後起之秀則為鄭君萬鈞，劉厚博士則專治中國與安南之樟科，錢崇澍教授則專治華東植物，吳韞珍教授治華北植物，裴鑒博士治馬鞭草科，耿以禮博士治禾本科，張肇騫教授治菊科，蔣英君治夾竹桃科與蘿摩科，陳封懷君治泥胡菜屬與櫻草屬，方文培君治石南科，唐進君治莎草科與蘭科，汪發纘君治百合科，皆成績卓越，寢假可稱權威矣。

　　中國蕨類（羊齒）植物之分類，現以秦君仁昌為獨擅。秦君不但對於中國蕨類有完盡之研究，彼對於一般之蕨類分類，亦有極重要之貢獻，蓋已為斯學之領袖矣。《中國蕨類植物圖譜》為彼所編纂，由靜生生物調查所刊印，為東亞研究蕨類最重要之圖籍。

　　菌類植物分類學近年亦頗有研究，治斯學最精者為清華大學戴芳瀾教授，而研究最力者為中央研究院動植物研究所鄧叔群博士，靜生生物調查所周宗璜博士亦治菌類植物分類者。斯學以與植物病理學有密切之關係，故頗為人所重視，來日昌大必可預期也。至植物病理學以菌學在中國基礎尚未奠定，故著名之學者尚少。

　　藻類植物分類學在中國近年亦有治之者。淡水藻類以靜生生物調查所李良慶博士研究最多，王志稼與饒欽止博士亦治斯學者。海藻則以山東大學曾呈奎君研究為最優。鼓藻、矽藻則尚未有人從事研究也。

　　苔蘚植物之分類，近年亦有研究之者，惟尚無成績可言耳。

　　植物形態學，近年亦頗發達。北京大學張景鉞教授，為中國專治植物形態學之第一人，近則偏於形態與生理學相關之研究。師範大學嚴楚江教授則專研究被子植物之花之解剖。至專治木材解剖學者，以靜生生物調查所唐耀君之成績為最，彼已研究四百餘種中國木材之解剖，而奠定斯學之基礎矣。

　　植物細胞學研究之人甚多，未能悉舉。近年中山大學馮言安教授在被子植物中發現中心體，推翻三十餘年一般學者之主張，誠極重要之貢獻也。

植物生理學在中國發達殊晚，近年清華大學李繼侗教授對於植物之刺激運動頗有重要之研究。與植物生理學有關之植物生態學亦有從事之者，要偏於植物社會學之研究，重要之貢獻尚有待於異日也。

植物遺傳與育種學，近年頗有多人研究，要多偏於農作物如棉、稻、麥等之育種。關於純粹遺傳之研究，尚少有貢獻。

近年尤有可喜之事，即植物園之成立是也。北平研究院所辦之天然博物院本有植物園，惜經費所限，未能積極經營。中山陵園植物園亦規模粗具。將來大有希望者，一為中山大學植物園，蓋大學校址既廣，而陳煥鏞教授除為植物學權威外，又兼擅園藝學，必能使此大學植物園為南州冠冕也。一為靜生生物調查所與江西省立農業院合辦之廬山森林植物園，位於距牯牛嶺十里許之含鄱口，面積九千餘畝，背山面湖，風景殊絕，而泉甘土肥，尤宜種植。奠基之後，進展極速，假以時日，不難發達為東亞第一植物園也。

國人從事於植物學研究，為時至暫，而研究之成績已卓然可觀，苟政局日佳，國勢益盛，則斯學研究之成績，必可更有長足之進步。此回顧吾國二十年來植物學之進步，差可引以自慰，而尤希望治斯學者，益加努力，以抗衡歐美，為國家民族爭光也。〔註678〕

《中國科學二十年》主編按語

本篇作者胡步曾先生為我國當今植物學界之領袖，其功名事業，蜚聲中外，不待介紹，惟二十年來吾國植物學之進展，在在與胡先生有關係，篇中竟未一字道及，謙謙君子，足以風世，惟是後之群繹植物學史料者，未免有遺珠之憾，爰本科學重事實之信念，將胡先生發展吾國植物學之事例，略舉一二，藉存史實，非敢阿其所好也。

1. 胡先生歷任南京高等師範及國立東南大學教授，所造就之植物學人才至多，現今國內後起之植物學者，十九皆出所門，其未親炙塵教，而為斯學同道，無論識與不識，皆盡力獎掖拔擢，不分畛

〔註678〕張大為、胡德熙、胡德焜合編《胡先驌文存》（下卷），中正大學校友會出版發行，1996年5月，第239～242頁。

域，世之知胡先生者，類能道之。

2. 胡先生於任教期間，首先提倡採集植物標本，以供科學研究，屢次親率學生赴浙贛諸省，作嚴密採集，所獲標本，動以萬計，審定學名，製成論文，開吾國學者用科學方法治植物學之先河，而於東南各省之植物，尤稱專精，又因積多年分類學之學理與經驗，於吾國植物之地理分布，獨具心得。

3. 胡先生嘗欲精研植物分類學非有完善之植物標本室不可，故在東大任教時，即銳意經營植物標本室，今日中央大學植物標本室之具有相當規模者，胡先生實奠其根基，尤之該校動物標本室，為秉農山先生所創辦也。迨後胡先生任本社生物研究所植物部事時，又為本社創立植物標本室，年來得錢雨農先生諸人繼續發展，已成為國內標本之重鎮。胡先生繼主北平靜生生物調查所植物部事，仍專力為該所設置植物標本室，並有大量木材標本之搜羅，在華北允稱巨擘。此三處植物標本室，均為胡先生所手創，有永久性。其他各大學各研究機關得胡先生之鼓勵策劃，而派隊採集植物，因而獲成立植物標本室者，更所在多有。

4. 胡先生久有志於創辦各種植物園，徒以公私經濟困難，未能暢行其志，前年由靜生生物調查所與江西省立農業院合作，創辦盧山森林植物園，成立以來，發展甚速，除栽培吾國各種森林種木外，兼營森林苗圃，供給國內各處場間之需，謀民生問題之解決。

5. 胡先生專治高等植物分類學，研究所得，發展之各科屬新種，無慮百十，專著除國外發表者外，多散見於本社《生物研究所植物學叢刊》，《靜生生物調查所植物學組報告》及《中央研究院動植物研究所叢刊》（即 Sinensia）等雜誌，此外於二次赴美時，在哈佛大學編纂《中國種子植物誌屬》（英文本）一書，尚未付梓，實為治中國分類學之基本要籍，歷年後進植物學者，皆利用之。

6. 胡先生之另一貢獻，為編著《中國植物圖譜》（與陳煥鏞教授合作）已出版四集，以後賡續為之，及《中國蕨類圖譜》（與秦仁昌技師合作），皇皇巨著，為吾國斯學典籍，舉世推重。凡此所舉，皆專門科學著作，至於比較普通之中文著作，與植物學教育有關係者，有《高等植物學》（與鄒秉文、錢崇澍兩氏合作），《植物學小史》，

《植物地理學》等書，或用為學校教本，或作一般參考。又胡先生素善文章，有聲於時，所作普通科學文字至多，凡讀歷年本刊各卷期者，類能道之，此於普化科學，裨益至大。

總之，胡先生為一極熱心建設者，二十年來吾國一切植物學事業之發展多與之有直接的或間接的關係，例如近年中國植物學會之成立，中國植物學雜誌之創辦，亦皆胡先生所主持，其他限於篇幅，未能多詳，聊舉所知，以存史實，藉告來學。

劉咸附誌〔註679〕

11 月，Notulae Systematicae ad Floram Sinensem VI（中國植物分類小誌六）刊於 Bull. Fan Mem. Inst. Biol.《靜生生物調查所彙報》（第 6 卷第 4 期，第 167 ～181 頁）。

12 月 6 日，胡先驌致劉咸信函。

重熙仁弟惠鑒：

久未通訊，近況如何？至深馳系。得秉師來函，云足下與楊允中先生意見略有參商，此大不可。楊先生為人最和易近人，辦事如有窒礙，必有不得已之苦衷。況科學社經濟支絀，彌縫補苴，煞費心力。在社會上辦事，多須走曲線，是在動心忍性，方克有濟。足下前程遠大，望於此點，多下克己工夫，至以為盼。中正大學之設立。聞已通過，設在盧山，誠一佳事。校長人選，曾聞有所擬議否？便乞告知。左仲偉在愛丁堡植物園研究育種，楊宜之已到敝所任職，並聞。

專此，即頌

近祺

先驌 拜啟

〔廿四年十二月〕六日〔註680〕

12 月，A Comparison of the Ligneous Flora of China and Eastern North

---

〔註679〕 胡宗剛撰《胡先驌先生年譜長編》，江西教育出版社，2008 年 2 月版，第 258 ～260 頁。

〔註680〕 周桂發、楊家潤、張劍編注中國科學社檔案資料整理與研究《書信選編》，上海科學技術出版社 2015 年 10 月版，第 99 頁。

America（美洲東北部和中國木本植物區系的比較）刊於 Bull, Chin. Bot. Soc. 《植物學會彙報》（第 1 卷第 2 期，第 79～97 頁）。

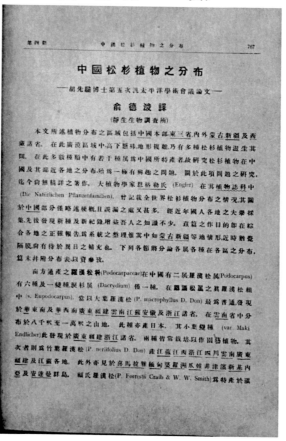

《中國松杉植物之分布》文章

12 月，著《中國松杉植物之分布》，俞德濬譯，在《中國植物學雜誌》（第 2 卷第 4 期，第 767～784 頁）發表。轉載於《協大生物學報》（1939 年第 1 期，第 80～81 頁）。摘錄如下：

中國地域廣漠。在此廣漠區域中，高下懸殊，地形複雜，乃有多種松杉植物滋生其間。在此多數種類中有若干種屬為中國所特產者，故研究松杉植物在中國及其鄰近各地之分布，殆為一極有興趣之問題。關於此項問題之研究，迄今尚無精詳之著作。大植物學家恩格勒氏（Engler）在其《植物誌科》中（Die Naturlichen Pflanzenfamilien），曾記載全世界松杉植物分布之情況，其關於中國部分僅略述梗概，且誤漏之處又甚多。經近年國人各地之大舉採集，

先後發現新種及新紀錄，增益吾人之知識不少。茲篇之作目的即在綜合各地之正確報告，為系統之整理，惟其中如蒙古、新疆等地情形，近時猶覺隔膜，尚有待於異日之補充也。下列各節將分論各屬各種在各區之分布，篇末並附分布表，以資參考。

……

據恩格勒氏之意見，吾國植物地理分布約可分為以下五大區域：

（一）北亞細亞區（Subarctic Asia region）包括阿爾泰山脈及外蒙古北部。

（二）中亞細亞區（Central Asiatic region）此區中又分數個地帶；（1）土耳其斯坦山帶。（2）瀚海地帶，包括戈壁及新疆一帶。（3）高山及亞高山地帶，包括滇、川、甘、陝諸省。

（三）溫帶東亞區（Temperate eastern Asiatic regron）此區中又分三個地帶：（1）大小興安嶺、烏蘇里及東三省。（2）華北，在秦嶺以北之地帶。（3）川、康交界之山嶽地帶。

（四）季候風亞區（Monsoon belt）此區中又分兩個地帶；（1）滇、桂、川之熱帶地方。（2）海南島至香港之南部海岸。

（五）東亞暖溫區（Eastern Asiatic subtropicat and south temperate regions）此區包括貴州、廣西北部，四川、雲南、湖南、湖北、江西、安徽、江蘇、浙江、福建諸省，秦嶺以南之地帶皆屬之。

松杉植物在阿爾泰山及外蒙北部者有：西伯利亞落葉松、西伯利亞雲杉、西伯利亞冷杉、西伯利亞松、蘇格蘭松、歐檜及其變種，J. sabina. J. pseudosabina，前三種常成廣漠之森林。在土耳其斯坦山帶之松杉現有記錄者為施閭克氏雲杉、矮歐檜、毬果檜及 J. pseudosabina，雲杉常成茂林。在雲南、四川、甘肅、陝西之高山地帶及亞高山地帶，則有大葉羅漢松、華紫杉、瓦氏紫杉、門氏粗榧、多種冷杉、擬鐵杉、滇擬鐵杉、華鐵杉、滇鐵杉，J. intermedia，多種雲杉、波氏落葉松、馬斯德落葉松、短葉松、滇松、果松、白皮松、側柏及滇柏等。檜中之屬圓檜組者有多數種類即產於此區域內，紅檜亦有之。波氏落葉松、戴拉衛氏冷杉、柏斯俄冷杉、鱗葉冷杉、麗江雲杉及其包氏變種、紫果雲杉、高山雲杉、短葉松之密葉變種等皆為本區之主要種類，且常成密集之森林。

在東三省有寬葉紫杉、滿洲冷杉、全葉冷杉、西伯利亞雲杉、暇夷島雲杉、葛麥林落葉松、短葉松、矮松、海松、側柏、細中檜及華檜。此中冷杉、雲杉、落葉松及海松皆可成極盛之森林。在華北秦嶺以北之各地，有華紫杉、滿洲冷杉、粗皮雲杉、新魏氏雲杉、華北落葉松、短葉松、白皮松、側柏及華檜。此中冷杉及雲杉常成極盛之森林，短葉松及白皮松為河北、山西極普通之樹種，落葉松則常在冀、晉兩省之高山有之，側柏及華檜常為平地草原上特有之樹木。在秦嶺以南各地則有華核果粗榧、華紫杉、果松、白皮松、短葉松、華鐵杉、陝西鐵杉、新魏氏雲杉、杉、側柏、紅檜、利密氏檜、檜及蟠檜等。

在四川及西康邊境高逾三千公尺之山上及西康南部，據吾人所知者有華核果粗榧、果松、白皮松、短葉松及其變種、波氏落葉松、粗皮雲杉、短柄雲杉、滇鐵杉、華鐵杉、碩鐵杉、柏司俄氏冷杉、彎葉冷杉、格氏落葉杉、紅檜、沙檜、威爾遜氏刺檜。此中最重要者當推短葉松之密葉變種、波氏落葉松、粗皮雲杉、柏司俄氏冷杉、碩鐵杉及格氏落葉松，皆常成廣漠之森林，至為豐富。

在季候風亞區中，其在滇、川、桂諸省之熱帶地方則有竹葉羅漢松、大衛氏油杉、福穹氏油杉、島松、馬尾松、榲杉、臺灣杉、肖楠及福建柏。在雲南省中發現島松、臺灣杉、肖楠及福建柏，為一極有興趣之事實，因臺灣杉昔為臺灣之特產，肖楠僅見海南及臺灣，福建柏為吾國東南之特產屬，島松則廣布於熱帶地方，在中國僅海南有之。就上列松杉之分布情形觀之，此區之植物殆與下列之區域極相近似也。

在中國之南部海岸以及海南島、香港等地有大葉羅漢松、竹松、竹葉羅漢松、淚杉、華鐵杉、長苞鐵杉、穗花紫杉、粗榧、福穹氏油杉、馬尾松、島松、莫苦氏松、茂里遜松、芬刺松、廣東松、水松、肖楠、何氏福建柏等。在此區域內極多特產屬與特產：種乃其附近他區所無者，為至有趣之問題。海南之有臺灣羅漢松，海南及雲南之有肖楠，廣東之有茂里遜松，雲南、海南之有島松，日本羅漢松之在兩廣及海南發現，此種情形皆足以指明自熱帶之雲南經廣西、廣東、海南島以至臺灣，松杉植物分布之路線。穗花紫杉在鄂

西、川西、雲南及香港等地同時發現，可以顯明其自華西、華中南向香港分布之足跡。莫苦氏松、島松及日本羅漢松之在此區域發現，頗可以證實季候風區種類對於華南植物之影響也。

在東亞部溫暖區域中，包括貴州、廣西北部、四川、雲南、兩湖、安徽、江蘇、浙江及福建等省之平低山地。此區中常見之植物為大葉羅漢松及其變種、竹葉羅漢松、竹柏、華紫杉、大榧及其變種變式、法蓋榧、傑克榧、穗花紫杉、粗榧及其變種、核果粗榧及其變種、和氏冷杉、大衛氏油杉、福穹氏油杉、擬鐵杉、華鐵杉、長苞鐵杉、新魏氏雲杉、短柄雲杉、金葉松、果松、短葉松、馬尾松、滇松、水松、榀杉、杉、何氏福建柏、川側柏、扁柏、滇柏、紅檜及其細枝變種、華檜、利密氏檜。在此區域中最重要者當推短葉松、馬尾松、果松、榀杉、杉、扁柏、紅檜、檜、油杉、華鐵杉、雲杉及大榧，常集成廣漠之森林，到處可見。而其間如杉、榀杉與馬尾松三種尤占重要位置，乃華南分布極廣之松杉植物也。

總之，吾國之松杉植物，就現有記錄言之總共二十三屬一百零七種又二十一變種變式，分布予四區八帶。其中有六屬八十七種、變種及變式乃為吾國及臺灣所特有者。臺灣現雖隸屬日本且有少數松杉為其地所特產者，然在植物分布地理上仍當屬中國之一部分也。全中國之松杉植物殆有百分之六十八為特產焉。

在中國植物中，雖有多數種類與日本相同，但亦有若干日本松杉為吾國所無者，如金松（Sciadopitys），羅漢柏（Thujopsis），花柏（Chamaecyparis）等是也。若以中國植物與其極相近似之美洲東部相比較，則在吾國松杉亦有多屬為北美所無者，如穗花紫杉、金葉松、油杉、臺灣杉、福建柏及水松等是也。其在兩地俱產者則有粗榧、羅漢松、肖楠、扁柏、香杉、榀杉諸屬；但如落葉柏（Taxodium）及花柏兩屬則又美洲所有而中國獨無者也。至與歐洲之松杉相比則紫杉屬、冷杉屬、雲杉屬、落葉松屬、松屬及檜屬為兩地所共有者，而香杉（Cedrys），Tetraclinis：Arcedthos 諸屬，則又中國所無者也。〔註681〕

（本文為第五次泛太平洋學術會議論文，由俞德濬譯成中文）

〔註681〕張大為、胡德熙、胡德焜合編《胡先驌文存》（下卷），中正大學校友會出版發行，1996 年 5 月，第 221～238 頁。

12 月，《中國和北美東部木本植物的比較（A comparison of the ligneous flora of China and eastern North America）》文章（Hu, 1935b）在《中國植物學彙報》（第 1 卷第 2 期）上發表。這篇研究論文至今仍被廣泛引用，屬於研究東亞—北美植物間斷分布的經典之作。東亞—北美植物地理關係問題是一個重大的科學問題，胡先驌是研究這一科學問題的第一位中國學者。

10 日，胡先驌致馬君武信函。

> 君武先生惠鑒：
>
> 　敬啟者：盧山森林植物園於去年夏間成立一年以來，成績異常卓著，為國內外所屬望。而面積之大，氣候土宜之佳，為東亞之冠。惟常年經費甚寡，未能充分發展，驌今年與江西省政府商准募集基金。募集啟並計劃書寄上五份，敬懇列名，並轉請李、白兩司令及黃主席列名發起並捐款，至以為要。
>
> 　專此敬頌
>
> 臺安
>
> 胡先驌 拜
> 十日（1935 年）〔註682〕

是年，特意寫信給老師傑克（J. G. jack），盧山森林植物園建立。他給傑克的信中還寫道：「我有很多消息要告訴你。盧山森林植物園建設進展很順利。主任秦仁昌先生去年冬天成功地寄出了包括很多珍稀種子在內的種子植物名錄，包括我即將發表的一個安息香科木瓜紅屬的新種。去年 8 月植物園落成，這的確是一個偉績。通過收集和交流，我們已經獲得 3800 份種子。植物園在蔣介石的得力助手之一——陳誠將軍的捐助下建起了兩個溫室。我們理事會的一個成員承諾至少捐贈 10000 美元用於圖書館的建設。雖然不知夢想能否成真，我如今仍然盡力在籌建 500000 美元的植物園建設基金。我們正在向上級求助。」〔註683〕

是年，盧山森林植物園委員會及職員。

〔註682〕胡宗剛編《盧山植物園八十春秋紀念集》，上海交通大學出版社，2014 年 8 月版。第 083 頁。

〔註683〕羅桂環著《中國近代生物學的發展》，中國科學技術出版社，2014 年 1 月版，第 211 頁。

　　　　盧山森林植物園第二次年報委員會。委員長：龔學遂，伯循；
副委員長：金紹基，叔初；委員：胡先驌、步曾、范銳，旭東、程時
煃，伯廬；會計：董時進；書記：秦仁昌，子農；職員。主任：秦仁
昌，子農；會計：胥石林；技術員：汪菊淵，辛農、雷震，俠人；助
理員：曾仲倫，藝農；練習生：馮國楣，光宇、劉雨時，潤生。〔註684〕

　　是年，靜生生物調查所人員職務及工資。

動物部			植物部		
秉志	中基會研究教席	600元	胡先驌		450元
壽振黃		300元	秦仁昌		300元
張春霖		300元	李良慶		300元
喻兆琦		300元	周宗璜		280元
楊惟義		280元	陳封懷	半薪	150元
何琦		150元	王宗清		100元
唐善康		70元	俞德濬		90元
彭鴻綬		30元	王啟無		80元
常麟春		40元	馮澄如		150元
			夏緯琨		70元
			蔡希陶		35元 〔註685〕

　　是年，靜生生物調查所、江西農業院共同發布《盧山森林植物園募集基金
計劃書》，全文分兩章。第一章植物園計劃。第一節植物園之旨趣、第二節園
址及地勢、第三節園址史略及本園成立之經過、第四節本園現狀、第五節本園
事業、第六節植物分類區、第七節經濟植物博物館。第二章募集基金辦法。第
一節旨趣、第二節募集方式、第三節基金保管辦法、第四節永租地管理暫行辦
法。附盧山森林植物園募捐基金啟等。

　　是年，盧山森林植物園派員進行植物標本採集。

　　　　至第二年，對盧山植物調查未曾鬆懈，因盧山區域甚小，其植

〔註684〕 胡宗剛編《盧山植物園八十春秋紀念集》，上海交通大學出版社，2014 年 8
　　　　　月版。第 108 頁。
〔註685〕 胡宗剛著《靜生生物調查所史稿》，山東教育出版社，2005 年 10 月版，第 71
　　　　　頁。

物情況基本調查清楚。《廬山森林植物園第二次年報》有全面的記載：

本園本年度於廬山及其附近植物之調查，仍繼續進行，不遺餘力，自春而夏而秋而冬，同人曾屢赴全山各處調查採集，共獲臘葉標本一千五百餘號，而種子與苗木猶不計焉。查本園年來所獲臘葉標本之初步鑒定，已知廬山植物富有九百五十餘種之多，其中蕨類植物凡一百二十八種，餘則皆為顯花植物。是以廬山今日所知之植物種類較之前此文獻所載者加一倍有強矣，甚尤有興趣者乃在此已知之植物中，有數屬與多種前人視為華南特產，而今竟發現於廬山之南部，實為植物地理學上一大新記錄。然同人深信廬山植物再經一二年之精詳採集，尤以前人所未到之邃谷懸崖，則其種類猶決不至此數，此就顯花植物而言也。至於蕨類植物，已經德伏爾教士最近三夏季之較詳採集，已達一百二十八種之多，則將來所能加者恐無幾矣。〔註686〕

是年，廬山森林植物園開展大規模募捐活動。

初廬山林植物園發起大規模的募集基金活動。廬山森林植物園創辦之時，即以世界一流植物園為目標，因而事業巨繁，經費卻甚少，政府支持畢竟有限，繼而尋求社會支持。植物園本屬公益事業，持和發展不僅需要政府扶持，還需社會各界人士援手。基金之用途，一是補助經費不足，更重要的是為永久之事業奠下基石。植物園時為官民合辦，合辦協議是先為試辦三年，胡先驌、秦仁昌目光遠大，謀求的是一項長久事業。為應付不可預測之變故，須有一筆資金，才能維繫事業於不墜。於是秦仁昌致函給江西省政府，請示開展募集活動。〔註687〕

是年，中華教育文化基金董事會「編譯委員會」成員為：胡適（委員長），張子高（副委員長），胡先驌、竺可楨、趙元任、聞一多等13位委員。

是年，對廬山森林植物園評價，「廬山森林植物園，位於距牯牛嶺十里許

〔註686〕《廬山森林植物園第二次年報》，1935年。胡宗剛著《靜生生物調查所史稿》，山東教育出版社，2005年10月版，第111頁。
〔註687〕胡宗剛編《廬山植物園八十春秋紀念集》，上海交通大學出版社，2014年8月版。第20頁。

之含鄱口，面積九千餘畝，背山面湖，風景殊絕，而泉甘土肥，尤宜種植。奠基之後，進展極速，假以時日，不難發達為東亞第一植物園也。」〔註688〕

是年，中央研究院動植物研究所聘通信研究員四人：秉志、錢崇澍、錢天鶴、胡先驌。抗日戰爭爆發後，該所先後遷至湖南南嶽、廣西陽朔、四川北碚。1944 年 5 月，中央研究院動植物研究所分立為動物研究所、植物研究所，王家楫任動物研究所所長，羅宗洛先生任植物研究所所長。抗戰勝利後，中央研究院植物研究所和動物研究所由重慶北碚遷至上海。當時的中央研究院植物研究所從事高等植物分類、藻類、真菌、森林、植物生理、植物病理、植物形態、細胞遺傳等研究。

是年，葉恭綽編、吳梅圈點批識《遐庵叢書·廣篋中詞》，番禺葉氏家刻刊本。胡先驌親自選十一闋詞，最後主編選一闋入選，卷三，第 27 頁。

胡先驌手跡

〔註688〕胡先驌著《二十年來中國植物學之進步》。1935 年《科學》第十九卷第十期。

　　應葉恭綽先生邀請，胡先驌從 1917 年～1918 年所作詞集，曰《寤歌集》中精選《喜遷鶯・題王簡庵鏤塵詞》《大酺舟・中呈周癸叔先生》《解連環・甘棠湖秋泛》《憶舊遊・金風薄人緬懷江亭舊遊和癸叔丙辰重九之作》《憶舊遊・效夢窗體均再和癸叔》《木蘭花慢・重九日作》《齊天樂・丁巳季秋讀晚翠軒詞殘稿》《齊天樂・鴉》《高陽臺・周氏園本曾賓谷先生故宅為賦此解》《高陽臺・弔大鶴詞人鄭叔問用集中待月溪堂均》《三姝媚・憶加州》《木蘭花慢・偕耿庵辟疆簡庵然父石君泛湖有作》《木蘭花慢・柏廬入京過寧偕登北極閣感賦》等十三闋，交給葉氏。

　　從手稿來看，作者又刪除《三姝媚・憶加州》，為十二闋，最後編者僅僅選錄《解連環・甘棠湖秋泛》一闋，編入書中。並寫了個人簡介和文學方面介紹。「胡先驌，字步曾，號懺庵。江西新建人。清庠生。入民國後，攻植物學，得美國哈佛大學科學博士位，治業之暇，攻詩詞。曾與涇陽吳宓創辦《學衡》雜誌，主持文苑詩詞編輯。常為文，評明清諸家詩詞，凡十餘萬言，創中國文評之新體，其評《朱古微強邨詞》《評趙堯生香宋詞》《王半塘之半稿定稿剩稿與評文芸閣雲起軒詞》諸文，頗多獨到之處。著有《懺庵文評》若干卷，《懺庵詩稿》若干卷，《懺庵詞》一卷。」（根據手稿輯錄，時間約為 1930 年）〔註 689〕

　　是年，在家中，對子女，講述前夫人王蓉芬為人處世，說：「恩愛夫妻難到頭，我與爾母結褵十數載，從未發生口角爭執，一切均以余意為之。爾大姑父逝世後，我未與爾母商議，即將大姑母接至家中，爾母欣然接待，毫無異議，其賢惠，明理處，遠非今日新式女子所能及也。」又說：「病重後，已不能起床，乃於病榻上指定家事，教育子女。因久病，慮無人侍巾櫛，欲覓一淑女事余。時姻親家有一小環名燈兒者，美而惠，爾母愛之，即欲為余聘娶，以余堅拒，始做罷論。其為余設想，無微不至。」

　　是年，設立植物新屬。

　　　　胡先驌繼續研究中，在雲南植物發現的新種則更多，並於桑科中立一新屬，日司密士木 Smithiodendron。中國蘭科專家特以蔡希陶之姓命名由其採自大圍山特有屬——長喙蘭屬（Tsaiorchis），以紀念

〔註 689〕葉恭綽編《遐庵叢書・廣篋中詞》，番禺葉氏 1935 年刊本，卷三第 27 頁。

蔡希陶之貢獻。〔註690〕

是年，王啟無赴雲南植物採集成績喜人。

    靜生所所長胡先驌主編之《中國植物學雜誌》於王啟無在雲南西北之行程，報導甚多，恰可補此檔案資料之欠缺。其云：「雲南植物採集近訊靜生生物調查所今春特派王君啟無前赴雲南採集植物標本，一年來所獲竟得種子植物及蕨類植物八千餘號之多，在歷年來各次中外採集隊中，實為僅有之優越成績。頃據王君自滇緬藏交界之菖蒲桶來函，謂今春抵大理，適當杜鵑、櫻草及柳屬等植物怒發之候，所獲極富。其後即北上維西、葉枝，及藏屬之察瓦龍，日住帳篷，旅行於蠻雨荒煙之中。察瓦龍以前從未有植物學家到過，興味尤濃。山脊針葉林密布，陰天蔽日；而溪壑中則楊樺、山躑躅、花楸諸木雜生，種類繁多。菖蒲桶盡為闊葉林樹，大數圍，高與天齊。枝幹經年累月，苔蘚蕪生，假寄生之蘭科及蕨類植物，即繁生其上。龍膽、虎耳草諸屬之草本植物，遍山滿谷，美不勝收。〔註691〕

是年，以紀念陳謀在採集植物中犧牲，發現新種用他的名字命名。

    據《雲南植物採集史料》統計，陳謀、吳中倫採集新植物有12種，因陳謀不幸於採集途中去世，其中5種以陳謀之名命名，以為紀念。1936年，中央大學耿以禮將所採的禾本科新植物定名為陳謀野古草（Arundinella chenii）；1936鄭萬鈞將採自雲南賓川椴樹科和衛矛科新植物分別定名為陳謀椴（Tilia chenmouri）和陳謀衛矛（Euonymu chenmouri）。1961年，中國科學院植物研究所唐進、汪發纘將雲南大理採的莎草科的新植物訂名為陳謀草（Scirpus chenmouri）。1966年胡先驌、孫必興將巍山所採唇形科新植物訂名為陳謀香茶草（Plectranthuschenmouri）。〔註692〕

〔註690〕胡宗剛著《雲南植物研究史略》，上海交通大學出版社2018年7月版，第44頁。
〔註691〕《中國植物學雜誌》，1935年第二卷第三期。胡宗剛著《雲南植物研究史略》，上海交通大學出版社2018年7月版，第63～64頁。
〔註692〕胡宗剛著《雲南植物研究史略》，上海交通大學出版社2018年7月版，第58頁。

图6-14　中国科学社为二十周年纪念所发行的《科学》纪念号封面及目录

图6-15　中国科学社二十周年纪念会留影(上)与二十周年上海社友会留影(下)

1935 年 12 月，中國科學社二十週年紀念會留影（上）二十週年上海社友會留影（下）